£4
Trav

EISTEDDFOD FFAIR Y BYD
CHICAGO, 1893

EISTEDDFOD FFAIR Y BYD CHICAGO, 1893

Hywel Teifi Edwards

Gwasg Gomer
1990

Argraffiad cyntaf - 1990

ISBN 0 86383 649 6

ⓗHywel Teifi Edwards

Dymuna'r cyhoeddwyr gydnabod cymorth a chyfarwyddyd Adrannau'r Cyngor Llyfrau Cymraeg a noddir gan Gyngor Celfyddydau Cymru.

Argraffwyd gan
J. D. Lewis a'i Feibion Cyf., Gwasg Gomer, Llandysul, Dyfed.

I
Adran Addysg Oedolion
Coleg Prifysgol Abertawe
ac i
saint fy nosbarthiadau
yn ddiolch am chwarter canrif o ddedwyddwch

CYDNABYDDIAETHAU

Dymuna Gwasg Gomer ddiolch i Lywydd a Chyfarwyddwr Cymdeithas Hanes Chicago, Nelson-Hall Inc., Chicago (cyhoeddwyr *The Great American Fair* gan R. Reid Badger, 1979), Gwasg Prifysgol Kentucky, Lexington, Kentucky (cyhoeddwyr *Chicago's White City of 1893* gan David F. Burg, 1976) a Constable, Llundain (cyhoeddwyr *The Chicago World's Fair of 1893* gan Stanley Appelbaum, 1980) am eu cymorth parod a'u caniatâd i atgynhyrchu nifer fawr o'r lluniau a gynhwysir yn y gyfrol hon.

CYNNWYS

RHAGAIR

Carwn ddiolch i'r rhai a hwylusodd ysgrifennu'r gyfrol. Fel arfer, cefais bob cymorth gan Lyfrgell Coleg Prifysgol Abertawe, Llyfrgell Genedlaethol Cymru ac Amgueddfa Werin Cymru. Yn Llyfrgell Dinas Caerdydd 'roedd y cyfaill Bryn Jones mor barod ei gymwynas ag erioed.

Cefais gymorth gan fy hen adran i dalu ymchwilydd yn Chicago am weithio drosof. 'Roedd yn well gan y Dr. Hywel Francis wneud hynny na mentro caniatáu i mi groesi'r moroedd ar drywydd parot Carrie Watson. Bendith arno ac ar Lynda Sanford, Llyfrgell Gyhoeddus Chicago, fy ymchwilydd hur. Y siom fwyaf oedd iddi fethu â darganfod ffotograffau o'r Eisteddfod ac felly 'rwy'n dra diolchgar i Mr. Roger Davies, Ffotograffydd y Coleg, am wneud gwyrthiau â'r deunydd prin a ddaeth i law.

Fy chwaer, Myf, a deipiodd drosof y tro hwn eto. Mae bellach yn ystyried y gwaith yn ffordd o benydu. Aeth yntau, Dyfed Elis-Gruffydd, Gwasg Gomer, i'r purdan ar fy rhan yn ddirwgnach fel erioed. Diolchaf i'r Wasg am gyhoeddi'r gwaith ac iddo ef, yn arbennig, am ei ofal. Myfi'n unig, wrth gwrs, piau'r beiau.

Gorffennaf 1990   HYWEL TEIFI EDWARDS

RHAGYMADRODD

Er bod mater y gyfrol hon yr ochor draw i'r Iwerydd nid yw ond darn crwydr o'r mater a roes fod i *Gŵyl Gwalia* (1980) a *Codi'r Hen Wlad yn ei Hôl* (1989). Unwaith eto eir ar drywydd y ffactorau allanol a mewnol sydd, fel y tybiaf, yn cyfrif i raddau helaeth am gyflwr diwylliant Cymraeg Oes Aur Victoria, ac unwaith eto canolbwyntir ar yr eisteddfod — un eisteddfod yn arbennig y tro hwn — gan i'r ffactorau dan sylw gael eu hamlygu ar ei llwyfan lawn cymaint yn yr Unol Daleithiau ag yng Nghymru.

I'r sawl a ddarllenodd *Gŵyl Gwalia* fe fydd stori'r gyfrol hon yn taro tannau cyfarwydd. Ni allai fod yn wahanol. Os yw'n wir i'r Cymry ddefnyddio'r eisteddfod yn eu mamwlad i brofi eu gwerth a'u cymodi eu hunain â'r diwylliant Prydeinig ymerodrol, y mae'r un mor wir iddynt yn yr Unol Daleithiau ei ddefnyddio i arddangos y rhinweddau Cymreig a'u gwnaent y math gorau o ymfudwyr derbyniol — ymfudwyr yr oedd eu balchder yn eu tras a'u hetifeddiaeth yn sail diymod i'w teyrngarwch i'w gwlad newydd. Mae saga'r eisteddfod yng Nghymru a'r Unol Daleithiau yn dramaeiddio cyfyng-gyngor y Cymry. Craidd eu daionusrwydd moesol oedd y Gymraeg. Gobaith eu cynnydd materol oedd y Saesneg. 'Roedd eu hymffrost yn y Gymraeg. 'Roedd yr ateb i'w hanghenion bydol gan y Saesneg. Daliwyd diwylliant y Gymraeg yn y we o densiynau a nyddwyd gan y cyfyng-gyngor hwn.

Y mae'n ddiamau i'r Eisteddfod Genedlaethol yn Oes Victoria gael ei seisnigeiddio er mwyn cwrdd â disgwyliadau'r diwylliant Prydeinig, er mwyn bod yn gymeradwy. Y mae'r un mor ddiamau i'r Cymry yn yr Unol Daleithiau obeithio y sicrhâi'r eisteddfod gymeradwyaeth iddynt yn eu gwlad fabwysiedig. Trwyddi hi gellid atgofio'r Americaniaid yn gyson fod cenedl y Cymry wedi chwarae rhan fawr ym mrwydr eu rhyddid. 'Roedd Datganiad Annibyniaeth yr Unol Daleithiau, fel Maes Bosworth, yn dwyn stamp annileadwy dewrder a gweledigaeth y Cymry. 'Roedd ganddynt o'r cychwyn gyfran anwadadwy yn nhwf un ymerodraeth ysblennydd ac un wladwriaeth nobl. Er cyn lleied oedd Cymry'r Unol Daleithiau mewn nifer, roedd yn eu plith unigolion cynyddgar, llawn menter a ymgorfforai'r hyder Americanaidd cystal â'r un brodor. Gellid cyhoeddi hynny'n gyson, hefyd, oddi ar lwyfan yr eisteddfod. Yr oeddent yn gaffaeliad clodwiw i'w gwlad newydd.

Yr oedd ymfudwyr o lawer gwlad yn Ewrop yr un mor daer â'r Cymry dros gael eu derbyn yn yr Unol Daleithiau. Yn Wyddyl, Albanwyr, Saeson, Almaenwyr, Eidalwyr, Iddewon, Pwyliaid, Sgandinafiaid, Sbaenwyr ac ati, bu'n rhaid iddynt oll ddod i delerau â'r ffordd Americanaidd o fyw, bu'n rhaid iddynt i gyd ystyried faint o'u priod ddiwylliant y gallent ei gadw heb gloffi eu gobeithion mewn amgylchfyd estron. Nid oedd argyfwng y Cymry yn unigryw. Ynghyd â llu mawr o ymfudwyr eraill wynebent eu cymathu â diwylliant materol pwerus ac y mae nifer o ysgolheigion gorau'r Unol Daleithiau mewn sawl maes wedi ymdrin â gwahanol agweddau ar brosesau eu cymathiad mewn llyfrau ac erthyglau di-rif. Dyma, yn wir, un o'r pynciau llosg yn hanesyddiaeth yr Unol Daleithiau nad oes argoel ei fod am oeri wrth i bleidwyr llwyr gymathiad, y crochan tawdd ('The Melting Pot') a phlwraliaeth ddiwylliannol gadw'r tân ynghŷn â'u dadleuon a'u gwrthddadleuon.[1]

Byddai astudiaeth a geisiai gymharu dulliau'r Cymry o wynebu goblygiadau eu cymathu â dulliau cenhedloedd eraill yn dra gwerthfawr. Y mae cyfrol R.T. Berthoff, *British Immigrants in Industrial America 1790-1850*, yn dangos yn glir pa mor ffrwythlon yw dyfodfa gymharol i'r maes.[2] Nid yw'r llyfr hwn yn ceisio gwneud dim o'r fath gan nad oes gennyf, o ran deall diwylliannau eraill o'r tu mewn, gymhwyster i ymgymryd â'r dasg ac nid yw damcaniaethau sy'n nofio'n dindrwm ym merddwr ffynonellau ail law yn bethau i'w cynnig yn dalog-awdurdodol i ddarllenwyr, heb sôn am ddisgwyl iddynt dalu amdanynt.

Y gwir yw nad ydym eto'n ddigon parod i ddwyn cyrch ar y maes cymariaethol gan nad oes digon o sylw wedi'i roi gennym i fywyd diwylliannol Cymry America, chwaethach eu perthynas â chenhedloedd eraill. Prin iawn yw'r cyfrolau Saesneg sy'n mentro'n esboniadol i'r maes. Y mae'n ddiogel dweud nad oes yr un yn y Gymraeg. Fe fydd cyhoeddi traethawd ymchwil campus y Dr. Bil Jones, *Wales in America: Scranton and the Welsh c1860-1920*, yn ddigwyddiad o bwys, felly, gan ei fod yn canolbwyntio sylw ar y 'fro' Gymreiciaf yn yr Unol Daleithiau ac yn dehongli gyda chraffter hanesydd dwyieithog difalais a di-dderbyn-wyneb sydd am oleuo, rhagor ymddigrifo yn nhrafael diwylliant nad yw'n gymwys i'w brisio. Dysgais lawer ganddo ac fe ddylai fod i'w gyfrol gyhoedd gwerthfawrogol.[3]

Y mae'n hen bryd, fodd bynnag, i'r Gymraeg chwarae rhan llawer mwy egnïol ym maes astudiaethau Cymry'r Unol

Daleithiau. Wrth fras bori yn eu papurau a'u cylchgronau deuir ar
draws unigolion sy'n teilyngu bywgraffiad a chymdeithasau sy'n
haeddu cronicl. Y mae cymaint o'r gweithgarwch Americanaidd-
Gymraeg heb ei werthuso eto, heb ei gyffwrdd yn wir. Y mae
cymaint mwy sy'n rhaid ei wybod cyn y gellir trafod â sicrwydd
natur profiadau'r Cymry ym mhair dadeni'r Unol Daleithiau, ac
nid oes wythïen sy'n fwy tebygol o dalu'n dda i'r ymchwilydd na
hanes eu heisteddfodau. O'u hastudio'n ddyfal a gwrando ar
wahanol dystion dros nifer o flynyddoedd yn traethu ar
anhepgoredd yr eisteddfod, agorid ffordd i'w bywyd mewnol.
Yno, wrth gwrs, y mae mangre deall.

Dywedir i'r eisteddfod gyntaf yn yr Unol Daleithiau gael ei
chynnal yn Carbondale, Pennsylvania yn 1850. Y mae'n sicr mai'r
50au yw'r degawd cyntaf o bwys yn hanes y sefydliad yno,
petai'n unig oherwydd mai yn 1856 y dechreuodd y gyfres o
eisteddfodau blynyddol yn Utica, Efrog Newydd a oedd i barhau
am ganrif. Y mae'r gyfres honno ynddi ei hun yn galw am sylw
manwl, ac y mae gwaith y Dr. Bil Jones yn gwneud mwy na
digon i'n sicrhau fod gan eisteddfodau Pennsylvania, hefyd, lawer
iawn i'w ddweud wrthym. Taleithiau Efrog Newydd a
Pennsylvania yw'r tiroedd eisteddfodol brasaf, ond y mae'n
ogystal lecynnau gwyrddlas tua'r Gorllewin, yn Ohio, Illinois,
Oregon a California sy'n disgwyl Cymry fforiol y dwthwn hwn i
yrru hawlbyst eu hymchwil i'w pridd.[4]

Erbyn dechrau'r 70au 'roedd *Y Drych* yn dwyn sylw at amlder
yr eisteddfodau a gynhelid adeg y Nadolig a'r Calan, ac yn poeni
yn 1874 am nad oedd mwy o'r cynnyrch yn cael ei gyhoeddi er
hyrwyddo'u 'lles parhaol'. Rhwng y Nadolig a'r Calan, 1874-5,
cynhaliwyd naw eisteddfod — pedair yn Pennsylvania, tair yn
Ohio, un yn Wisconsin ac un yn Utica — ac 'roedd cyfanswm y
gwobrau i'w hennill yn 2,720 doler a'r costau'n debygol o fod tua
4,000 doler. Dylid sicrhau fod buddsoddiad o'r maint hwnnw'n
esgor ar enillion diwylliannol solet.[5]

Er na wneir mwy na'i fras gyffwrdd yn y llyfr hwn, fe dâl cofio
fod i Eisteddfod Ffair y Byd gyd-destun trawiadol. Ni ellir ei
thynnu oddi wrth ei thylwyth ac nid yw'r ffaith na fyddaf yn
gwneud fawr mwy na chydnabod bodolaeth ei pherthnasau yn
rheswm dros ei hystyried hi'n hanfodol wahanol iddynt hwy. Nid
felly. Y mae'n cyfranogi'n llwyr o'r unrhyw nodweddion; y mae'n
dilyn tabyrddau'r un gyriadau. Maint ei llwyfan a rhyfeddod y
milieu y mentrodd iddo yn Chicago sy'n peri ei bod yn hawlio
sylw unigol. Trwy ei mawrddrych hi gellir syllu ar Gymry'r

Unol Daleithiau yn ceisio ymgynnal a'u gweld yn ymsythu ar eu troedle yn eu byd newydd, yn union fel y gallwn edrych trwy ddrych yr Eisteddfod Genedlaethol ar eu tylwyth yn yr Hen Wlad yn ymgymhwyso ar gyfer disgwyliadau'r Ymerodraeth Brydeinig. O gyfosod y ddwy olygfa y mae gweld yn glir fod y Cymry, gartref ac oddi cartref, wedi'u dal gan yr un maglau. Y mae'n wir, am resymau amlwg iawn, fod y clymau'n tynhau yn gynt yn yr Unol Daleithiau, ond clymau'r un maglau ydynt, clymau cymathiad a goddiwylliannu (acculturation).

Am ymron hanner canrif cyn bod sôn am Ffair y Byd buasai'r Cymry yn defnyddio'r eisteddfod mewn ymdrech i nerthu 'ysbryd y llwyth' trwy ennill ffafor yng ngolwg eu 'cenedl' newydd, afrywiog. Oddi ar lwyfan yr eisteddfod y gellid cyhoeddi'n fwyaf croch fod y Cymry wedi llywio cwrs hanes yr Unol Daleithiau o'r dechrau, eu bod wedi ymladd drostynt yn lew, fod yn eu plith unigolion a oedd yn fwy Americanaidd eu hanian na'r un brodor. Trwy'r eisteddfod yr oedd tynnu sylw, ond yr oedd yn rhaid i'r sylw hwnnw fod yn gadarnhaol. Yr oedd gobaith y sicrhâi Eisteddfod Ffair y Byd eu lle dyledus i'r Cymry fel ymfudwyr daionus ac y rhôi daw bythol ar duedd annifyr ambell sylwebydd i watwar yr eisteddfod yn ôl dull newyddiadurwyr Lloegr, fel pe na bai'n ddim ond bocs bost poblach nad oedd modd eu cymryd o ddifrif am nad oedd modd eu deall. Yn Chicago, yn 1893, yr oedd gobaith y gellid ennill yr hen frwydr yn erbyn diraddiad y buwyd yn ei hymladd am yn rhy hir.

Y mae'n glir, er gwaethaf holl rethregu'r Cymry, fod eu heisteddfodau'n ddirgelwch llwyr i'r mwyafrif llethol o'u cyd-Americaniaid. Gan mor rhwydd y credent eu propaganda eu hunain mae'n debyg na allent ddeall pam fod cyn lleied o ddiddordeb gan genhedloedd eraill yn eu rhagoriaethau hunan-hysbysedig. Rhywsut, nid ymddengys iddynt ystyried y gallai'u parodrwydd diflino i ymfronni'n fucheddol bob cyfle cyhoeddus posibl eu gwneud yn destun digrifwch yng ngolwg estroniaid — ac weithiau'n destun dirmyg haeddiannol. Yn ateb i sgeptigiaeth a sgorn fel y'i gilydd bloeddient yn uwch o hyd am eu rhinweddau.

Fel y dywedwyd, erbyn y 70au 'roedd yr eisteddfod wedi dod i'r amlwg mewn mwy nag un Dalaith ac wedi gwreiddio'n ddwfn yn Utica. Eto i gyd, mewn ysgrif adolygol yn y *New York Times* ar Eisteddfod Porthmadog, 1872, amheuid a oedd un Americanwr ymhob cant yn gwybod dim am brif ŵyl y Cymry. Rhaid bod tipyn o lyncu poer i'w glywed ar ambell aelwyd Gymraeg barchus wrth ddarllen y geiriau canlynol:

The emigrants who come to us from every land in Europe have not forgotten to bring with them the best, as well as in some cases the worst, of their national observances. The Germans have introduced to us their Sängerfests, their Schützenfests and their Turnerfests, and reared for themselves in Jones' Wood a little Teutonic paradise of harmony. The Scotchmen have revealed to us the mysterious joys of 'tossing the caber', of 'dancing the broadsword dance', and putting the large and heavy stone. Above all, our Irish fellow-citizens have not been backward in giving us at times an almost too vivid notion of their favourite national pastime of Donnybrook Fair. By going to New Orleans we might even see the African festival of the Voodou, and it is not so very long since our red brethren entertained us at Cooper Institute with a lively delineation of their corn dances and scalp dances. But with all the variety of celebration, we have never yet had anything approaching an Eisteddfod.[6]

Rhaid bod cryn anesmwythyd o weld cyplysu'r ŵyl â difyrion y byddai'n anodd i rywun cyfrifol eu hystyried yn ddyrchafol. Bron na chawsai'i hun mewn cwmni llygredig!

Ar 15-16 Medi 1875 cynhaliwyd Eisteddfod Hyde Park yn Scranton, Pennsylvania a hawliwyd mai hi oedd Eisteddfod Genedlaethol gyntaf yr Unol Daleithiau. Heb os, gosodai'i hyrwyddwyr gryn bwys ar yr argraff a greai ar yr 'onlooking nationalities', a phan ddaeth yr olaf o'i chwe sesiwn i ben credent eu bod wedi creu argraff ffafriol iawn. Daethai rhwng 5-6,000 o bobol i fwynhau'r gweithgareddau: 'Cafodd pob un oedd yn bresenol reswm da i ymffrostio ei fod yn Gymro, wrth edrych ar y fath gynulleidfa ardderchog . . .' 'Roedd ei maint yn brawf o gefnogaeth i'r Gymraeg o gofio na ddaethai ond dyrnaid i Carbondale dros ugain mlynedd ynghynt ac 'roedd y rheini'n anobeithio am ddyfodol yr iaith: 'Rhoddodd Eisteddfod Hyde Park ergyd marwol i'r daroganwyr ydynt byth a hefyd yn sôn am farwolaeth y Gymraeg.' Gwnaeth fwy na hynny. Synnodd ddynion pwysig y Dalaith a dyrchafodd y Cymry yn eu golwg: 'Dygodd hwynt i fwy o sylw. Dangosasant eu pwysigrwydd fel dinasyddion yn y wladwriaeth . . .' A dangosasant, yn anad dim, gyfoeth eu doniau: 'Mae yr Americaniaid a chenedloedd eraill hefyd, yn methu yn deg a deall pa fodd y gall llafurwyr, mwnwyr, tanwyr, gweithwyr haiarn a labrwyr cyffredin yn mhlith y Cymry fod yn feirdd, yn draethodwyr, yn gerddorion etc. Dyma ddirgelwch iddynt.' Iawn oedd llawenhau wedi'r llwyddiant ond

yr oedd gofyn sicrhau na fodlonid ar fyw ar ei gyfalaf heb
ymysgwyd ar gyfer yfory: 'Os yw Cymru am fod ar y blaen,
rhaid iddi ddeffroi o'i chysgadrwydd.'[7]
Enillwyd y gadair a deugain doler am bryddest i'r 'Mayflower'
gan Cynonfardd. Cafodd y gynulleidfa ei chyfareddu gan
seremoni a ddaeth â'i doe hudolus yn ôl ac i'r mwyafrif mawr
dyna oedd pennaf werth y cadeirio. Prin fyddai'r rhai a boenai
am ansawdd y gerdd fuddugol, ond ceid ambell un. Ym marn
Celyddon nid oedd amgen na '"ballad" ddiurddas' ac fe ddylai'r
beirniad, y Parch. J.G. Jones, wrido am wobrwyo 'pryddest
"schoolboyish", blentynllyd, anghramadegol, a diawen fel y sydd
ger ein bron'.[8] Dywedodd Celyddon y gwir plaen, ond nid oedd
ei gollfarn ef a'i debyg yn mynd i dynnu oddi wrth werthfawredd
Eisteddfod Hyde Park. 'Roedd ganddi gysuron profedig i'w
cynnig.

Yr hyn a fawr blesiodd y Cymry oedd areithiau'r ddau lywydd
— yr Anrhydeddus Horatio Gates Jones, seneddwr o
Philadelphia, ar y diwrnod cyntaf a'r Cadfridog Hartranft,
Llywodraethwr y Dalaith, ar yr ail. 'Roedd presenoldeb dau
Americanwr mor sylweddol yn godiad calon i'w ryfeddu: 'Nid
peth bychan oedd cael Llywodraethwr Talaeth oludog fel
Pennsylvania i gydnabod bodolaeth tramoriaid distadl fel y
Cymry; ond peth mwy oedd cael ganddo deithio canoedd o
filltiroedd i lywyddu mewn eisteddfod; eithr yn hyn oll
llwyddwyd.' A phan fu'n dda gan y ddau ohonynt siarad mor
gynnes am y Cymry 'distadl', 'roedd ffiolau eu disgwyliadau'n
llawn.[9]

Ymfalchïai Horatio Gates Jones yn y ffaith ei fod yn un o
ddisgynyddion Morgan ap Rhydderch, hen bregethwr parchus
gynt gyda'r Bedyddwyr, a chlodd ei araith â pherorasiwn yn yr
hen iaith na allai lai na gwynfydu'r gynulleidfa: 'Fy Mrodyr
Cymreig — Gan ein bod wedi disgyn oddiwrth y dynion goreu fu
yn troedio daear Duw erioed, yr wyf yn gobeithio o'm calon, os
na chawn gyfarfod eto fel heddyw ar y ddaear, y cawn
gydgyfarfod oddiamgylch Gorsedd Duw yn y nef, wedi ein prynu
drwy waed Crist, byth i ymado mwy; ond y cawn am
dragwyddoldeb ganu can Moses a chan yr Oen. Anwyl gyfeillion,
Duw a'ch bendithio.'[10] Digon i'r Cymry y foment honno oedd fod
Horatio Gates Jones wedi eu bendithio.

Ni allai'r Cadfridog Hartranft ymffrostio'i fod yn Gymro ond
gallai, fel un a'u profodd mewn rhyfel a heddwch, gyhoeddi eu

bod yn ddinasyddion 'defnyddiol a dylanwadol' yn Pennsylvania.
O gofio'r achlysur ni allai fod wedi dewis hapusach ansoddeiriau.
Aeth yn ei flaen: 'Dywedodd mai cofrestr o wroldeb, dewrder, a
phybyrwch oedd hanes y Cymry drwy yr oesoedd. Yr oedd efe ei
hun wedi gweld eu hymddygiadau gwrol ar faesydd y gwaed yn
y wlad hon, yn nghanol twrf y magnelau, y mwg a'r tân, ac ni
raid iddynt gywilyddio oherwydd eu gweithredoedd.' Yr oeddent,
yn ogystal, yn filwyr di-ail yn y frwydr ddiwydiannol dros
gynyddu golud a grym Pennsylvania ac yn deyrngar hollol i'r
Unol Daleithiau er mor amlwg oedd eu balchder yn eu tras. Os
oedd ymfudwyr da eu proffes a'u gweithredoedd yn y wlad, y
Cymry oedd y rheini. Mae'n hawdd iawn credu fod y corau wedi
mynd i hwyl fawr wrth ganu 'Let us break their bonds asunder' a
'Rise up, arise' ar ôl i Horatio Gates Jones a'r Cadfridog Hartranft
orffen traethu.[11]

Cyflawnodd Eisteddfod Hyde Park yr union swyddogaeth y
daethpwyd i'w hystyried yn *sine qua non* pob eisteddfod o bwys.
Darparodd lwyfan ar gyfer moli'r Cymry gan 'wŷr mawr' a
welsai'u gwerth. Rhoes fod i fath o gwrdd diolchgarwch a
fyddai'n rhwym o beri iddynt feddwl yn dda amdanynt eu
hunain a theimlo'n sicr o werthfawredd eu cyfraniad i lwydd yr
Unol Daleithiau. Yn Ffair y Byd byddai cyfle euraid i gynnal
eisteddfod na ellid mo'i hanwybyddu, heb sôn am ei gwatwar yn
ôl un hen ffasiwn newyddiadurol ddwl — poenus o ddwl — yr
oedd ambell bapur yn barod i'w harddel o hyd.

Cyhoeddodd y *New York Herald* adroddiad ar Eisteddfod Utica,
Nadolig, 1882, dan y pennawd 'Festival of the Welsh Residents of
the City — Competition for Prizes — Unanswerable Conundrums
and Unintelligible Poetry'. Ni allai'i gywair lai na chythruddo a
gofidio'r Cymry ymwybodol: 'To those who look upon the Welsh
as a race of placidly unimaginative people, inclined to
hopelessness, and with small consideration for the more subtle
refinements of civilization, the audience at the eisteddfod in
Chickering-hall last evening would have been a most exhilarating
disappointment. A most eminently aristocratic assemblage was
there, of people whose lifelong struggle with consonants had left
no trace of discouragement on their faces.'[12] A roid taw terfynol
ar watwarwyr o'r math yna yn Chicago yn 1893? A geid ymwared
rhag dibristod? A ganfyddai'r byd a ddôi i'r Ddinas Wen ar lan
Llyn Michigan lesoldeb y Cymry eisteddfotgar ymhlith y
disgleiriaf o'r rhyfeddodau a fyddai yno'n tystio i ysblander dyn?

'Roedd gofyn ffair bur anarferol i godi, chwaethach ateb, cwestiynau mor ddifrifol. Mewn gair, 'roedd gofyn am Ffair y Byd.

NODIADAU

[1] Am arolwg da o'r maes gweler: John Ibson, 'Virgin Land or Virgin Mary? Studying the Ethnicity of White Americans', *American Quarterly*, 33, 1981, No. 3, 284-307. Am gyflwyniad da i'r maes gweler: Milton M. Gordon, *Assimilation in American Life* (O.U.P., 1964). Y mae ei sylwadau ar 'Anglo-conformity', 88-114, yn berthnasol iawn i'r gyfrol hon.

[2] R. T. Berthoff, *British Immigrants in Industrial America 1790-1950*, (Harvard U.P., 1953). Ef, hefyd, piau'r ysgrif dda ar Gymry America yn Stephen Thernstrom (ed.), *Harvard Encyclopaedia of American Ethnic Groups* (1980), 1011-7.

[3] W. D. Jones, *Wales in America: Scranton and the Welsh c.1860-1920*, Ph.D. Thesis (UCW), November 1987.

[4] Edward George Hartmann, *Americans from Wales* (Boston, 1967), 146; E. O. Roberts, 'The National Eisteddfod', Rhaglen *National Eisteddfod of America and the Ninth Annual Eisteddfod of the Southern Ohio Eisteddfod Association, Jackson, 1930*, 15; Thomas L. James, 'The Eisteddfod in Wales and the United States', *Frank Leslie's Monthly*, April 1895, 421-30.

[5] *Y Drych*, 17 Rhag. 1874, 402.

[6] *New York Times*, 25 Sept. 1872, 4-5.

[7] *Y Drych*, 23 Medi 1875, 308-9; *Yr Herald Cymraeg*, 8 Hyd. 1875, 8.

[8] *Y Drych*, 12 Hyd. 1876, 331.

[9] *Yr Herald Cymraeg*, 8 Hyd. 1875, 8.

[10] *Y Drych*, 23 Medi 1875, 309.

[11] *Yr Herald Cymraeg*, 8 Hyd. 1875, 8.

[12] Dyfynnwyd yn y *North Wales Chronicle*, 27 Jan. 1883, 7. 'Roedd y Gymraeg wedi drysu'r Americaniaid ers tro byd. Pan fu'r nofelydd, Nathaniel Hawthorne, ar daith yng Nghymru yn 1854 clywodd wragedd rhwng Rhuthun a Dinbych yn ei siarad: 'It has a strange, wild sound, like a language half blown away by the wind.' Rhwng Conwy a Llandudno clywodd ddwy ferch ifanc yn siarad: 'They were pleasant looking girls, who talked Welsh together—a gutteral, childish kind of a babble.' (*Bye-Gones*, 1876-7, 90).

'AMERIG A'I MAWREDD I MI'

Ar 18 Mehefin 1891 cyfeiriodd *Y Drych* apêl 'dros donau y Gwerydd For' at Gymdeithas yr Eisteddfod Genedlaethol yn enw Cymrodorion Chicago a oedd newydd gyhoeddi'r 'Cais a Gwahoddiad' a ddatgelai'n swyddogol eu bod am gynnal 'Eisteddfod Fawreddog Gyd-Genedlaethol' fel rhan o weithgareddau syndodus Ffair y Byd, sef y 'Columbian World Exposition' a oedd rhwng 1 Mai-31 Hydref 1893 i ddathlu pedwar canmlwyddiant darganfod America gan Columbus. Gorfoleddai'r Cymrodorion yn eu braint: 'Anrhydeddir ni yn neillduol gan brif swyddogion yr arddangosfa, yn y cais am gael yr hen sefydliad cenedlaethol yn un o brif atdyniadau llenyddol a cherddorol y Ffair Fawr.' Teimlent yn sicr y byddai Cymdeithas yr Eisteddfod Genedlaethol yn barod i drefnu Prifwyl ar y cyd yn Chicago, 'ar yr achlysur mwyaf ardderchog a gafwyd erioed'.[1]

Yn yr 'Arddangosfa Golumbaidd' byddai 'cenedloedd gwareiddiedig y ddaiar yn cael eu cynrychioli yn eu gwahanol gynyrchion naturiol, eu gorchestion mewn celf a gwyddor, ac yn eu nodweddion llenyddol a cherddorol. A fydd Cenedl y Cymry yn ol o arddangos eu rhagoriaethau llenyddol a cherddorol hwy, a hyny ar achlysur mor nodedig? "Na fyddant," ydyw llais *Cymry* yr *Amerig* a'u disgynyddion. Hyderwn mai yr un fydd llais *Gwalia*. Nis gall yr un genedl arall ddwyn i'r Arddangosfa Golumbaidd y fath sefydliad cerdd-lenyddol, henafol a chymeriadol ag ydyw Yr Eisteddfod Genedlaethol.'[2]

Yr oedd 'Bwrdd Cyfarwyddwyr yr Arddangosfa' am gael Eisteddfod a fyddai'n 'arddangosiad o goethder ac enwogrwydd llenyddol y *Cymry*'. 'Roedd 'Cyfarwyddwr Cyffredinol yr Arddangosfa', yr Anrhydeddus George R. Davis, 'Cymro brwdfrydig o waed a theimlad', yn galw amdani: 'Gwnewch yr Eisteddfod yn un o brif atdyniadau llenyddol a cherddorol yr Arddangosfa, fel y dyrchafer ac yr anrhydedder yr Enw Cymreig yn ngwydd yr holl fyd.' Fe fyddai 'Cais' Cymrodorion Chicago yn cael ei ystyried yn ffurfiol yn ystod Eisteddfod Genedlaethol Abertawe, 1891, ac yn ôl eu hysgrifennydd, W. Apmadoc, 'ein gobaith a'n hyder ydyw y cyhoeddir yr atebiad a gynhyrfa ac a gryfha genedlaetholdeb calonau Cymreig ar ddau gyfandir'.[3]

Gyda chyhoeddi'r 'Cais a Gwahoddiad' agorwyd llifddorau pryderon statws y Cymry, yr union bryderon a adawodd eu hôl mor drwm ar Eisteddfodau Oes Victoria ac a droes

Y Cyrnol George R. Davis, Cyfarwyddwr Cyffredinol Ffair y Byd
Cais a Gwahoddiad (Llyfrgell Genedlaethol Cymru)

fuddugoliaethau Côr Mawr Caradog, 1872-3, yn waredigaeth genedlaethol. Dan arweiniad Cymdeithas yr Eisteddfod Genedlaethol, 'roedd y Brifwyl wedi mentro i Lerpwl yn 1884 ar drywydd uwch cymeradwyaeth Brydeinig i'r Hen Wlad, ac yn 1887, ym mlwyddyn Jiwbili Victoria, aethai i'r Albert Hall yn Llundain, at lygad ffynnon ei chysur, a chael neb llai na'i Thywysog i godi diferyn neu ddau i'w disychedu. Yr oedd Ffair y Byd yn sialens na fedrai'r Cymry mo'i hosgoi gan gymaint eu dyheu yn yr Unol Daleithiau, fel yng Nghymru, am gydnabyddiaeth deg. Rhôi iddynt gyfle i droedio llwyfan byd-eang ac i ymeirio'n llifeiriol wrth baratoi i fanteisio arno. Troes ceffylau bach eu syniadau ymhen dim yn feirch carlamus.

Datganodd *Y Drych* ar unwaith fod Cymru drwy'r Eisteddfod arfaethedig yn mynd i 'ddyfod i'r amlwg' ymhlith cenhedloedd daear: 'Ein hen ddiffyg ni hyd yma fu ymgadw yn ormodol o olwg estroniaid, gan gyfyngu ein harddangosiadau y naill i'r llall.' 'Roedd yr Eisteddfod Genedlaethol wedi dechrau tynnu sylw at y Cymry 'yn y byd'. Yn Chicago, pe mynnid, gellid sicrhau i'r Brifwyl 'gyhoeddusrwydd eangach na therfynau gwlad a chenedl y Cymry'. Yno, 'yn nghanol goleuni tanbeidiaf celf a gwyddor, cyfoeth a hynodion y bedwaredd ganrif ar bymtheg, y dylid cynal yr Eisteddfod Genedlaethol yn 1893. Geilw gwladgarwch a chenedlgarwch am hyny.'[4]

'Roedd darogan rhyfeddodau wedi bod yn un o brosesau integrol y diwydiant eisteddfodol er y 60au, ond yr oedd yr heip a gynhyrchid ar gyfer Eisteddfod Ffair y Byd i fod yn ewynnog Americanaidd ei ansawdd ac yn gwbwl driw i Chicago, man geni 'boosterism' a theatr 'Barnumism'. Ymroes *Y Drych* i siarad yn fras: 'Rhaid i ni gael Eisteddfod a fydd yn fwy na defnyn yn nghelwrn y Ffair Fawr; rhaid i ni gael un a ychwanega at ein bri fel cenedl.' Ni wnâi dim y tro ond Eisteddfod fawr, draddodiadol a fyddai'n ddigon llachar i syfrdanu estroniaid a chau cegau gwatwarwyr: 'Hwre am yr Eisteddfod Genedlaethol fwyaf a gynhaliwyd erioed, yn Chicago, mewn cysylltiad â'r Ffair sydd yn sicr o fod y fwyaf a'r odidocaf o ddigon a gynhaliwyd ar wyneb y ddaear, o'r dechreuad hyd 1893.'[5]

Yng Nghymru, cafodd Cymrodorion Chicago lefarydd dros eu hachos nad oedd o ran diymatalrwydd dweud yn ail i'r un newyddiadurwr o Ianc. Yn Edward Thomas (Idriswyn) a ysgrifennai 'Colofn y Cymry' i'r *News of the Week* yng Nghaerdydd, cafodd Apmadoc garreg ateb berffaith. Gallai Idriswyn siarad iaith bost Ffeiriau'r Byd cystal â neb 'Roedd wedi traethu mor frwd dros 'Eisteddfod y Cydfyd' cyn diwedd 1891 nes peri i Apmadoc haeru y câi ei 'leweiddio' â 'holl allu lleweiddiol Cymry y cyfandir Columbaidd' ped ymwelai â'r Ffair yn 1893. Daliodd ati'n hysbysebol-frwysg fel un a welsai nef newydd a daear newydd yn ymagor i'r Cymry ar lan Llyn Michigan. Yr oedd y genedl, o'r diwedd, i gymryd eu lle ymhlith rhagorolion y byd hwn:

> Y gwir yw fod y genedl Gymreig yn perthyn i bendefigaeth yr hil ddynol, yn feddianol ar nodweddion goreu y ddynoliaeth .. Nid gwag ymffrost yw'r honiadau a wneir ar ran y Cymry. Lle bynag y mae Cymry wedi rhagori, yn y pethau goreu y gwnaethant hyny; yn y cangenau hyny o ddysg a chelfyddyd sydd yn dyrchafu, yn coethi

ac yn diwyllio ... Nid yw hyn yn profi fod y Cymro bob amser yn well na neb arall; nid hyny a olygir, ond fod y genedl i'w rhestru yn mhlith urddasolion y cenedloedd.[6]

Tridiau cyn agoriad yr Eisteddfod yr oedd yr un mor ferw-frwd wrth sôn am y cyfle a rôi 'i genedloedd eraill ffurfio barn am ein gwir gymeriad a'n teithi ...' Mawrhâi Gymrodorion Chicago am eu sêl dros 'ddyrchafu llenyddiaeth eu cenedl a gwneud i'w rhinweddau a'i neillduolion a'i bodolaeth [fod] yn hysbys i'r holl fyd; ac anfon ar encil bythol y syniadau isel a goleddid am un o'r cenedloedd a wnaeth fwyaf o holl lwythau y ddaear er gwareiddio a moesoli y ddynoliaeth'.[7] Ni allai neb ei gyhuddo o fod yn brin ei barabl a'i hwyl wrth geisio argyhoeddi ei gydwladwyr fod brwydr hanesyddol i'w hennill yn Chicago.

Yr un fyddai cywair cefnogaeth Idriswyn i Eisteddfod Ffair y Byd trwy gydol dwy flynedd ei genhadaeth drosti a gellid yn hawdd ymwrthod â'i ormodiaith fel ffoliaeb llefarydd gorselog

Edward Thomas (Idriswyn)

Rhaglen Swfenîr

dros werth cenedl fach na châi, fel arfer, fawr o sylw'r byd swta.
Y mae'n wir iddo droeon orhaeru'n chwerthinllyd ar ei rhan, ond
yr oedd gorhaeru yn rhan anhepgor o ddarpariaeth y gwledydd
bras gorllewinol a dra-arglwyddiaethodd ar yr arddangosfeydd
cydwladol o'r 1850au ymlaen. Chwedl Paul Greenhalgh yn ei lyfr
ardderchog, *Ephemeral Vistas* (1988): 'As cultural manifestations,
they revealed an expansive West in its most flamboyant and
bombastic state; baroque, overblown expressions of societies that
felt they ruled the material world absolutely.' 'Roedd yr
arddangosfeydd a amlhaodd rhwng 1851-1939 yn bod er mwyn
dathlu cyset cenedlaetholdeb a thraha imperialaeth: 'As late as
1925', medd Greenhalgh, 'many European displays carried a
"spoils of war" flavour with them, an implicit glorying in the rich
pickings of foreign campaigns and a revelling in military power.'
Gormodiaith a weddai i fentrau o'r fath. Yr oedd hyd yn oed
awdur o faintioli Victor Hugo yn fodlon i'w harfer ar ran Ffrainc
fel y prawf ei ysgrif yn llawlyfr Arddangosfa 1867. Wrth genhadu
dros Eisteddfod Ffair y Byd ni wnaeth Idriswyn ond defnyddio'r
idiom arddangosfäol gydwladol.[8]

Yn 1890, aeth Cyngres yr Unol Daleithiau ati o ddifrif i ddewis
safle Ffair y Byd. Yr oedd yn fater o'r pwys mwyaf. Yn dilyn
Arddangosfa Fawr y Palas Grisial yn 1851, pan daenodd Prydain
ei golud a'i hymffrost ymerodrol gerbron y byd, nid oedd dim yn
sicrach nag y byddai un o'r Ymerodraethau Ewropeaidd yn
ymateb i'r her ymhen dim o dro. Yn 1855, wele'r gyntaf o'r Paris
Expositions Universelles. Ymatebodd Prydain yn 1862 a
dychwelodd Ffrainc i'r maes arddangosfäol drachefn yn 1867. O'r
flwyddyn honno tan y Rhyfel Byd Cyntaf ei phresenoldeb hi
fyddai'r mwyaf gloyw ar y maes hwnnw, fel y profodd yn 1889
pan dyrrodd 32 miliwn i Paris i gegrythu a gwrogaethu gerbron
dyfeisgarwch y dyn modern a godasai Dŵr Eiffel yn sumbol o'i
hyder yn ei allu. Ildiodd Prydain i'w gwychder ond cafodd yn yr
Unol Daleithiau wrthwynebydd anos i'w drechu. 'Roedd y Byd
Newydd am ymddisgleirio ar draul yr Hen. Daeth i'r maes yn
Philadelphia yn 1876, ac ar ôl gorchest Ffrainc yn 1889 da y
gwyddai Cyngres America fod disgwyl i Ffair y Byd yn 1893 fod
yn rhywbeth llawer mwy arwyddocaol na gŵyl o longyfarch
cartrefol. I ddyfynnu Paul Greenhalgh: 'Into the 1880's an
atmosphere of megalomania came to surround the exhibitions, as
nations struggled to better immediately preceding foreign shows.'
Hawliai'r olyniaeth fod yr Unol Daleithiau yn mynd ati i synnu'r
byd a'i sobri ag arddangosiad o nerth dilestair. Ni ellid ymwrthod

â'r her. O 1893 ymlaen, 'The Fairs celebrated the rise of America as a phenomenon. The size and expense were part and parcel of their American-ness. It was necessary for the themes carrying the national message to be expressed on an epic scale, larger than the efforts of other nations if possible.'[9]

Er gwaethaf gwrthwynebiad dirmyglon Efrog Newydd, Washington, Boston a Philadelphia, y cadarnleoedd dwyreiniol gwâr a ystyriai Chicago namyn paradwys 'parvenus', ni safodd eu snobri ddim yn wyneb cyfoeth y baradwys honno. Gwadodd y *Chicago Tribune* fod Efrog Newydd yn ddinas Americanaidd ddilys, ac yn ateb i watwarwyr 'Porkopolis' dywedodd: 'Chicago slaughters and packs its hogs, New York puts them on committees.' 'Roedd dros 200 o filiwnyddion yn Chicago erbyn 1893, yn eu plith rai megis Marshall Field, Charles T. Yerkes, John W. Gates, Potter Palmer a Conrad Seipp na allai Midas fod wedi cyffwrdd â'u gwell. Rhoes arian ledneisrwydd y Dwyrain yn ei le a phrynwyd parch y Gyngres. Setlodd y 'Chicago Exposition Company' broblem safle Ffair y Byd pan addawodd roi 5 miliwn o ddoleri'n ddidrafferth ar y ford tra oedd yr ymgeiswyr eraill yn dal i gyfri'r draul. Bu'n dda gan y Gyngres roi doler am ddoler, ac yna sefydlodd y 'World's Columbian Commission' i arolygu gweithgareddau titaniaid Chicago — rhag ofn. Ar ôl trechu Efrog Newydd wedi wyth bleidlais ar 24 Chwefror 1890 bu'n rhaid i'r Chicagoaid *brofi* y gallent godi 5 miliwn o ddoleri er mwyn tawelu ofnau'r Gyngres. Aeth dirprwyaeth i Washington ac yno dywedwyd wrthynt fod angen 10 miliwn o ddoleri cyn y câi Chicago'r Ffair. 'Roedd yr arian gofynnol gan Efrog Newydd. Heb ffwdanu ymgynghori â'u cyd-ddinaswyr derbyniodd y ddirprwyaeth yr her yn y fan a'r lle.[10]

Aethai sylwebyddion swyddogol i Arddangosfa Paris yn haf, 1889, gan ddychwelyd yn sicr o allu Chicago, yn enw'r Unol Daleithiau, i yrru pob gorchest flaenorol i'r cysgodion. Yng ngeiriau'r Seneddwr Chauncy M. Depew adeg seremoni cyhoeddi'r Ffair yn Hydref, 1892, ni ddylai neb amau aruthredd y fenter: 'This day belongs not to America, but to the World. The results of the event it commemorates are the heritage of the people of every race and clime. We celebrate the emancipation of man'. I ddyfynnu Alan Trachtenberg: 'Of course, what he meant, and what the Fair would proclaim, is that America "represents" the world, is itself the world's heritage, itself the "emancipation of man". Inviting the world to come and see . . . [the] White City would display just how wonderful America had become.'[11]

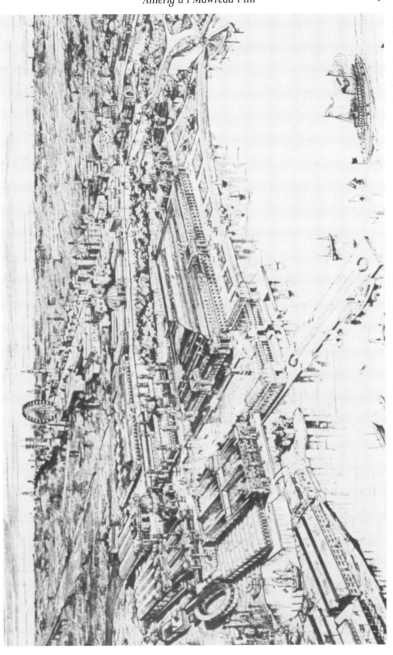

Trem eryr ar y Ddinas Wen

Cymdeithas Hanes Chicago

Yn Ebrill 1891 penderfynodd y Comisiwn fod y Ffair i'w lleoli
ym Mharc Jackson ar lan Llyn Michigan, tua phum milltir i'r de
o'r ardal fasnach ganolog. 'Roedd 400 o adeiladau i'w codi ar 700
cyfer o dir corsiog a oedd i'w weddnewid yn fro hud 'inlaid with
canals, lagoons, plazas, and promenades, and a preserve of
woods' gan Frederick Law Olmstead, yr arch-dirluniwr a
ddyluniodd Central Park yn Efrog Newydd. I gwmni pensaernïol
Daniel H. Burnham a John Wellborn Root y rhoddwyd y dasg
enfawr o gynllunio'r maes a chodi'r adeiladau amryfath, ac ni
allai'r un Pharaoh fod wedi penodi tasgfeistr mwy di-ildio na
Burnham. Ymhen dwy flynedd a hanner cododd ddinas ym
Mharc Jackson. Yno y gweithiai'r dydd a chysgu'r nos. Llafuriai
saith mil o ddynion drosto ac fe'u gyrrai'n ddidrugaredd, boed
hindda boed ddrycin, haf neu aeaf. Yn 1891 digwyddodd 700 o
ddamweiniau, un ar gyfer pob deg gweithiwr. Lladdwyd 17 o'r
gweithlu wrth i Burnham adeiladu'r Ddinas Wen y byddai'i
haruthredd cain yn brawf i'r byd o'r grymuster daionus a fyddai'n
sicr, yn yr ugeinfed ganrif, o ddyrchafu'r Unol Daleithiau
uwchlaw hen Ymerodraethau Ewrop.[12]

Bu llawer o drafod egwyddorion y cynllun a roes fod i'r Ddinas
Wen, ond y mae'r hanfodion wedi'u nodi'n gryno-glir gan
Burnham ei hun:

> Three distinct motives are apparent in the grouping of the buildings.
> Those about the Grand Basin — the Administration, Manufactures,
> Agriculture, Machinery, Electricity, Mines, and also the Art Building
> — are essentially dignified in style; those lying farther to the north —
> the Horticultural, Transportation, and Fisheries — being less formal,
> blend readily with the more or less homelike headquarters buildings
> of the states and foreign governments, which are grouped among the
> trees of the extreme northern portion of the grounds. Upon the
> Midway Plaisance no distinct order is followed, it being instead a
> most unusual collection of almost every type of architecture known to
> man — oriental villages, Chinese bazaars, tropical settlements, ice
> railways, the ponderous Ferris wheel, and reproductions of ancient
> cities. All these are combined to form the lighter and more fantastic
> side of the Fair.[13]

Yng ngeiriau Trachtenberg: 'The Court of Honor provided the
center around which the rest of White City was organized in
hierarchical degree; indeed, the carnival atmosphere of the
Midway Plaisance confirmed by contrast the dignity of the center.
And, of course, the center represented America through its
exhibitions, the outlying exotic Midway stood for the rest of the

Cymdeithas Hanes Chicago

Y Llys Anrhydedd (Court of Honour)

Y Basin Mawr

Cymdeithas Hanes Chicago

Diwrnod Agoriadol Ffair y Byd

Cymdeithas Hanes Chicago

Llyfrgell Genedlaethol Cymru

Adeilad Illinois

world in subordinate relation.'[14] Teyrnasai Columbia euraid,,
cynrychiolreg y Wladwriaeth, dros y Llys Anrhydedd ac o'i
gwmpas lleolwyd prif adeiladau'r Arddangosfa — 13 o arch-
Neuaddau, 19 Pafiliwn Cenedlaethol a 37 Pafiliwn Talaith. 'Roedd
yr argraff a wnaent ar bob math o ymwelwyr yn arhosol. 'Dyna,'
meddai William D. Davies, 'yr Arddangosfa ardderchocaf a
welodd y byd hyd yma o gynyrchion naturiol a chelfyddydol — o
waith Duw a gwaith dynion.'[15] 'Roedd cynifer â 65 mil o
'gynyrchion' wedi'u crynhoi ynghyd.

Codwyd pob Pafiliwn Cenedlaethol yn un swydd i dynnu sylw
edmygus darpar gwsmeriaid. 'Roedd pob Pafiliwn Talaith yn
hysbyseb i'r goludoedd amryfath a rannwyd mor hael ledled yr
Unol Daleithiau. Ac yn yr arch-Neuaddau 'roedd grymoedd yr
ugeinfed ganrif wrthi'n fflachio a hymian, a dyluniau'r yfory
technolegol ar daen. Nid dim llai na chronfeydd egnïon y dyfodol
oedd y 'Manufactures and Liberal Arts Building'; 'Administration

Porth Aur Louis Sullivan i'r Adeilad Trafnidiaeth

Building'; 'Mines Building'; 'Fisheries Building'; 'Horticultural Building'; 'Electricity Building'; 'Transportation Building'; 'Machinery Building'; 'Agriculture Building' a'r 'Forestry Building'. O rodio trwyddynt nid llai pensyfrdandod yr ysgolhaig na'r dyn cyffredin, ond gallai'r ysgolhaig chwilio'i eirfa am help i bondro. Ymwelodd Henry Adams â'r Ffair deirgwaith a myfyriodd arni:

> One lingered long among the dynamos, for they were new, and they gave to history a new phase . . . Education ran riot at Chicago, at least for retarded minds which had never faced in concrete form so many matters of which they were ignorant. Men who knew nothing whatever — who had never run a steam-engine, the simplest of forces

Deinamo Thomas Edison

Nelson-Hall Inc.

— who had never put their hands on a lever — had never touched an
electric battery — never talked through a telephone, and had not the
shadow of a notion what amount of force was meant by a 'watt' or
an 'ampère' or an 'erg', or any other term of measurement introduced
within a hundred years — had no choice but to sit down on the steps
and brood as they had never brooded on the benches of Harvard
College, either as student or professor, aghast at what they had said
and done in all those years, and still more ashamed of the childlike
ignorance and babbling futility of the society that let them say and do
it.[16]

Fel Adams, bu'n dda gan amryw o sylwebyddion ymholi'n
ddwys ynglŷn ag arwyddocâd Ffair y Byd ac y mae'n para'n
gyfwe o baradocsau sy'n denu dehonglwyr gwareiddiad yr
ugeinfed ganrif i'w datrys. Yn wir, paradocs gweladwy yn ei
hanfod oedd y Ddinas Wen ei hun. Fe gafodd ei henw am i
Daniel Burnham, ar ôl marw annhymig John Wellborn Root a
ymgorfforai foderniaeth bensaernïol Chicago, ymddiried y rhan
fwyaf o'r gwaith o gynllunio'r arch-Neuaddau o gwmpas y Llys
Anrhydedd i benseiri mwy ceidwadol Efrog Newydd, Boston a
Kansas. O ganlyniad ffrwynwyd gwreiddioldeb Louis Sullivan,
Dankmar Adler a'r Frank Lloyd Wright ifanc, y gwreiddioldeb a
saethai i'r entrychion yn 'skyscrapers' y ddinas, ac aed ati i
ddynwared arddulliau clasurol Groeg. Glynwyd wrth fframiau dur
yr arch-Neuaddau ffasâd newyddglasurol. Gorchuddiwyd y
muriau â stucco. Paentiwyd y rheini'n wyn a rhoi iddynt ymyl o
aur. Felly y daeth y Ddinas Wen i fod.[17]

I Sullivan, a gomisiynwyd i godi'r 'Transportation Building', nid
oedd Burnham amgenach na gwallgofddyn 'obsessed by the
Feudal ideal of power'. 'Roedd wedi casglu o'i amgylch benseiri
academaidd y Dwyrain dim ond i gael ganddynt 'a naked
exhibitionism of charlatanry in the highest feudal and
domineering culture . . .' Rhoes Sullivan ei fryd ar greu delwedd
Americanaidd ddiledryw ond diolch i Burnham collwyd y cyfle a
rhwystrwyd twf pensaernïaeth frodorol am hanner canrif. Dyna
fel y gwelai Sullivan bethau ac nid ef oedd yr unig un i brotestio
nad oedd cytgord rhwng y ddelwedd ddynwaredus a'r sylwedd yr
oedd i'w gynrychioli. Materoliaeth ronc a ddaethai â'r Ffair i
Chicago. Y meddylfryd masnachol, yr union feddylfryd a roesai
fod i bensaernïaeth Chicago, oedd y deinamo a yrrai'r sioe
aruthrol: 'More than any event before it, it espoused the ideology
of the profit margin.' 'Roedd delwedd y Ddinas Wen yn hanfodol
ffals.[18]

Ond am bob un Sullivan 'roedd miloedd a welai, a fynnai weld, yn y Ddinas Wen addewid am harddach yfory. Onid oedd ei phensaernïaeth yn priodi'r mecanyddol a'r artistig, y materol a'r ysbrydol? Onid oedd i fasnach geinder? Llefarodd Maer Cleveland, Charles E. Bolton, dros lu mawr o ymwelwyr pan ddywedodd: 'One easily imagined that he had stepped upon a neighbouring planet, where civilization and art had been purified, or that the veil was drawn aside, and that for a moment he was permitted to behold the glories of the New Jerusalem.' Yn wir, 'roedd fel petai gwyrth o fath arbennig wedi digwydd ar y ddaear hon, '. . . while bankers slept, ambitious architects had helped themselves to gold and silver, and were thus able to express in material what others had built in dreams only'. Fel y dywedodd yr awdur ifanc, Hamlin Garland, mewn llythyr at ei rieni ar eu fferm yn Dakota, 'Sell the cook stove if necessary and come. You *must* see this fair.' Ac fe ddaethant, dros 21 miliwn ohonynt i gyd, i orfoleddu gyda'r Arlywydd Grover Cleveland wyneb yn wyneb â'r 'stupendous results of American enterprise' ac i gydnabod yn falch y genhadaeth ddyrchafedig a oedd i lywio cwrs eu gwlad yn yr ugeinfed ganrif.[19]

'Roedd rhyfeddodau'n eu disgwyl. Caent weld map o'r Unol Daleithiau wedi'i wneud o bicyls, cosyn un dunnell ar ddeg o Ontario, a Venus de Milo siocoled 1,500 pwys. Caent lafoerio wrth syllu ar bob math o fwydydd gan gynnwys grawnffrwyth (grapefruit) a fyddai'n ffefryn ar ôl y Ffair. 'Roedd yno ganon o waith Krupp yn pwyso 130 tunnell i beri llyncu poer. Caent weld paentiadau, cerfluniau ac amrywiol 'artefacts' wrth y miloedd. 'Roedd y telesgop a roesai Charles T. Yerkes i Brifysgol newydd-anedig Chicago yno, yn ogystal â theliffon hir-bellter a gysylltai'r Ffair ag Efrog Newydd. Ym mhobman 'roedd pŵer a golau trydan ac ar hyd y rheilffordd a gwmpasai'r maes rhedai 'the first heavy, high-speed train run by electricity in America'. Yn y 'Machinery Building', a orchuddiai 17 cyfer, 'roedd y 'monster elevated traveling crane' yn ogystal â'r peiriant 2,000 g.m. a yrrai ddau ddeinamo, 'each lighting 10,000 incandescent lights'. Ar bob llaw 'roedd syndodau lloriol. Fel y dywedodd Cynonfardd: 'Nid oes gan bobl na fuont yno un dirnadaeth am fawredd ac amrywdeb yr arddangosiadau . . . Gwnaeth rhai personau gyfrif — pe cymerid tair munyd o amser at bob golygfa, y cymerai fwy na deuddeng mlynedd i weled yr holl Ffair.' Datgelai'r Ddinas Wen i'r bobol, meddai Henry Demarest Lloyd, 'possibilities of social beauty, utility and harmony of which they had not even been able to dream'. Cafodd William Dean Howells, y nofelydd, ei hun yn 'Altruria'.[20]

O fentro ar Olwyn George Ferris, yr olwyn ffair ryfedda'n bod a'i 36 gondola'n eistedd 2,160 ar y tro, ceid golwg benfeddwol ar sioe fwya'r byd. Llathrai'r Ddinas Wen obry ac ar hyd y Midway Plaisance, a wahanai Barc Jackson a Pharc Washington, heidiai'r miloedd yn feunyddiol i'w boddi ym merw'r bobloedd a wnâi'r fath sbloet o'u harwahanrwydd diwylliannol. Ar y Midway caech rodio un o strydoedd Cairo a gwylio Fatima yn y 'Persian Palace of Eros' yn bogail-ddawnsio'n seismig. Caech synnu'n wyn eich byd at led noethni ac ymchwydd bronnog ynyswyr Môr y De a brodorion Dahomey a Java. Caech ymlwybro drwy 17 o bentrefi, megis pentrefi'r Almaen ac Awstria, Iwerddon ac Algeria, Tunisia a Twrci. Caech alw mewn caffi yn Vienna a phalas Mwraidd a bazaar yn Japan. Yn fyr, caech ymgolli pe dymunech yng

Olwyn George Ferris

Cymdeithas Hanes Chicago

Y 'Midway Plaisance'

Cymdeithas Hanes Chicago

nghosmopolitaniaeth liwus, dyrfus y cast o dair mil o 48 cenedl a fu'n cynnal eu pasiant nodedig trwy gydol tymor Ffair y Byd. 'Roedd y Midway Plaisance cymaint rhan o syfrdandod y Ffair â'r Llys Anrhydedd.[21]

Ond pe na buasai'r 'Columbian Exposition' yn ddim mwy na chyfle i ddathlu cynnydd materol yr Unol Daleithiau a rhagoriaeth gwareiddiadau gwyn yn gyffredinol ar ddulliau byw yr hilion is, prin y cawsai Cymru le yn y stori. Mae'n wir fod darn nobl o lo carreg wedi'i arddangos yn y 'Mines Building' yn dyst mud i'w rhan fel anifail cynorthwy yr Ymerodraeth Brydeinig. Ac y mae'r un mor wir fod Miss Margaret Adams, o Dre-fach ger Llangeler wedi'i dewis gan Arglwyddes Aberdâr i gynrychioli Cymru yn y Ffair lle bu wrthi'n gyson yn ei gwisg Gymreig yn nyddu am bum awr y dydd yn Neuadd y Ferch. Mae'n siŵr fod y *Carmarthen Journal* wedi dweud yn iawn amdani yn Awst 1895: 'Miss Adams has a splendid physique, is quiet and reserved, modest, withal intelligent and goodlooking.

She is a splendid specimen of the Wales of to-day.' Mae'r un mor siŵr fod Ednyfed yn ei gredu ei hunan wrth ganmol ei rhan yn y Ffair: 'Not only has she brought the dear old language in her tongue, but she has brought in her heart that pure and undefiled religion which makes Wales pre-eminent among the countries of the globe.' Ond go brin y gallasai Miss Adams hawddgar a'i throell, fwy na'r clamp glo carreg cosmetig, hoelio sylw'r 'onlooking nationalities' ar Gymru i'r graddau y carai ei hyrwyddwyr iddynt wneud.[22]

Byddai'r Midway, wrth gwrs, wedi sicrhau mwy na digon o sylw i Gymru, ond nid dyna'r lle i Wlad y Cymanfaoedd a'r Menyg Gwynion. Nid plant yr un fam oedd Miss Adams a Fatima. Un peth oedd boddio chwilfrydedd wrth basio heibio,

Y 'Midway Plaisance' oddi fry

Constable

Glo Carreg o Gymru

peth arall oedd pabellu ar y Midway. Yr oedd nifer o'i 'Human Showcases' hi yn bod yn unig i gadarnhau rhagfarnau hiliol y cenhedloedd uwch. Ni ddylid chwarae â thân. 'Roedd gormod o Gymry yn rhy gyfarwydd â bwletinau'r Ymerodraeth. Onid oedd Eisteddfod Cymrodorion Glannau y Tawelfor — a honno'n Eisteddfod y Nadolig, 1888 — wedi cynnig deg doler am draethawd ar 'Rhesymau dros atal ymfudiaeth y Chineaid i'r Taleithiau Unedig'. Ac onid oedd *Y Drych* yn Ionawr 1893 wrth achwyn na chawsai Cymru eto hanner y clod a haeddai am ei rhan yn natblygiad Prydain ac America, wedi priodoli unrhyw ddirywiad tybiedig 'yn ein cymeriad cenedlaethol yn y dyddiau diweddaf hyn . . . i ddirywiad achyddol trwy gymysgiad a chenedloedd eiddilach a llai urddasol. Coll pwysig yw i genedl, yn gystal â dyn, golli hanfodion bodolaeth trwy golli neillduoleb.'[23]

Na, fe fyddai'r foeseg Gymreig anghydffurfiol, wen dan ormod straen ar y Midway, fe ofalai'r Gwyddyl am hynny, waeth beth am Fatima. Buasai'r Arglwydd Aberdeen, Rheolwr Cyffredinol Canada, mor ffôl â chaniatáu sefydlu 'opposition Irish village' a bu ei wraig mor ehud â chyhoeddi fod y Blarney Stone yno. Bu'n rhaid iddi ymddiheuro'n gyhoeddus i'r perchen, y Barwnig Syr George St. John Coulthurst, ar ôl i Mrs. Ernest Hart, noddreg Castell Donegal yn y pentref Gwyddelig dilys, ysgrifennu ato ond erbyn hynny 'roedd llu o ymwelwyr, gan gynnwys Maer Chicago,

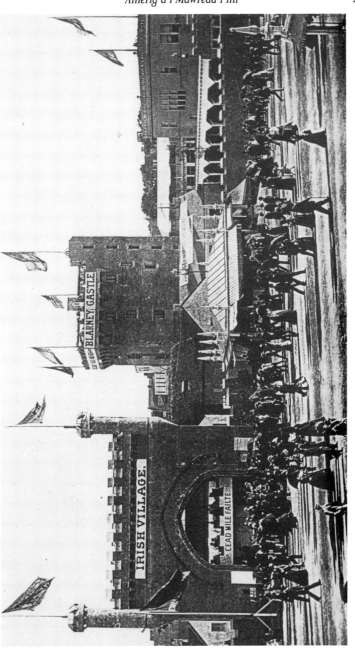

Y Pentref Gwyddelig

wedi cusanu'r maen rhiniol nad oedd ond darn o'r pafin 'at 10 cents a head'. Dialodd y Gwyddyl ar 21 Hydref trwy ymosod ar Gastell Blarney yn ffug-bentref Aberdeen a cheisio tynnu Jac yr Undeb i lawr. Bu cryn helynt ac arestiwyd tri o'r arweinwyr wedi sgarmes wyllt rhwng yr heddlu a'r terfysgwyr.[24] Ie, gwell oedd cadw draw o'r Midway. Yr oedd yno ormod o boblach nad oeddent eto'n llwyr dderbyniol, poblach yr oedd rhidyll Darwiniaeth Gymdeithasol yn dal i'w hidlo.

Diolch, fodd bynnag, i farnwr o'r enw Charles C. Bonney 'roedd modd i Gymrodorion Chicago ddwyn yr Eisteddfod i'r Ffair heb beryglu ei statws fel prif sefydliad adeiladol y Cymry. Ei ddelfrydiaeth ef a roes fod i'r 'World's Congress Auxiliary' a gynhaliodd 1,283 o sesiynau rhwng 15 Mai-28 Hydref. Fe'u mynychwyd gan 700,000 o amryfal lesolwyr. Darllenwyd 5,454 o bapurau ffurfiol gan gynrychiolwyr 92 o wahanol genhedloedd, taleithiau a threfedigaethau, pob un ohonynt wedi'i ddewis yn ofalus ar gyfer ei dasg. Ni chaniateid na thrafod na dadlau. 'Roeddent oll i bulpuda dros ddaioni a gwarineb — gan anghofio, mae'n debyg, fod y Ffair wedi gwrthod cais y dyn du am le penodol iddo yntau arddangos ynddi ei ragoriaethau, a bod yr Indiaid Cochion, diolch i sioe Buffalo Bill, wedi'u harddangos fel anwariaid darostyngedig 'who had only recently encountered the rudiments of humanity.' Dinas Wen ydoedd, wedi'r cyfan.[25]

Mynnai Bonney alw ynghyd ddeallusion yr Unol Daleithiau a Gorllewin Ewrop i draethu ar GYNNYDD anfaterol y ddynoliaeth. Dewisodd yn arwyddair 'Not Matter, But Mind — Not Things, But Men' a sefydlwyd ugain o adrannau, heb gyfrif un Adran Gyffredinol, i drafod Cynnydd y Ferch; Y Wasg; Meddygaeth; Dirwest; Diwygiadau Moesol a Chymdeithasol; Masnach a Chyllid; Cerddoriaeth; Llenyddiaeth; Addysg; Peirianneg; Celfyddyd Gain; Hanes; Llywodraeth; Gwyddoniaeth ac Athroniaeth; Llafur; Crefydd; Iechyd y Cyhoedd; Gwyddor Gymdeithasol ac Economaidd; Gorffwystra'r Sul ac Amaeth. 'We would,' meddai Bonney, 'unite in international associations the devotees of every branch of learning; the disciples of every virtue; the friends of every charity; the supporters of every reform.' Byddai'r Gyngres yn foddion i fyfyrio ar ystyr y Ffair. Priodai'r ysbrydol a'r materol, y deallusol a'r defnyddiol: 'The Congress served, in the overall design, as the intellectual equivalent of the visible art which made matter and things palpable on the fairgrounds.'[26]

Fel 'Social Science Section' Hugh Owen yn Eisteddfodau

Cenedlaethol y 60au, a chyfarfodydd y Cymmrodorion yn yr 80au a'r 90au, 'roedd sesiynau Cyngres Charles Bonney wedi'u bwriadu i ddifrifoli pobol trwy hoelio'u sylw ar broblemau'r ddynoliaeth a'r hyn y gallai cymdeithas ddisgybledig, gyfrifol ei wneud er gwella ansawdd bywyd. Nid oedd Bonney yn torri tir newydd. O 1851 tan 1940 ni chynhaliwyd yr un Arddangosfa Gydwladol heb i'w hyrwyddwyr bwysleisio'i llesoldeb. Yn ateb i bob cwyn am gost afresymol a swae siofinistaidd pwysleisid achos Addysg i'r Bobol, Heddwch rhwng y Cenhedloedd, Masnach a Chynnydd. Dyna bennau cyson pob pregeth o blaid a bedlerid o wlad i wlad, ac Addysg i'r Bobol oedd y mwyaf soniarus ohonynt. I'r eisteddfodwyr blaengar, a oedd mor gyfarwydd ag annog y Cymry i ymddifrifoli, creodd Bonney ethos a oedd yn gwbwl gydnaws â'u bwriadau a'u gobeithion hwy. Gellid dwyn yr Eisteddfod i Ffair y Byd yn ddibryder. Gerbron llesolwyr daear byddai modd ei defnyddio i ddangos pa mor daer a pha mor ddwfn oedd awydd hen genedl y Cymry i ymddyrchafu.

Pan gyhoeddwyd trafodion y Gyngres Ddirwest, *Temperance in all Nations*, yn ddwy gyfrol, cydnabuwyd cyfraniad Cymru fel y'i brasluniwyd gan y Parch. D. Rowlands, M.A., golygydd *Y Traethodydd*, yn y gyntaf ohonynt. A phan gyhoeddwyd hanes 'The World's Parliament of Religions' a leolwyd yn yr Art Institute of Chicago, 10-27 Medi, 'roedd ynddo gyfeiriad byr ond cymeradwyol at Gyngres yr Eglwysi Cymreig a gynhaliwyd yn Neuadd Columbus ar ddydd Sul, 3 Medi, ar ddechrau wythnos yr Eisteddfod. Uchafbwyntiau'r cyfarfod oedd pregeth gan Hwfa Môn, 'the famous pulpit orator of Wales', ar 'Dirgelion y Ffydd' a phapurau ar 'Cyflwr Presennol y Cymry' gan Mrs. V. Morgan; 'Cristnogaeth yn y Galon ac Mewn Bywyd Beunyddiol' gan Miss Rosina Davies; a 'Nodweddion Crefyddol y Cymry' gan y Parchedig Ddr. H.O. Rowlands. Yr oedd y Parch. John Evans, Eglwys-bach wedi paratoi papur ar 'Effaith y Diwygiad Protestannaidd ar Gymru', ond ni chyrhaeddodd mewn pryd i'w ddarllen yn y Gyngres. Cyhoeddwyd crynodeb ohono gan ei fod yn haeddu ei werthfawrogi gan Gymry ym mhobman.[27]

Y Parch. Jenkin Lloyd Jones (1843-1918), yr Undodwr a'r heddychwr stans a oedd yn ewythr i Frank Lloyd Wright, oedd Ysgrifennydd 'The World's Parliament of Religions'. 'Roedd yn ffigur trawiadol. Ef oedd llywydd cyntaf y Chicago Browning Society a darlithiai'n ogystal ym Mhrifysgol y ddinas. Ef, yn bennaf, a sicrhaodd arian erbyn 1882 i sefydlu Eglwys yr Holl Eneidiau a Chanolfan Lincoln a'u gwasnaethu wedyn am gyfnod fel bugail a chyfarwyddwr. Cyhoeddodd fwy nag un llyfr, gan gynnwys casgliad o'i ddoethinebau, *Nuggets from a Welsh Mine*, ac ar sail ei ymchwil llwyddodd, hefyd, i'w berswadio'i hun mai Cymro o ran gwaed oedd Abraham Lincoln. Yr oedd, fel y gellid disgwyl, yn un o aelodau gwerthfawrocaf y Cymrodorion a bu iddo ran amlwg o'r cychwyn yn nhrefniadau Eisteddfod Ffair y Byd.[28]

Yn rhinwedd uchelfrydedd Charles Bonney a sylwedd Jenkin Lloyd Jones, gallai Cymrodorion Chicago fynd â'r Eisteddfod i Ffair y Byd heb ofni gwawd ceidwad moes. I bob pwrpas 'roedd Cyngres yr Eglwysi Cymreig yn rhan o'u Heisteddfod. Fel y dywedwyd yn ddiweddarach: 'The congress was closely connected with, and owed much of the splendid attendance it commanded, to the International Eisteddfod of the Welsh people . . . This institution embodies in itself so many of the characteristics of the Welsh people that the church is bound to strive at regulating it and elevating it to the utmost . . . It is the hope and ambition of the church that the day shall never dawn on Wales when religion is divorced there from music, literature, and art.' Yr oedd y Cymry, ar gorn eu sefydliad cenedlaethol unigryw, sefydliad a dystiai i'w gwarineb a'u difrifwch moesol, yn mynd i hawlio sylw'r byd nid am ddiwrnod, fel y cenhedloedd eraill, ond am bedwar diwrnod! Fe allai'r Eisteddfod yn Ffair y Byd wneud Cymru fach yn destun y math gorau o siarad. Byddai ennill, oherwydd haeddiant, sylw teg y gwledydd yn fuddugoliaeth mor felys gan fod Cymru, o'i chyferbynnu â'r Alban ac Iwerddon, heb sôn am Loegr, mor ddinodded a difantais.[29]

'Roedd Diwrnod yr Alban i'w ddathlu yn y Festival Hall ar 4 Awst a Diwrnod Iwerddon — nid digon gan y Gwyddyl eu presenoldeb ar y Midway — ar 30 Medi. Ymgasglodd yr Albanwyr yn eu gwisgoedd tartan ym Mharc Jackson 'and the martial spirit of auld Scotia was stirred by the piping of "The Campbells are coming" and "Scots wha hae wi' Wallace bled"'. Aed oddi yno i aduniad yn y New York State Building ac yna i'r Festival Hall am sesiwn o areithio, canu a dawnsio. Llanwodd y Gwyddyl y Festival Hall i'r ymylon â'u hunanhyder ar 30 Medi a chawsant fodd i fyw wrth wrando ar yr Esgob Hennessey o Dubuque yn traethu ar 'The Irish Race and the Development of Civilisation'; John E. Fitzgerald o Bolton yn moli 'The Genius of the Irish Race'; Eugene Davis o Boston yn gwerthfawrogi 'Irish Literature' a John F. Finerty o Chicago yn rhestru gorchestion

'The Irishman in Lands other than his own'. 'Doedd dim yn mynd i rwystro'r Gwyddel rhag gwneud ei ragoriaethau'n hysbys i'r byd — dim hyd yn oed imperialaeth Prydain.[30]

Gwariodd Prydain Fawr, sef Lloegr, 80 mil o ddoleri ar Victoria House, y pafiliwn Tuduraidd ei wedd ac iddo rai o nodweddion pensaernïol y Plas-mawr, Conwy a oedd i gynrychioli gogoniant yr Ymerodraeth. Rhoes y llywodraeth grant cychwynnol o 125 mil o ddoleri er sicrhau'r arddangosiad mwyaf nobl o'r athrylith Brydeinig i'w weld mewn gwlad dramor erioed, a rhoes 175 mil o ddoleri'n ychwaneg er mwyn denu mwy o arddangoswyr. Gan fod pob cenedl ar brawf yn Chicago, a chan na fynnai Lloegr, o bawb, golli wyneb, 'roedd buddiannau Prydain i'w diogelu gan y 'Society of Arts' dan lywyddiaeth Tywysog Cymru. 'Roedd disgwyl i Albert Edward gofio campau'i dad yn Arddangosfa Fawr 1851.[31]

Dathlwyd British Empire Day, 19 Awst, yn gwbwl deilwng o rwysg rhyfelgar Lloegr. Martsiwyd i'r Festival Hall, yn dilyn 'trooping the colours' y tu allan i Victoria House, i ymchwyddo'n wladgarol wrth wrando ar Gôr Mil o Leisiau yn taranu anthemau Prydeindod ac yn y nos cafwyd Twrnamaint Milwrol i gynhyrfu'r gwaed yn y Stock Pavilion: 'A fine feature of the fireworks that

Victoria House

Diwrnod Chicago

Llyfrgell Genedlaethol Cymru

evening was a representation of the flags of Great Britain and the
United States entwined with the imperial arms of England in a
design a hundred by fifty feet in size, and containing ten
thousand separate burning pieces.' Oedd, 'roedd Lloegr yn
Chicago, hefyd, ac ni fwriadai i'r un dim a welai sigo'i
hunanddigonolrwydd — dim yn gyhoeddus o leiaf.[32]

Yn 1892, ymddangosodd erthygl ar 'Chicago and its Exhibition'
yn *The Nineteenth Century*.[33] Ei hawdur oedd Henry Trueman
Wood, 'Secretary to the Royal Commission for the Chicago
Exposition, 1893 — British Section'. Fel dinesydd gwlad a oedd
wedi hen brofi ei gwerth gallai ddeall a chydymdeimlo ag awydd
America i ragori ar bawb: 'It is a youthful but perfectly honest
condition of mind, and it is one that people as well as men grow
out of with advancing years.' 'Roedd John Bull yn ddigon sicr o'i
bwysigrwydd bellach i beidio â phoeni am fost yr Ianc. Aethai'n
rhy hen i'w ddallu gan sioe.

Yr hyn a wnâi Ffair y Byd yn fenter fawr i Loegr oedd ei bod
yn rhoi cyfle iddi drechu tariff McKinley: 'While it is the chief

object of the country holding an international exhibition to demonstrate its superiority over other countries — this was carried out with much skill and conspicuous success in 1889 at Paris — it is also necessary that, for the sake of comparison, the products of other countries should be shown. An opportunity is thus afforded to her trade rivals, and an opportunity which, as a rule, they find it essential not to neglect.' Mae'r neges yn un syml. Er hyrwyddo'i buddiannau masnachol yr âi Lloegr i Chicago, er gwneud yn siŵr na chollai'i gafael ar farchnadoedd y byd. Nid oedd rhaid iddi fynd i Chicago i wneud ei henw, ond 'roedd yn rhaid iddi fynd yno, a mynd yno'n fras, rhag iddi ei golli: 'It is to be remembered that we have a character to maintain. The British section has always been the best at foreign exhibitions . . . If it were found that England was ready to take a lower place at a "World's Fair", our enemies would have some reason to say that our old spirit of commercial enterprise was less vigorous than of yore'. Ni fyddai hynny, fel y gwyddai Wood yn dda, yn ddim llai na thrychineb. 'Roedd pob Arddangosfa yn gyfle i ddathlu grym y Gorllewin, a Masnach oedd pwerdy'r grym hwnnw.[34]

Arall oedd angen Cymru. Nid oedd hi eto wedi gwneud ei henw a gobaith Cymrodorion Chicago oedd y gellid ei gwared o'i dinodedd yn Ffair y Byd a thrwy'r Eisteddfod ennyn edmygedd at wlad fach a rôi'r pwys mwyaf ar y doniau da. Fel y dywedodd Y Cronicl:

'. . . pe gellid gweithio allan gynllun mawr fel hyn, caem fantais odidog i ddwyn yr hen genedl i sylw gwledydd ereill. Pa faint o les a wnai peth o'r fath nis gallaf ddyweud, ond gan y bydd gwahanol genedloedd y byd yn cael eu cynrychioli yno, paham y rhaid i'r Cymro aros gartref? A raid i ni gywilyddio arddel ein llenyddiaeth, ein cantorion a'n defion? Gadewch i ni droi dros y ffiniau a dynodd y Seison o'n cwmpas, oblegid y mae genym genhadaeth at y byd.'

Yn yr Unol Daleithiau, fel yn eu mamwlad, ymawyddai'r Cymry am sicrwydd eu bod yn cyfrif. Rhaid oedd iddynt wrth loewach nen ac addewid tecach dyfodol. Siawns na allai Olwyn Ferris yn Chicago fod yn ail fryn Nebo iddynt.[35]

Rhoddwyd hwb i'w calonnau gan y New York Times, 13 Mawrth 1893. Dan bennawd solet, 'GALLANT LITTLE WALES. Her Nationality and Language have never been lost', tynnwyd sylw at y Daily News yn Llundain a oedd o'r farn fod Cymru bellach yn ymddyrchafu: 'Wales has decidedly been coming to the front of late — has been justly asserting herself, and has been drawing the eyes of all reasonable and intelligent men on some of her national claims . . .' 'Roedd ei delwedd genedlaethol yn plesio: 'Wales is in appearance a softened Scotland — a less unprosperous Ireland.' O'r diwedd, daethai awr ei goruchafiaeth: 'The Welsh have made a stout fight for their nationality, and they have kept it alive. The battle is all over now. The distinct nationality of Wales is acknowledged. Welsh never was a dead language. There was never any part of the brave little country where the native tongue was not understood by the people.' Geiriau cysur yn wir — pe gellid eu llyncu'n ddihalen.[36]

Yn y *Westminster Review,* 1893, ymddangosodd ysgrif gan ŵr o'r enw Harry Davies ar 'The Future of Wales'.[37] Y mae'n enghraifft glasurol yn nyddiau brwysgedd y Ffair o bryder Cymro Llundeinig a fynnai weld ei hen famwlad yn ymwthio drwy niwloedd ei symledd digynnydd i olwg y byd. Buasai Cymru ynghudd yn ei hencilfa fynyddig, ramantus am ormod o amser. Buasai'n fudan dihyder:

> Wales has been dumb. She has drawn aside for the world to pass by. And the world in turn has passed her by. She has lulled herself into a lotus sleep to the tune of whispering hills; and the world, in turn, has let her sleep. She has dropped out of the race, and has been left far behind. Jogtrot of market-going farmer, mechanical coal-digging of humble collier, peaceful chapel-going on Sunday — this has been the sum and story of her life. She has never spoken forth as she can and will speak forth on the great wrestling-ground of the intellectual and artistic world . . . Wales has been dumb — dumb not with the silence of the afflicted but of a strong, deep self-contained heart. Her silence has placed her, as far as the busy world is concerned, — in the abyss of oblivion; she has been overlooked and forgotten and, as a result, neglected.

'Roedd Lloegr wedi bod yn gywilyddus o ddibris o'i dyletswydd tuag at Gymru. Ni cheisiodd feithrin ei thalentau ac o ganlyniad ni fu gan y Cymry fawr mwy na'u gwladgarwch balch i'w cynnal yn wyneb estroniaid ffyniannus.

Er nad oedd lle i amau cywirdeb y gwladgarwch hwnnw, bu'n foddion i ffosileiddio'r genedl. Gan iddi lynu wrth 'her grand old language' 'roedd ymhell ar ôl yr oes 'and has been outdistanced in the international fight for place and honour'. Dylid cydymdeimlo â phicil y Cymro: 'He knows that the cold and critical eye of the world will judge only from results; and he waits in an ardency of expectation for the time when Wales will make up for what she has lost in the race; when she will come out from her solitude and claim equal favours with the rest of the land; when she will prove her great capabilities, and take her place — not the lowest — among the other countries of the British Empire.'[38] Ond nid oedd awr ei dyrchafiad ar daro. Yr oedd angen mwy na barddoniaeth a hwyl i sicrhau'r cynnydd a enillai i wlad a chenedl barch dyladwy. 'Roedd i'r Cymry bosibiliadau ysblennydd. Pwy oedd i ddweud nad hwy, yn rhinwedd eu crefyddgarwch unplyg, fyddai achubiaeth y bydolion goludog a'u dirmygai? Pwy oedd i ddweud nad ganddynt hwy oedd y swyn dewinol i leddfu'r chwantau, a chwalu'r 'ennui' a oedd yn ysu calonnau'r beilchion? Ni ddylid diystyru potensial iachusol yr hen ffordd Gymreig o fyw.

Ond ni wnâi Cymru ei marc yn y byd tra parhâi'r wladwriaeth i'w hesgeuluso, a thra mynnai'r brodorion gynnal eu 'stubborn and suicidal resistance to the adoption of the English language'. Yr oedd Lloegr yn haeddu ei chollfarnu am fod mor ddi-hid, am adael i Gymru lechu dan ei chragen. Yr oedd hithau, Gymru, mor gibddall: 'Her prejudice against the English language has fossilised her, stultified her progress, and handicapped her young men.' 'Doedd dim amdani ond edrych ymlaen: 'The hope of Wales lies in the future. Her past is a lotus-garden of memories. Her present is a dead letter. Her future is her only hope, and thitherward should her eyes be strained.' Nid amheuai Harry Davies fod toriad gwawr i fod. 'Roedd arwyddion digamsyniol ar bob llaw fod y Cymry yn deffro a'u bod yn datgloi'r holl ddrysau a gaewyd yn wyneb y Saesneg: 'The people have become alive to new desires, fresh needs, higher aims. Ere long Wales will awake.'[39] Prin fod gofyn dweud mai golwg gŵr-o-bell ar Gymru 1893 oedd golwg Harry Davies. Doniol yw'r gŵyn am ragfarn ei gydwladwyr yn erbyn y Saesneg. Mae'n amlwg nad oedd wedi ymweld â'r hen wlad ers tro.

'Ere long Wales will awake.' A fyddai Eisteddfod Ffair y Byd yn foddion i'w deffro, neu a fyddai gofid y Cymro Americanaidd am barhad ei famiaith yn debygol o'i rhwystro rhag bod yn gyfrwng y math o oleuedigaeth y dyheai Harry Davies amdani? A fyddai hiraeth Cymrodorion Chicago am rith o famwlad yn drech, dros dro, na'u hanian fasnachol? Yn Ffair y Byd fe gâi'r Cymry gyfle di-ail i'w harddangos eu hunain ar y maes eisteddfodol rhyfeddaf erioed, a gallai'r ddelwedd ohonynt eu hunain a gynigient i sylw'r cenhedloedd eraill, yn ôl fel y derbynnid hi, godi neu ostwng eu synnwyr o'u gwerth. Am gymeradwyaeth y brefai'r Cymry ym mhobman. 'Roedd cymeradwyaeth iddynt hwy megis arian bath y Gorllewin i Ddwyrain Ewrop heddiw.

Yn Eisteddfod Genedlaethol Pontypridd, dechrau Awst 1893, rhoddwyd derbyniad brenhinol i ddau Gymro gorchestol ac un Gymraes. Enillasai Miss Llewela Davies Ruban Glas yr Academi Gerdd Frenhinol a derbyn ei bathodyn yn St. James's Hall. Enillasai saith bathodyn, tair gwobr a dwy ysgoloriaeth yn ystod cwrs ei hastudiaeth yn yr Academi — camp heb ei chyflawni gan yr un efrydydd arall yn holl hanes y sefydliad. Daeth merch Mr. Rhys Davies, Y.H., Aberhonddu gerbron eisteddfodwyr 1893 i brofi nad oedd pall ar athrylith gerddorol y genedl.[40]

Crwtyn o Lantrisant oedd Syr David Evans. Daeth i Brifwyl 1893 fel cyn-Arglwydd Faer Llundain. Nid oedd yn ddim llai nag ymgorfforiad o ragoriaeth ei bobol. Gweithiwr tún 33 oed a oedd hefyd yn arweinydd band ac yn sarsiant gyda Gwirfoddolwyr Llanelli oedd W.T. Davies. Gorchest y gŵr cyffredin bucheddol hwn oedd ennill Tlws y Frenhines yn Bisley yng Ngorffennaf 1893. Daeth i Bontypridd yn ei iwnifform fel aelod o'r ddirprwyaeth a oedd am wahodd yr Eisteddfod Genedlaethol i Lanelli yn 1895. Fe'i cariwyd gan Wirfoddolwyr Pontypridd o'r stesion i'r Pafiliwn mewn cadair, a'i wn marwol ei annel ar ei lin a'r band o'u blaen yn seinio 'See, the conquering hero comes' a'r strydoedd yn llawn gorfoleddwyr er gwaetha'r glaw. Ar lwyfan y Brifwyl fe'i cyflwynwyd i'r dorf orawenus gan Arglwydd Abertawe, y Barnwr Gwilym Williams, a Major Bythway fel talp o wrhydri Cymreig. Ac fe aeth 'y Genedlaethol' i Lanelli yn 1895. Glewion fel y rhain — Llewela Davies, Syr David Evans a'r Sarsiant Davies — yn hytrach na'r bardd-feirniad afreolus, Gwilym Cowlyd, a lusgwyd o'r llwyfan gan blismyn yn ystod seremoni'r cadeirio ar gais Gwilym Williams rhag i'w odrwydd gywilyddio'r genedl — y rhain oedd testun diolch Gwalia lân.[41]

A geid eu cystal yn Chicago? Ym Mhontypridd 'roedd gwobr o 15 gini i'w hennill am draethawd ar 'Welshmen who have emigrated and have risen to distinction in America and the British colonies'. Dim ond un traethawd a gafodd y beirniad, y Barnwr Gwilym Williams, i'w ddarllen ac ni chredai'i fod yn werth mwy na deg gini. Yn Eisteddfod Ffair y Byd 'roedd gwobr o 300 doler a 'buggy' i'w hennill am draethawd ar 'Welshmen as Civil, Political, and Moral Factors in the Formation and Development of the United States Republic'. Yr oedd Cymrodorion Chicago, mae'n glir, wedi penderfynu ei bod yn bryd i'r Cymry, er prinned oeddent yn eu gwlad fabwysiedig, ymfronni fel mewnfudwyr tra adeiladol. Yn wir, ymddengys iddynt benderfynu ei bod hi'n bryd i'r Cymry ymfronni fel rhagorolion daear, canys 'roedd dwy wobr arall, gwerth 300 doler yr un, i'w hennill am draethodau ar 'Celtic Contributions to England's Fame and Power' a 'The Extraction and Career of Welshmen who have distinguished themselves in various fields of Learning'.[42]

Byddai'n syn pe na bai testunau o'r fath wedi'u cynnwys yn rhaglen Eisteddfod Ffair y Byd. Tarddent o'r ysfa lywodraethol ym mywyd y Cymry ymwybodol yn ail hanner y ganrif ddiwethaf, ysfa a oedd wedi hen bontio'r Iwerydd cyn 1893. Rhaid oedd iddynt gredu eu bod yn cyfrif. Yn yr Unol Daleithiau, fel yng Nghymru, dilynwyd trywydd y gred ofynnol honno heb lesgáu.

NODIADAU

[1] *Y Drych*, 18 Meh. 1891, 1.

[2] *The World's Columbian Exposition, International Eisteddfod, Chicago, 1893. Cais a Gwahoddiad cenedlaethol ac eisteddfodol. A national and eisteddvodic call and invitation* (Chicago, 1891), 3.

[3] ibid., 5; *Y Drych*, 11 Meh. 1891, 5.

[4] *Y Drych*, 2 Gorff. 1891, 4.

[5] ibid.

[6] *Y Drych*, 17 Rhag. 1891, 2; 12 Ion. 1893, 4.

[7] *News of the Week*, 2 Sept. 1893, 3.

[8] Paul Greenhalgh, *Ephemeral Vistas. The Expositions Universelles, Great Exhibitions and World's Fairs, 1851-1939*, (Manchester U.P., 1988), 24, 63-4, 116. Gwrandawer ar Hugo yn dathlu apotheosis Ffrainc: 'O France, adieu! You are too great to be merely a country. People are becoming separated from their mother, and she is becoming a goddess. A little while more, and you will vanish in the transfiguration. You are so great that you will soon no longer be. You will cease to be France, you will be Humanity; you will cease to be a nation, you will be ubiquity. You are destined to dissolve into radiance and nothing at this hour is so majestic as the visible obliteration of your frontier. Resign yourself to your immensity. Goodbye, people! Hail, man! Submit to your inevitable and sublime aggrandizement, O my country, and, as Athens became Greece, as Rome became Christendom, you, France, became the world!'

[9] ibid., 14-15, 129. Y mae gan Greenhalgh benodau ardderchog ar 'Origins and conceptual development', 3-26, a 'The National Profile', 112-41. Yn ogystal â chyfrol Greenhalgh 'rwy'n ddyledus i David F. Burg, *Chicago's White City of 1893* (U.P. of Kentucky, 1976); R. Reid Badger, *The Great American Fair: The World's Columbian Exposition and American Culture* (Chicago, 1979); Ray Ginger, *Altgeld's America. The Lincoln Ideal versus Changing Realities* (New York, 1958) a Stanley Appelbaum, *The Chicago World's Fair of 1893: A Photographic Record*. Photos from the collections of the Avebury Library of Columbia University and the Chicago

Historical Society (Constable, 1980) am gyfoeth o wybodaeth am Ffair Byd 1893 a'i chyd-destun diwylliannol. Manteisiais, hefyd, ar D. H. Crook, *Louis Sullivan: The World's Columbian Exposition and American Life 1851-1924* (Ph.D. Thesis, Harvard University, December 1963) a Justus D. Doenecke, 'Myths, Machines and Markets: The Columbian Exposition of 1893', *Journal of Popular Culture* (Winter, 1972), 535-49. Yn y Gymraeg y mae cyfrol William D. Davies, *America a Gweledigaethau Bywyd* (Ailargraffiad Merthyr Tydfil, 1895), yn un i'w thrysori gan iddo lunio pennod ar 'Ffair Gyd-Genedlaethol Golumbaidd y Byd yn Chicago yn y Flwyddyn 1893', 345-408.

[10] R. Reid Badger, 48, 51; Burg, 49-51.

[11] Alan Trachtenberg, *The Incorporation of America: Culture and Society in the Gilded Age* (New York, 1982), 208-9. Carwn ddiolch i'm cyfaill M. Wynn Thomas, M.A., am y cyfeiriad hwn.

[12] R. Reid Badger, 58, 70: 'The winters of 1892 and 1893 were unusually severe, temperatures sometimes falling to twenty below zero, with heavy snow storms that crushed the unfinished buildings and thaws that flooded areas recently prepared. " 'Storms'; 'cold spells'; 'wet spells'; deluge from the skies, hell underfoot, challenged the gritty men who had sworn to put it over". And still the work went on'; Burg, Chpt. 3, 'The Greatest Fair in History, 75-113.

[13] Trachtenberg, 213.

[14] ibid.

[15] William D. Davies, 360; D. H. Crook, 316-24; R. Reid Badger, 103-6.

[16] Burg, Chpt. 3; Henry Adams, *The Education of Henry Adams. An Autobiography* (Sentry Edition, 1961), 342; Trachtenberg, 219-20.

[17] Trachtenberg, 208-16; Burg, Chpt. 3.

[18] D. H. Crook, 221; Greenhalgh, 38.

[19] D. H. Crook, 369; Burg, 232; R. Reid Badger, Atodiad A. The World's Fairs, 131.

[20] R. Reid Badger, 103-6; Burg, Chpt. 5, 'Exhibits, Pastimes and Pleasures', 180-234; Cynonfardd, 'Eisteddfod Ffair y Byd', *Y Geninen*, XI, 1893, 284-6; Trachtenberg, 218-9.

[21] Burg, Chpt. 5; R. Reid Badger, 107-8; Justus D. Doenecke, 537-8.

[22] Rossiter Johnson (Ed.), *A History of the World's Columbian Exposition. Held in Chicago in 1893. Vol. III Exhibits* (New York, 1898), 166-7; *Carmarthen Journal*, 30 Awst 1895; Rev. Fred Evans, D.D. (Ednyfed), 'A Welshman in the World's Fair', *The Cambrian*, 1893, 218-20; *News of the Week*, 24 June 1893. Lluniodd 'R.O.' restr o'r 'Pethau o Gymru yn Ffair y Byd' ar gyfer *Y Drych*, 27 Gorff. 1893, 6 (gw. Atodiad). Dengys yn glir mor denau oedd sylwedd 'materol' Cymru yn y Ffair.

[23] Paul Greenhalgh, Chpt. 4, 'Human Showcases', 82-111; *Y Drych*, 27 Medi 1888, 7; ibid., 12 Ion. 1893, 4.

[24] *New York Times*, 10 Sept. 1893, 19; 16 Sept. 1893, 8; 22 Oct. 1893, 8.

[25] Burg, Chpt. 6, 'The World's Congress Auxiliary', 235-85; Trachtenberg, 213-4; Greenhalgh, 98-100. Pwysleisiodd J. T. Harris, Cadeirydd Pwyllgor Cenedlaethol Ffair y Byd, mai'r Eingl-Sacsoniaid a greodd America, '. . . it remained for the Saxon race to people this new land, to redeem it from barbarism, to dedicate its virgin soil to freedom, and in less than four centuries to make of it the most powerful and prosperous country on which God's sunshine falls'. Gŵyl Sacsoniaid Americanaidd fyddai'r Ffair.

[26] Burg, Chtp. 6.

[27] Neely's History of the Parliament of Religions and Religious Congresses at the World's Columbian Exposition. Fourth Edition (Chicago, 1894), 883-5; Y Parch. John Griffiths, Llanfairfechan, 'Cyngres Dirwestol Ffair y Byd', Seren Gomer, 1894, 60-2.

[28] Jay Monaghan, 'The Welsh People in Chicago', Illinois State Historical Society Journal, XXXII (Dec. 1939), 498-516.

[29] Neely's History of The Parliament of Religions, 884-5.

[30] Rossiter Johnson (Ed.), A History of the World's Columbian Exposition. Vol. 1 Narrative (New York, 1897), 424, 451.

[31] ibid., 427; ibid., Vol. II Departments (New York, 1987), 420-1.

[32] ibid., Vol. I, 428.

[33] Henry Trueman Wood, 'Chicago and its Exhibition', The Nineteenth Century, Vol. XXXI (Jan.-June 1892), 553-65.

[34] ibid., 560, 565.

[35] Y Cronicl, 1891, 125.

[36] New York Times, 13 March 1893, 2.

[37] Harry Davies, 'The Future of Wales', The Westminster Review, CXL, July-Dec. 1893, 368-85.

[38] ibid., 372.

[39] ibid., 381, 383-5.

[40] News of the Week, 5 August 1893, 4-5.

[41] ibid.

[42] ibid.; Western Mail, 3 August 1893, 5.

'Y CYMRY CU AR DIR COLUMBIA HYLON'

'Paham y Gwatwarir Ni?' oedd pennawd un ysgrif olygyddol yn *Y Drych*, 15 Mawrth 1888. 'Roedd rhai o bapurau dyddiol Efrog Newydd wedi bod wrthi'n gwawdio'r Cymry yn sgîl un o'u heisteddfodau yn y ddinas honno, ac nid mater bach o dynnu coes ydoedd. Dôi hynny i ran pawb yn eu tro: 'Ond eir yn mhellach na hyny gyda'r Cymry; sonir am bron yr oll o'u cyflawniadau hwy yn y fath fodd ag a duedda i wneyd ein cenedl yn ddirmygedig yn ngolwg pobl eraill. Yn erbyn hyny yr ydym yn gwrthdystio.' Ofnai'r golygydd fod yr Americaniaid wedi dysgu gan y Saeson mai pobol i'w gwatwar oedd y Cymry, ac ofnai lawn cymaint fod gwag ymffrost eisteddfodol ambell Gymro a wnâi ffŵl ohono'i hun cyn gynted ag y rhôi'i droed ar lwyfan yn costio'n ddrud i'r genedl. Un peth sy'n sicr, gofidiai am ddelwedd y Cymry yn America.[1]

Y flwyddyn ddilynol rhoes y *New York Times*, 7 Ebrill 1889, le i ysgrif amddiffynnol ddi-enw ar 'The Welsh in America. Good Citizens who DO NOT SEEK NOTORIETY. Their help in establishing the Republic — their Churches, Societies, Festivals, and Newspapers'. Y mae curiad gofid i'w glywed yn glir ym mhob paragraff ohoni. Tra oedd y Gwyddyl wedi ymroi i wleidydda a'r Albanwyr i farchnata, '. . . the Welsh, modest, unassuming, with no desire to shine or to challenge the pretensions of their brethren, with quiet industry and unaffected dignity, have worked and labored in various fields, winning for themselves neither fame nor fortune, but a place safe and secure in the respect and confidence of their fellow men'.[2]

Aeth yr ysgrif rhagddi i gynnig golwg ar le'r Cymry yn eu gwlad fabwysiedig mewn termau a oedd eisoes yn gyfarwydd i'r sawl a ddarllenai bapurau Cymru Oes Victoria. Dyma, unwaith eto, y ble sefydliadol-swyddogol dros gydnabyddiaeth i'r Cymry. Dyma alw eto am chwarae teg:

> It has always been the fate or fortune of the Welsh to go through the world unrecognized, almost unknown, and certainly unappreciated. They have toiled and others have reaped the benefits and secured the credit of their labors. They are not a jealous or revengeful people, and so have never sought to snatch from the usurpers' brows the wreaths themselves have won, but have toiled anew, caring more for the doing than for the mere honor of doing, content in the knowledge that their work was of substantial value to the world. For this reason much of

their yearly usefulness has been lost sight of altogether or ignorantly slighted, but when the history of pioneering shall be compiled it will be discovered that since the remotest ages the Welsh and kindred races have ever been in the run of human endeavor and progress.[3]

Tynged y Cymry, yr oedd eu gwreiddyn mor ddwfn ym mhridd gwareiddiad â gwreiddyn yr Hindŵ, fu gorfod dioddef eu herlid gan bobloedd llai galluog ar hyd y canrifoedd. Nid oedd ddwywaith am eu doniau creadigol ymhob maes. Yn yr Unol Daleithiau, profasant eu hunain ar unwaith: 'With the march of progress they drifted westward, always in advance, settling largely in Ohio, Iowa, and Wisconsin, and they were among the first on the gold fields of California. They have also gone South, but wherever they have appeared they have by their patience, industry, honesty, and loyalty to their adopted country established themselves firmly in the esteem of their neighbours.'[4] Na, ni allai neb gyhuddo'r Cymry o fod yn gyndyn i ymianceiddio. Prin fod yr un garfan arall o ymfudwyr yn fwy cymathadwy, fel y profwyd yn Efrog Newydd lle glaniodd y Cymry gyda'r cyntaf: 'They mingled freely with the others and much of their race individuality was lost. This has always been characteristic of the Welsh. They have never in any strange country held aloof by themselves, as some others do, but have sought to affiliate with their neighbors, adapting themselves at once to surrounding conditions and working for the common weal.' At hynny, nid oeddent yn bobol i chwantu dylanwad politicaidd: 'They do not aspire to public office, and they cast their ballots independently.'[5] Gwyn eu byd y rhai addfwyn yn wir.

Fel pe'n ymateb yn uniongyrchol i'r apologia ymostyngol hwn, ymddangosodd ysgrif olygyddol yn Y Drych, 2 Mai 1889, ar 'Greddf Gymreig Anffodus'. 'Roedd y papur eisoes wedi gresynu fod y Cymry, o'u cyferbynnu â'r Gwyddyl, mor ddiuchelgais a di-rym yn wleidyddol. Eu gwyleidd-dra di-fudd a'i gwnâi mor hawdd i'r Gweriniaethwyr eu hanwybyddu. Sut oedd cyfrif am barodrwydd y Cymro i wasanaethu dieithriaid? 'Y mae corff y genedl wedi bod yn meddwl ar hyd y canrifoedd fod Sais yn uwch ei radd na'r Cymro, ac nad yw Cymro yn llawn cystal a neb ond Cymro arall.' Bellach, daethai'r amser i fynnu hawliau a pharch. Heb os, 'roedd moesgarwch yn rhinwedd i'w choledd: 'Ond nid moesgarwch yw gwaseidd-dra, ond math o faweiddiwch moesol yn eilunaddoli gwrthrychau na ddylid ymgrymu iddynt o gwbl. Ni cha dyn barch gan eraill oni pharcha ei hun. Nid oes dim yn gasach gan bob dosbarth o ddynion nag ymarweddiad slafaidd, begeraidd, "unmanly". Yn bell y byddo.'⁶ 'Cymru Ddyfodol' oedd un o bynciau colofn olygyddol *Y Drych*, 10 Rhagfyr 1891. Molawd i Gynnydd a gafwyd. 'Roedd y genedl wedi penderfynu na allai fyw ar bregethau'n unig ac wedi sylweddoli fod modd diogelu Cymreictod heb y Gymraeg. Y peth doethaf fyddai ymddiried yr iaith i ofal cenedlaethau'r dyfodol: 'Diameu y gwnant hwy yr hyn fydd oreu. Byddant hwy yn ddoethach na ni, ac yn fwy profiadol, fel nad oes lle i neb o honom eu drwgdybio ... Gellir bod yn sicr na fydd i'n holoeswyr roddi y Gymraeg i fyny ond am iaith fwy gwasanaethgar iddynt yn eu sefyllfa fwy amryddysg hwy ... Os nad all hi fod yn gyfrwng meddyliau neb ond pregethwyr a phrydyddion, prin y mae hi yn werth llawer o sel ac o drafferth i'w chadw yn fyw.'⁷

Ond ar y gorau, hyd yn oed pe dôi Cymry i ymladd y frwydr na theimlai'r *Drych* yn Rhagfyr 1891 ei bod yn amser priodol i'w hymladd, ni allai'r Gymraeg oroesi am fwy na dwy ganrif arall, 'oblegid pwysir arni o bobtu gan y Saesonaeg draflyncol, oresgynol, ymgymwysol, lawn-arfog, glodfawr, a ffasiynol'. Prysuro Cynnydd Cymru oedd yr unig fater gwerth ymroi iddo yn 1891. '"Excelsior", hen wlad anwyl ein tadau! Dos rhagot, yr efengyles Gwalia; datod rwymau gwleidyddol dy wddf; ymysgwyd o lwch dy annysgeidiaeth; ac ymdaith yn amlder dy rym i feddianu dy ran o holl diriogaethau celf, gwyddor, masnach, a'r proffesiynau penaf. Cymro sydd yn Arglwydd Faer Llundain heddyw. Brysied y dydd pan fydd Cymro yn Brifweinidog Prydain Fawr.'⁸

Ychydig fisoedd yn ddiweddarach, ar 14 Ebrill 1892, 'Mantais y Brodorion' oedd un o'r materion dan sylw yn y golofn olygyddol. Cynghorwyd y Cymry i ymianceiddio'n ddi-oed. Mewn cymathiad 'roedd elw. Gorau po gyntaf y dysgid y plant i fod yn Americaniaid, 'yn hytrach na'u cadw megys "clinkers" yn nhawdd-ffwrnes fawr ein gwlad a'n cenedlaeth'. Rhwystr i Gymro oedd cael ei adnabod fel Cymro yn America. Onid oedd drygau Twr Babel yn cael eu dadwneud yno? 'Ynddi hi, ar ol canrifoedd o ymranu, ceir ymuniad corfforol ac eneidiol holl genedloedd y ddaear. Yma cedwir pawb yn ngholliad pawb, ac o'r cyfanswm ffurfir y dynion mwyaf ymenyddfawr a welwyd erioed. Nis gellir gwingo yn erbyn symbylau y dynged hon heb gael doluriau i'r sodlau.' 'Go native', dyna'r cyngor i'r Cymro call: 'Na floeddied neb o honom, "Tra mor, tra Brython", ond yn unig yn yr ystyr a'r modd y gallo Cymro gyraedd y lle blaenaf gyda phob gorchwyl anrhydeddus. Os yw ufuddhau i'r arwyddair yn ein cadw i lawr fel cenedl, i lawr yr elo yr arwyddair, oblegid mwy yw personau na geiriau, a phwysicach yw amgylchiadau na syniadau.'⁹

Y mae'r darnau a ddyfynnwyd yn dangos pa mor daer, ar drothwy Ffair y Byd, y poenai'r Cymry yn America am eu statws ac am les, neu afles eu hymlyniad wrth eu diwylliant arwahanol. Pa radd o Gymreictod y gellid ei harddangos heb dramgwyddo? Yr oedd yn gwestiwn digon pwysig yng Ngorffennaf 1892 i yrru Edwin C. Jones, gohebydd *Y Drych*, bob cam i Washington i gyfweld yr Arlywydd Harrison ar ôl i rywun dan y ffugenw 'Gwerinwr' ei gyhuddo yn un o bapurau'r Gorllewin o fod yn wrth-Gymreig.¹⁰

Gwadodd yr Arlywydd ei fod yn ddibris o'r Cymry, a chan alw ar y Dr. Chidlaw i ategu ei farn mynnodd eu bod 'yn bobl ddewr, ffyddlon, gwladgarol, pur a chrefyddol. Pwy yn enw pob peth a all ddweyd dim i'w herbyn?' Onid oedd gwaed Cymreig yn ei wythiennau yntau? 'Roedd yn ddiamau fod y Cymry gyda'r gorau o ddinasyddion America ac ond iddynt fynd trwy'r sianeli priodol at yr Arlywydd buan y gwelid hwy'n llanw swyddi o bwys. Dychwelodd Edwin C. Jones yn llawen gan gynghori gwahanol sefydliadau Cymreig yr Unol Daleithiau i ffurfio pwyllgorau gwaith a allai gwrdd yn ôl y galw i'w hysbysu o'u hawliau. Heb rywun abl i ddadlau'r achos gerbron yr Arlywydd ni châi neb swydd o bwys. Busnes y Cymry oedd ymarfogi.¹¹

Yr oedd ymfudwyr o sawl gwlad i wynebu'r un cwestiwn, wrth gwrs. I ba raddau y gellid a pha mor fuan y dylid ceisio bwrw ymaith y gynhysgaeth genedlaethol ar ôl ymsefydlu yn y byd newydd? Byddai pob carfan o ymfudwyr yn ceisio'r atebion a weddai i'w hamgylchiadau hwy. Yn y gyfrol hon ni cheisir ond amlinellu'r modd yr ymboenodd y Cymry â'r cwestiwn yn ystod ail hanner y ganrif, gan ddefnyddio tystiolaeth *Y Drych*, y *Cambrian* ac ambell eisteddfod yn garn i'r sylwadau a wneir.

Y pwynt cyntaf i'w gofio yw bod y Cymry yn dra ymwybodol mai lleiafrif bychan, bach oeddent ar gyfandir anferth. Yn ôl un ffynhonnell, 'roedd 89,603 wedi ymfudo o Gymru i'r Unol Daleithiau rhwng 1820-1850, o'u cymharu â 4,618,552 o Iwerddon; 2,753,443 o Loegr a 749,905 o'r Alban. Amcangyfrifir nad oedd mwy na 29,868 o holl boblogaeth yr Unol Daleithiau yn 1850 wedi'u geni yng Nghymru, ac erbyn 1890 nid oedd eu nifer ond 100,079. Pan gofir bod cynifer â 33% o'r boblogaeth Gymreig ei thras yn byw yn Nhalaith Pennsylvania yn 1900 — 20% ohonynt wedi ymgasglu rhwng ffiniau tair sir a'r lleill yn Luzerne a Lackawanna — nid yw'n anodd dychmygu pa mor ddiymgeledd y teimlai'r gweddill crwydr na ddewisodd wneud eu pabell gyda hwy. 'Roedd bron hanner poblogaeth Gymreig yr Unol Daleithiau yn 1900 i'w cael yn Pittsburgh, Scranton a Wilkesbarre. I ddyfynnu'r Dr. Bil Jones: 'Considering the size of the United States and the smallness of their number, a large percentage of the Welsh in America had effectively decided to live and work in an area barely twice the size of the Rhondda Valley.'[12]

'Does ryfedd, felly, fod yr Anrhydeddus Thomas L. James (1831-1916), cyn-Bostfeistr Cyffredinol yr Unol Daleithiau (1881-2) a Chymro o ran gwaed, wedi tyfu'n fwy fyth o wrthrych edmygedd i'w gydwladwyr pan dynnodd sylw ffafriol at 'The Welsh in the United States' yn y *Cosmopolitan Magazine*. Cafwyd hawl i gynnwys ei erthygl yn y *Cambrian*, 1892. Yn y bôn, nid yw namyn cofrestr arall o'r Cymry 'enwog' yr oedd yr Unol Daleithiau yn eu dyled, ychwanegiad at y llên gysur honno a gâi nawdd cyson *Y Drych* a'r *Cambrian* a'r eisteddfodau. Tra'n tybio fod mwy nag 83 mil o Gymry (o ran tras) yn yr Unol Daleithiau yn 1890 — dyna oedd amcangyfrif y Cyfrifiad — nid

Yr Anrhydeddus Thomas L. James

Rhaglen Swfenîr

ffigurau, yn gymaint ag agweddau, a âi â bryd James. 'Roedd y
Cymry yn rhy encilgar. Nid oedd yr un dafarn Gymreig i'w chael
yn Efrog Newydd. Rhaid oedd bod yn barod i gymdeithasu â
chenhedloedd eraill os oeddent am i'w rhinweddau gael eu
cydnabod.[13]

Yr oedd ganddynt rinweddau diamheuol. Rhagorent fel
mwnwyr ac amaethwyr, haeddent glod fel pobol ddygn a
ymfalchïai yn rhyddid yr Unol Daleithiau: 'they considered the
United States the very acme of governmental desire.' Ei ysbryd
annibynnol, ynghyd â'r gwerth a rôi ar ei hawliau gwleidyddol a
chrefyddol, a barodd i'r Cymro ymfudo: 'He finds in America his
ideal government and as quickly as possible he becomes an
American in tastes and habits. He ceases to be a Welshman and
is content that the virtues peculiar to his hardy race shall be,
nationally speaking, lost sight of, happy only in the thought that
he is an American among the Americans.' Yn wir, yr oedd James
wedi cael cryn anhawster i lunio'i erthygl gan fod parodrwydd y
Cymry i ymianceiddio a dileu eu teithi arwahanol yn golygu nad
oedd ganddo lawer o ddefnyddiau i'w trafod.[14]

Yn rhinwedd ei statws cyhoeddus fe fyddai'r Anrhydeddus
Thomas L. James yn un o lywyddion Eisteddfod Ffair y Byd. Yr
oedd ei gyfraniad yn y *Cosmopolitan Magazine* yn un mor
fendithiol, yn ôl *Y Drych*. Gwnâi'r erthygl 'lawer iawn i feithrin y
syniad ei bod yn anrhydeddus bod yn Gymro . . .', a 'doedd ond
gobeithio fod mwy i ddod: 'Gwna ambell erthygl eto ar bynciau
Cymreig o law Mr. James ac eraill o gyffelyb ysbryd, wasanaeth
pellach mewn ffordd o barchusoli cenedlaetholdeb Cymreig.'
Bonws arbennig oedd fod James wedi llwyddo i sôn mor
gadarnhaol am Gymreictod di-Gymraeg: 'Eled y gwaith da hwn
o'i eiddo rhagddo, a daw ein safle fel cenedl yn uwch yn mysg y
bobloedd a wnant i fyny yr un genedl fawr gyfansawdd
Americanaidd!'[15]

Mewn gwirionedd, ni ddywedodd James ddim nad oedd wedi'i
ddweud o'r blaen. Ond 'doedd neb o'i ansawdd ef wedi dweud
pethau o'r fath ar dudalennau cylchgrawn fel y *Cosmopolitan* o'r
blaen. Dyna'r gwahaniaeth. Os troir at un o rifynnau cynnar *Y
Drych* ceir gweld fod yr awydd i ddwyn sylw at bresenoldeb
llesol y Cymry yn yr Unol Daleithiau wedi hen ymwreiddio.
'Roedd yn wir, fel y dywedodd awdur yr ysgrif ar 'Elfenau y
Cymeriad Gorllewinol', fod Cymru ers canrifoedd wedi peidio â
bod yn wladwriaeth annibynnol a haeddai sylw: 'Anfynych yn
awr y crybwyllir enw Gwalia yn seneddau y breniniaethau, nid

yw byth yn cael ei chynrychioli yn nghyflafareddau galluoedd y byd ... mae gorlif dinystriol chwyldroadau a therfysgiadau mewnol ac allanol wedi ysgubo drosti a'i hysu, fel ag i'w dileu o blith llywodraethau y ddaear.' Eto i gyd, 'nid ydym heb gymeriad cenfigenadwy fel cenedl, a dylanwad grymus yn nghyfansoddiad cymeriadau cenedloedd goleuedig a Christionogol ereill.' Yr oedd y Parch. John M. Peck mewn ysgrif yn y *Christian Review* ar 'Elfenau cymeriad trigolion dyffryn y Mississippi' wedi dyrchafu'r Cymry yn lefain yn y toes a halen y ddaear. 'Gwelir egwyddorion y cymeriad Cymreig mewn synwyr cryf a bywiog, ymdrech galluog, gwrolder mawr, ffydd ddyrchafedig, syniadau moesol uchel, cyffroad dwfn, ynghyd a bywiogrwydd, sel, a haelfrydedd.' Ac yr oedd eu cariad at ryddid gwladol a chrefyddol yn ddigwestiwn. Yr oedd y Cymry yn yr Unol Daleithiau, fel y prawf *Y Drych* o'r 1850au ymlaen, i ffroeni trywydd pob tyst o frid y Parch. John M. Peck.[16]

Pan gyhoeddwyd rhifyn cyntaf *The Cambrian* yn 1881 pwysleisiwyd mai awydd i ddiogelu hanes y Cymry yn yr Unol Daleithiau a sicrhau cydnabyddiaeth i'w cyfraniad a roes fod iddo. Byddai'n Saesneg ei iaith, nid o amarch i'r Gymraeg, eithr 'for the sake of greater usefulness' gan mai'r bwriad oedd lledaenu gwybodaeth 'in all matters pertaining to the Welsh, and, especially so, to all of them who are not able to read or speak the old mother tongue'. Prin y gellid disgwyl i Gymry na wyddai fawr ddim am eu hetifeddiaeth ei phrisio, ac ni wnâi eu hanwybodaeth hwy namyn dyfnhau anwybodaeth a difrawder y miloedd ar filoedd a'u hamgylchynai. 'Roedd a wnelo'r *Cambrian*, hefyd, o'r cychwyn â difa Cywilydd:

> ... for it is a fact that, with the exception of those who live *in* and contiguous to Welsh settlements, the great mass of the inhabitants of the Unified States are in almost total ignorance of the language and characteristics of the Welsh. And, humiliating as it is to every patriotic Welshman, this ignorance is true of thousands of their descendants; and, what is worse than all, is that there are many who seem to be ashamed of their origin, and who, like Peter when he denied his Savior, are almost ready to swear that they know them not, and, there is not a drop of Welsh blood in their veins ... Whatever may be true of his immediate family, it is certain that there is nothing in the origin, history, or characteristics of the nation, of which a Welshman need be ashamed.'[17]

Cylchgrawn ar gyfer Cymry hunanymwybodol gan Gymry hunanymwybodol oedd y *Cambrian*, cylchgrawn ar gyfer yr ymfudwyr hynny a boenai am ddelwedd gyhoeddus eu cenedl mewn gwlad estron. Cylchgrawn er ceisio diogelu cymeriad cenedlaethol trwy ennyn balchder yng nghyflawniadau ambell unigolyn a thrwy fynnu nad oedd bod yn lleiafrif yn gyfystyr â bod yn ddi-nod. Cylchgrawn er dwyn hen Gymru i gof a pheri bod cofio'n dwysáu awydd i ymlynu. A chylchgrawn er croniclo mynd a dod yr ymfudwyr Cymreig a'u mynych weithgareddau adeiladol. Nid yw'n ddim syndod fod y *Cambrian* wedi'i lansio yn 1881 oherwydd fel y dengys *Y Drych* 'roedd synnwyr hunaniaeth Cymry'r Unol Daleithiau eisoes yn peri gofid.

Yn Hydref 1872 cyhoeddodd y papur hwnnw erthygl ar 'Y Cymry yn America' a godwyd o'r *Herald Cymraeg*. Molawd ydoedd i'w gwladgarwch: 'Y mae'r fath arddangosiad o arbenigrwydd cenedlaethol, o dan gynifer o anfanteision, yn brawf o ddynoldeb uchel.' Er i'r Cymry fabwysiadu 'bobpeth da a fedd yr Americaniaid' ni chollent 'eu pethau rhagorach eu hunain. Hyn yw pwynt mawr y gwahaniaeth rhwng y Cymry a'r Gwyddelod, yr Ysgotiaid a'r Germaniaid.' 'Roedd y rheini, wrth ymroi i addoli'r Ddoler, 'yn colli holl nodweddion eu tras. Collent bob teimlad uchel, mawrfrydig a berthynai iddynt, tra nad enillent ddim yn lle hyny ond gwagedd mwyaf ysgymun y cymeriad Ianciaidd. Dyma y rheswm mawr paham y mae'r cenedloedd a nodwyd yn ffurfio gwehilion poblogaeth gymysglyd y Talaethau Unedig, a chadwedigaeth eu cenedligrwydd sydd yn gwneyd y Cymry y dinaswyr parchusaf, y milwyr dewraf yn nydd y frwydr, a'r Cristionogion goreu a fedd y "Byd Newydd".'[18]

Ni ellir ond dyfalu'r rhaid a'r angen a allai roi bod i'r fath folawd, tra'n gresynu fod cymaint o estrongasedd tomlyd wrth ei bôn. Pwy bynnag a'i lluniodd yr oedd am ddyrchafu Cymry America yn wladgarwyr cynddelwig, yn ymgorfforiadau o'r 'elfen hunanbarhaol' a oedd wedi gwrthsefyll 'trais dilead' er dyddiau Iwl Cesar: 'Tybiwyd mai yn Nghymru yr oedd cyfrinach y cyfaredd a'n galluogai i gadw i fyny ein harbenigrwydd mewn modd mor nodedig, ond profa cymeriad Cymry America mai yn y natur Gymroaidd ei hun y mae yr elfenau byth barhaol. Y mae ffyddlondeb diwyrni ein cydgenedl ar yr ochr draw i'r Werydd yn hawlio ein hedmygedd mwyaf diffuant; a'n braint a'n dyledswydd ydyw ceisio talu dyfalach sylw nag a wnaethom hyd yma i'w hanes a'u helyntion.'[19]

Fe welwyd ategu'r folawd hon yn *Y Drych* o bryd i'w gilydd. Yn 1878, cyhoeddwyd traethawd buddugol J. Edwards, Rosendale, Wisconsin yn Eisteddfod Ashland ar 'Neillduolion y Cymry yn

America'. 'Roedd y Cymry, fel yr Iddewon, i'w hystyried yn bobol arbennig: 'Ond mae y Cymro yn llai diflanedig na'r Iuddew, a'i nodebau yn fwy annyfethadwy. Collodd yr Iuddew ei wlad, ac mae'n brysur ar y ffordd i golli ei iaith fel cyfrwng llafar ac addoliad. Ond ar ol canrifoedd o ymosodiad a phroffwydoliaeth, cedwir meddiant o "Wyllt Walia", tra mae diflaniad yr Omeraeg yn agosach i ddiwedd y byd nag i unrhyw gyfnod arall.' Gellid dibynnu ar y Cymro i lynu wrth ei gynhysgaeth.[20]

Rhestrodd Edwards yn falch rinweddau'r Cymry. 'Roeddent yn ddiwyd ac yn ddinasyddion da. Ni chlywid am 'Welsh mobs', ond pan oedd achos da i daro drosto nid ofnent. Nid swyddgeiswyr mohonynt er cymaint eu cariad at ddysg a'u syched am addysg. Arferent letygarwch: 'Mae'r Cymro yn lletygar o galon, a'r American o falchder a defod gwlad.' Gosodent fawr werth ar genedlgarwch gan goledd y Gymraeg fel cwlwm eu perthynas â'i gilydd. Carent lên a chân er gwaethaf eu tuedd i gecran amdanynt mewn eisteddfod. Yn bennaf dim, carent grefydd: 'Ar hyd a lled y Gorllewin, ceir eu sefydliadau bychain yn britho y tir, ac yn sefyll fel glas ynysoedd mewn diffeithwch, yn unig ac yn amgylchynedig gan anwariaid o bob math, a phob cenedl. Yr hyn ydoedd y Lefiaid i lwythau Israel, ydyw y Cymry i bobloedd y wlad hon.' Dyna'r rhagoriaethau, yn ôl J. Edwards, a gyfiawnhâi ystyried y Cymry yn genedl a fendithiwyd. Dyna'r rhagoriaethau na chaniatâi iddynt droi'n Americaniaid dros nos hyd yn oed pe dymunent wneud hynny, ac yr oedd gan J. Edwards farn bendant ar y mater hwnnw: 'Nid buddiol yw prysuro dod yn Yankees "cyn yr amser".'[21]

Yr oedd y rhinweddau y mynnai eu bod yn nodweddu'r Cymry eisoes yn rhinweddau stoc, gartref ac oddi cartref. Arnynt hwy y codwyd rhagfuriau teilyngdod y genedl. Fe'u rhestrwyd eto fyth gan y Parch. D.T. Phillips yn ei ymdriniaeth yntau â 'Neillduolion Cymry America'. Â'r rheini'n garn ganddo nid ofnai faentumio nad 'oes achos i ni gywilyddio na gwrido i sefyll ochr yn ochr wrth bobloedd ac ieithoedd eraill yn y wlad hon yn ein neillduolion fel Cymry.' Fel 'cyfangorff o bobl', er enghraifft, 'nid oes rhagorach teyrngarwyr yn y wlad. Rhaid edrych i ryw genedl arall am fwlïaeth, Communistiaeth, Ku Kluxiaeth, a phob iaeth ddieflig arall'. O ran crefydda, 'Fel cenedl, y bobl grefyddolaf yn y Talaethau Unedig yw y Cymry.' O'u cymharu â hwy, mor fas ac annifrifol oedd y Pabyddion: 'Dylifa "plant Mari" i'r Eglwys Babyddol y boreu bach; ond yn yr hwyr cyflawnant bob rhialtwch.' Ac nid oedd trwch yr Almaenwyr Lutheraidd fawr gwell, chwaith. Drachefn, o ran diwydrwydd, prin y gellid rhagori ar y Cymry fel y tystiodd y Parch. D.T. Phillips â holl angerdd cariad brawdol:

Gwir fod ambell i segurddyn Cymreig yn troi yn dafarnwr; eithr segurwyr Ellmynaidd afiach-dew ydynt y lluosocaf wedi troi at y fasnach feddwol. Y mae ambell segurddyn Cymreig efallai yn ein carchardai; eithr segurwyr Gwyddelig a welir yn dyrfaoedd ynddynt. Y mae ambell segurddyn Cymreig, yn ddiau, yn byw ar gefnau pobl eraill; ond gwŷr yr Ynys Werdd, a Gwyddelod Americanaidd, yw y lluaws sydd yn cardota o ddrws i ddrws, y rhai na fynant weithio. Y mae ambell segurddyn Cymreig yn ein tlotdai; ond segurwyr gwledydd eraill sydd yn eu llanw . . . Braidd y gellir dweyd am un o'n cydgenedl ei fod yn ddiogyn. Na, rhaid edrych am y corachod hyn yn mhlith cenedloedd eraill. Onid yw y ffaith uchod yn adlewyrchu clod arnom?[22]

Ni allai'r ateb lai na bod yn gadarnhaol.

Yn rhifyn cynta'r *Cambrian* yn 1881 'roedd yr unrhyw rinweddau i'w hedmygu eto fel jygiau ar seld. Atebasant alwad Caerodorian, hefyd, pan ymroes yntau i foli 'Cymry America' yn *Y Drych*, 1883, ac er cymaint y traul arnynt 'roedd digon o swmp ynddynt o hyd i lanw colofn olygyddol yn y papur hwnnw ar 'Rhinweddau Cymreig' ym mis Mai 1892. Mewn gair, nid yw'n anodd darganfod tystiolaeth sy'n profi pa mor gyson y bu apologwyr y Cymry yn America wrthi'n ceisio bytholi'r union ddelwedd o barchusrwydd, daionusrwydd a gwladgarwch a fu mewn gwasanaeth yng Nghymru trwy gydol ail hanner y ganrif ddiwethaf. Dyma'r ddelwedd holl-bwrpas, emblematig a barodd feddwl am y diwylliant Cymraeg, ymhell i'n canrif ni, fel clwm o weithgareddau llesol, capel ac eisteddfod-ganoledig yn sawru'n gryf o awdurdod anghydffurfiaeth 'bourgeois', ffyniannus. Yn lloches ac yn darian i bopeth 'gwir Gymraeg', yr oedd i ddominyddu canfyddiad y Cymry ohonynt eu hunain, heb sôn am ganfyddiad eraill ohonynt, gartref ac oddi cartref. Trwy gredu ynddi 'roedd yn felysach byw.[23]

Ond nid oedd pawb mor barod â'i gilydd i gredu a chyd-weld, a buwyd yn cwestiynu cenedlgarwch y Cymry fwy nag unwaith yn *Y Drych* yn ystod yr 80au. Yn wir, yr oedd rhai yn ddigon parod i ddatgan mai rhwystr oedd y ddelwedd gymeradwy i'r Cymro a oedd am lwyddo yn ei fyd newydd. Yr oedd hyd yn oed y Parch. D.T. Phillips wedi sylwi'n ofidus ar wyleidd-dra'r Cymry gan farnu eu bod, o'r herwydd, 'ar ol pob cenedl arall braidd mewn dylanwad gwleidyddol a chymdeithasol'. 'Roedd byd o

wahaniaeth rhwng Cymro, a Chymro wedi ymianceiddio. Cymry
â'r 'wefr Ianciaidd wedi trydanu eu gwaed yn eu magiad i fyny
. . .' a wnaethai eu marc yn Washington. Dylai'r Cymry ddysgu
ymsythu'n ddi-oed: 'Nid wyf am gefnogi haerllugrwydd y
Gwyddel, na beiddgarwch yr Ellmyn. Ond hyn a ddywedaf — fod
yn rhaid i ni fel Cymry ymysgwyd allan o'r gwyleidd-dra eithafol
hwn, sydd yn debyg i waseiddiwch, os ydym am i'n dylanwad i
gael ei deimlo yn y wlad.' Nid ymddengys i'r Parch. D.T. Phillips
ystyried y gwyleidd-dra a'i blinai yn ffrwyth anorfod y
rhinweddau a ganmolai mor frwd.[24]

Ta waeth am hynny, nid ef oedd yr unig un i boeni am
orbarodrwydd y Cymro i fodloni ar ei safle-islaw-sylw. 'Diffyg
mawr y Cymro,' meddai Caerodorian, 'ydyw na fedd ddigon o
ddigywilydd-dra i wthio ei hun yn mlaen.' Pan drechai'i swildod
a hawlio'i gyfle dôi ei ddoniau masnachol i'r amlwg i bawb eu
gweld. Yr oedd o'r pwys mwyaf, felly, ei fod yn barod i fesur ei
hunan yn erbyn eraill trwy gystadlu'n agored â hwy: 'Yr hyn a
feddylia ac a ddywed eraill amdanom a'n gwna yn enwog.'[25]

Petai'r Cymry ond yn dysgu cynnal ei gilydd ni byddai modd
eu cadw dan draed. 'Roeddent yn rhy dueddol i ffafrio'r estron ar
draul cydwladwr a fyddai wedi mentro mewn busnes. Byddai
mwy ohonynt mewn swyddi dylanwadol pe cefnogent ei gilydd.
Sylwodd W.E. Powell (Gwilym Eryri) yn 1880 nad oedd yr un Cymro
yn Milwaukee mewn swydd ddinesig o bwys. Yn syml, talai'r
Cymry bris eu hanundeb: 'Ymddygir tuag atom fel hyn ar y dybiaeth
nad ydym yn allu — ein bod yn hollol ddiddylanwad. Gymry
anwyl, gadewch i ni ymysgwyd, ac ymladd yn ysbryd a dewrder
ein cyndeidiau am ein hiawnderau.' Gwaetha'r modd, 'roedd 'hen
felldith lechwraidd GWRTHEYRN yn fyw o hyd.' Dyna a'u
cadwai rhag ennill dylanwad politicaidd. Yn wahanol i'r Gwyddyl
ni ddeallai'r Cymry 'y bydd llwyddiant un Cymro mewn cyraedd
safle pwysig yn galluogi y Cymro hwnw i ad-dalu llawer o'i gyd-
genedl â safleoedd da mewn cysylltiad ag ef.' Fe fyddai'r 'Blaid
Werinol' yn para i gymryd eu pleidleisiau'n ganiataol tan iddynt,
fel un dyn, fynnu 'ein rhan o'r ysbail'. Yn lle derbyn eu snybio'n
ddibrotest, 'dangoswn y gallwn ninau hefyd "boltio" y tocyn
weithiau, yn hytrach nag ymddarostwng yn wasaidd i neb roddi
ei draed arnom'.[26]

Y mae'n ddiddorol iawn sylwi ar y modd y troes dirmyg
achlysurol *Y Drych* at y Gwyddyl yn glod cyndyn i'w hymlyniad
wrth ei gilydd a'u mamwlad erbyn diwedd yr 80au.[27] Yr oedd
uchelgais hyd yn oed yr ymladdwr moelddwrn, anifeilaidd

hwnnw, John L. Sullivan, a'r gofal a gymerodd o'i dad, yn haeddu geirda. O'u cymharu â hwy yn hynny o beth rhaid oedd cael y Cymry yn brin, peth nid hawdd ei wneud ar ôl blynyddoedd o frolio rhagoriaeth — weithiau mewn iaith a weddai i'r hilgi bryntaf. Traethodd 'Gomerydd' yn gymharol ymatalgar wrth drin 'Y Cymro a'r Gwyddel', ond llifodd gwenwyn 'Bismark' yn ddiymatal: 'Arswyda y Chineaid rhagddynt a chilia yr Affrican oddiwrthynt fel oddiwrth neidr; a phe y gofynid hyd yn nod i blant y Bohemiaid a'r Italiaid "Are you Irish", atebent gyda diystyrwch "No, we ain't no Irish".' 'Roedd y Gwyddyl yn golledig:

> Yr wyf yn adnabod 'Boodlwyr', a chlicyddwyr Gwyddelig Chicago. Yn awr, gofynaf: Pwy ydyw y saloonkeepers gwaethaf? Pwy ydyw y gamblers? Pwy yw y Boodlers? Pwy ydyw y lladron penaf? Pwy yw y loafers diocaf? Pwy sydd yn y segur-swyddi? Pwy sydd yn llenwi brawdlysoedd? Pwy sydd yn y carcharau? Pwy ydyw blaenoriaid y 'sefyll allan'? Pwy ydyw y paffwyr bwystfilaidd? Pwy y mae Fathers O'Brien ac O'Hara yn cael cymaint o drafferth i'w cael i'r purdan a rhaff am eu gyddfau? Edrycher ar eu henwau, Jack Murphy, Mike Burns, ac O'Grady. Gwyddelod ymron yn ddieithraid!

Y gŵr a'u casâi â chas perffaith oedd y Parch D.J. Davies, Chicago.[28]

Fodd bynnag, bu'n rhaid cydnabod fod y Gwyddyl yn cyfrif yn eu gwlad newydd. Chwenychent rym politicaidd a chydweithient er mwyn ei ennill. Nid oeddent yn barod, fel y dywedodd y Parch. R. Gwesyn Jones yn 1887 mewn ysgrif ar 'Gwerth Gwyddel', i ymlonyddu dan ormes. Credai ef mai iddynt hwy oedd diolch fod y Cymry, fel y tybiai, yn barotach i wrthsefyll traha John Bull. Ychydig fisoedd yn ddiweddarach 'roedd un o ysgrifau golygyddol Y Drych yn rhestru 'Rhagoriaethau y Gwyddelod', gan nodi'n arbennig ddiweirdeb eu merched ynghyd â'u gwladgarwch tanbaid a'u ffyddlondeb i'w gilydd. Ymfalchïai'r Gwyddel yn nyrchafiad ei gydwladwyr a danfonai arian yn ôl i Iwerddon yn gyson er swcro'i famwlad. Faint o'r Cymry yn yr Unol Daleithiau a gefnogai â'u harian ryfelwyr y degwm yng Nghymru? Gallent ddysgu llawer gan y Gwyddyl a haeddai lwyddo 'yn nghyfeiriad eu holl nodweddion da.'[29] Cyn diwedd 1889 'roedd Y Drych wrthi eto yn canmol 'Rhinweddau Gwyddelig' ac yn addef 'yn rhydd fod ein parch i'r Gwyddelod yn cynyddu yn hytrach nag yn lleihau'. Ailadroddwyd y folawd yn 1891, gan ddyrchafu'r Gwyddel yn esiampl i'w dilyn: 'Yn yr holl rinweddau hyn gadewch i ni fel Cymry ddysgu gwers oddiwrtho a'i efelychu. Daw daioni i ni oll o hyny.'[30] Ni raid damcaniaethu'n gymalog ar drywydd esboniad. 'Roedd yn glir fod sicrwydd hunaniaeth y Cymry o'u cymharu â'r Gwyddyl yn fwy brau, a'u bod o'r herwydd yn llai parod i ymddwyn yn fentrus-ymosodol. Gwreiddyn eu dryswch oedd y Gymraeg. Y gwerthoedd 'traddodiadol' a ffrwythai ohoni hi a'i gwnâi'n anodd i'r Cymry ystyriol ymdaflu i'r byd a'i bethau heb deimlo'n euog. Faint o'r 'Hen Fyd' yr oedd disgwyl i'r ymfudwyr Cymraeg gario yn eu pac? Pa faint y gellid yn anrhydeddus ei ollwng er mwyn hwyluso'r daith tua ffyniant? I ba raddau yr oedd y Cymro yn ei fyd newydd i ymwadu â'r hen ddyn? Yn yr Unol Daleithiau, fel yn eu mamwlad, baglai'r Cymry eu ffordd rhwng y cwestiynau a'u hataliai rhag camu'n fras yn eu blaenau.

Er gwaetha'r ffrydiau cyson o wladgarwch eisteddfodol a nawddsantaidd y mae'n amlwg fod digon o ymfudwyr na fynnai wisgo Cymru yn faen melin am wddf ac yn hual am draed. Wedi croesi'r Iwerydd i geisio gwell byd gorau po gyntaf y dôi'r Unol Daleithiau yn berchen y galon. Pan ganodd Gwydderig, o Drifton, Pennsylvania, gyfres o englynion hiraethlon, 'Breuddwydio am Gymru', yn 1883 atebodd Gwalch Ebrill ef yn ddiamynedd. Gwlad lawog, ddigynnydd oedd 'Gwalia deg mewn golau dydd', y Gymru y cusanai Gwydderig 'bob cwys o honi' pe gallai:

> . . . Ar unwaith dere o honi — moriwn; awn
> Mae'r Nef am ei boddi;
> A gwlad ieuanc yr Ianci,
> Ddyry ei nawdd aur i ni.

Daeth Ionoron Glan Dwyryd i'r maes ar ochor Gwydderig gan watwar ariangarwch yr Ianc:

> . . . Americ? pw, pw, mae'i harian — yn dduw,
> Ac yn ddeddf yn mhobman;
> A'r ddolar, hyd i'r ddwylan,
> A'i dwyn i'r gôd, dyna'r gân.

Atebwyd yntau a'i atgoffa fod Cymru fach yn eiddo Lloegr:

> . . . I gawr o enaid gwerinol — diwyd,
> Eon, annibynol,
> Neu onest weithiwr gwrol — deheuig
> Eang Amerig sy'n anghymarol!

Ymunodd Thomas Owen, Pendleton, Oregon yn y sgarmes gan sefyll yn solet o blaid Cymru Wen:

. . . Amerig sy'n anghymarol! — ei chrach
A'i rhwysg arwynebol,
Neu firi anymarferol,
Aeth yn ffau i benboethion ffol.

Dilynwyd yntau gan Isaac Benjamin (Bardd Coch) a wobrwywyd
yn Eisteddfod Pittsburgh, Nadolig 1882, am gerdd ar 'Ein Gwlad
Fabwysiedig'. Cadarnle rhyddid a digonedd oedd ei America ef,
'Eryres y gwledydd mewn cyfoeth yw hi'. A heb os yr oedd lle
cynnes ynddi i'r Gymraeg — ar yr adegau priodol:

Ein Gwlad Fabwysiedig, ni ddigia ein Duw
Am gadw hen Wyliau y Brython yn fyw,
A chynnal Eisteddfod er nodded y 'Gwir'
Dan fendith y nefoedd yn nghanol y tir;
A siarad iaith Gomer, a'i chanu'n ddifrad
Un dydd o bob blwyddyn er mwyn y 'Wen Wlad'
Ar fynwes Amerig cartrefle mwynhad.[31]

Nid yn rhinwedd unrhyw ragoriaeth awenyddol y dyfynnwyd
pytiau o'r ymryson a fu yn Y Drych yn 1883. Mae'n werth dwyn
sylw ato am ei fod yn crisialu'r math o ddadlau ynglŷn â
theyrngarwch a hawliai ofod mewn amryw o gyhoeddiadau
Cymraeg a Saesneg o bryd i'w gilydd. Er traethu hwyliog yr
ymrysonwyr, 'roedd i'w mater swmp difrifoldeb yn ogystal ag
ymhlygiadau dolurus. Y mae clymau hunaniaeth ddryslyd yn peri
cryn boen pan geisir eu datod. Y mae haeru a thaeru am
briodoldeb, chwaethach cywirdeb ymlyniad, ar draws hollt sy'n
ymagor yn yr ymwybyddiaeth genedlaethol yn beth peryglus
iawn i'w wneud. 'Roedd tensiynau Cymreictod mor dynn yn yr
Unol Daleithiau ag oeddent yng Nghymru Oes Aur Victoria.

Braf o beth fyddai medru credu nad oedd dim gwahaniaeth o
bwys rhwng 'Cymry Cymru ac America' — fel y ceisiodd Y Drych
wneud ym mis Medi 1886. Os oedd yr Unol Daleithiau yn newid
yr ymfudwyr Cymreig, siawns nad 'yn nghyfeiriad gwell chwaeth
gydag ymwisgo; mwy o awydd am arian, yn nghyda mwy o
barodrwydd i'w gwastraffu ar ol eu cael; yn nghyda gofyniad am
lai o'r damcaniaethol dibwynt, a mwy o'r cyfeiriadol diffug, yn y
pulpud' y gwnâi hynny. 'Ond a siarad yn gyffredinol, yr un o ran
ei chymeriad llenyddol, cerddorol, gweithfaol, cymdeithasol a
chrefyddol yw yr hen genedl yn y ddwy wlad.'[32]

Erbyn Ebrill 1892 yr oedd Y Drych naill ai wedi cael golwg
wahanol ar bethau neu wedi penderfynu ei bod hi'n bryd
wynebu'r sefyllfa'n agored. Fel y prawf y darn a ddyfynnwyd

eisoes o'r erthygl ar 'Mantais y Brodorion' credai, bellach, mai gorau po gyntaf y câi'r ymfudwyr o Gymru eu cymathu â hwy. Yn wir, yr oedd 'Rhagoriaethau Cymry America' yn ddigon diamwys i'r *Drych* eu nodi yn Ebrill 1892 pan dystiwyd eu bod yn llai gwasaidd na'u cydwladwyr yng Nghymru; yn fwy eangfrydig, anturus ac ymarferol; yn fwy moesgar a llednais ac yn llai rhagrithiol wrth grefydda. Yr oedd Iorthryn Gwynedd cyn belled yn ôl â 1858 yn barod i gydnabod diniweidrwydd, gostyngeiddrwydd, ufudd-dod a chrefyddgarwch ieuenctid Cymru, ond mynnai fod Cymry ifanc yr Unol Daleithiau 'yn "tra rhagori" ar blant mynyddau Cymru yn eu bywiogrwydd meddyliol, a'u medrusrwydd celfyddol, a'u gwybodaeth gyffredinol; ac yn aeddfedrwydd eu barn ar achosion teuluaidd a masnachol; ac yn eu hysbryd dewr, annibynol, ac anturiaethus; ac yn eu medrusrwydd i siarad ac ysgrifenu y "ddwy" iaith; ac yn eu penderfyniad diysgog i gyrhaedd enwogrwydd a dylanwad'.[33]

A oedd rhagoriaethau honedig y Cymry Americanaidd i'w priodoli i'w parodrwydd i ysgafnu tipyn ar faich eu Cymreigrwydd? Yn anad dim, a oeddent i'w priodoli i'w hawydd i lacio gafael y Gymraeg ar eu ffordd o fyw? Yn rhifyn cyntaf *Y Drych* yn Ionawr 1851 pwysleisiwyd mai'r Gymraeg oedd 'gwydr' y papur. Hebddi hi, dirywiai'r Cymry yn fuan: 'Darostyngid hwy i gyflwr tywyll, anfoesgar, a barbaraidd.' Diogelydd gonestrwydd, cwlwm undeb a sail gwladgarwch y genedl oedd yr heniaith.[34] A ddaethai'r gred honno i ben erbyn y 90au?

Y mae un peth yn sicr, erbyn Eisteddfod Ffair y Byd 'roedd cwestiwn hunaniaeth Cymry'r Unol Daleithiau yn ddolurus glwm wrth gadwedigaeth y Gymraeg. Yn y 90au, o leiaf, nid oedd eto ymwared rhag crafangau'r iaith yn America bell. Yno, hefyd, 'roedd ei phresenoldeb yn rhwym o godi'r un hen gwestiynau blin am wladgarwch, anrhydedd, cywilydd, realaeth, defnyddioldeb a pherthnasedd. 'A ydyw'th blant yn siarad Cymraeg?' gofynnodd Cilcenin Evans yn 1882 mewn cerdd fach annifyr o sicr ei hannel:

> Tydi yw'r Cymreigydd brwdfrydig a gawn
> Ar fanlawr Eisteddfod yn dangos dy ddawn,
> A'th gariad angerddol at yr Omeraeg —
> A ydyw'th blant anwyl yn siarad Cymraeg?
>   Yn siarad Cymraeg,
>   Yn siarad Cymraeg,
> A ydyw'th blant anwyl yn siarad Cymraeg?[35]

'Roedd y cwestiwn wedi'i ofyn droeon o'r blaen a byddai'n dal i gylchredeg am flynyddoedd lawer ar ôl 1882.

Cyhoeddodd y *Cambrian* yn 1887 ysgrif fer, ergydiol, ddi-enw, ar 'Cambro-Americanism': 'While every Welshman is in the habit of saying "Oes y Byd i'r Iaith Gymraeg", very few have a hearty desire to see it live on.' Pa obaith oedd i'r iaith pan fynnai rhieni ei chadw rhag eu plant: 'Cases ar met with where parents, with but a slight knowledge of English, teach their children wholly in that tongue. Pride has much to do with it. Many fanatic Welshmen seem to believe that to sacrifice their own tongue is their highest duty in this day of light. To some people, respectable as we may say, the Welsh language is nothing! . . . The Welsh language is certainly entering a crisis, at least in this country.' Dyna, hefyd, sut y gwelai'r Parchedig Ddr. H.E. Thomas, Pittsburgh sefyllfa'r iaith yn 1890, er na siaradai mor blaen. Erstalwm, 'in the old and isolated settlements', 'roedd y Gymraeg yn holl bresennol: 'But now all the Welsh creation begins to feel a change. It has been a slow process, but it will be a quicker one in the future . . . If we of this century will not hear the funeral knell of the Welsh language coming over yonder hills, children of the next may hear it . . . Let come what will, we have no dread of the future prosperity and standing of the Welsh in this great and noble country, if they will love and learn the English Bible as much as they did the Welsh for several generations.' 'Roedd iaith a chywair y Parchedig Ddoctor yn gymeradwy gan lawer. Y mae felly o hyd.[36]

Yn y cylch eisteddfodol, fel y gellid disgwyl, ni flinid ar annog rhieni i drosglwyddo'r iaith i'w plant. Yn *Beirniadaethau a Chyfansoddiadau Gwobrwyedig* trydedd Eisteddfod Utica, 1858, cyhoeddwyd y ddau draethawd gorau ar 'Y moddion goreu i'w harferyd er sicrhau defnyddioldeb ieuenctyd Cymry America i'w cenedl eu hunain'. O'u darllen daw'n amlwg fod yr ifainc eisoes yn destun gofid i garwyr yr iaith a fynnai gredu fod medru'r Gymraeg yn *sine qua non* eu defnyddioldeb. Fel y sylwodd y beirniad, y Parch. Samuel Roberts, 'roedd pedwar ymgeisydd o blaid sefydlu coleg lle byddai'r Gymraeg, fel y Saesneg, yn gyfrwng dysg ac 'roedd pob un o'r chwech a gystadlodd yn daer dros ddysgu'r famiaith ar yr aelwyd. 'Roedd o'r pwys mwyaf fod rhieni yn gwrando arnynt:

Y mae eu cysur eu hunain, a chynydd eu plant mewn pob gwybodaeth a rhinwedd, yn gystal â ffyniant eu cenedl, yn galw am hyn. Ni byddai fawr i'r hen iaith seinber ystwyth, enwog, anwyl gael y lle blaenaf gan fam Gymreig yn yr ystafell fagu. Ni byddai fawr iddi gael Athrofa fach gynes yr aelwyd, gan y ceir digonedd o gyfleusderau eraill i ddysgu ieithoedd eraill yn yr ysgolion dilynol. Nid â llafur Eisteddfod Utica am 1858 ddim yn ofer os gellir llwyddo i gael mwy o barch ac o roesaw i'r Iaith Gymreig yn ein cylchoedd 'teuluaidd'.[37]

'Os gellir llwyddo.' Da y gwyddai'r buddugwr, y Parch. R.D. Thomas (Iorthryn Gwynedd), fod methu'n bosibilrwydd real iawn a than sbardun ofn ysgrifennodd bregeth o draethawd mewn ymdrech i sicrhau parhad y gwerthoedd 'traddodiadol' hynny a oedd iddo ef a'i debyg yn hanfodion Cymreictod.[38] 'Roedd y Gymraeg yn bod i gynnal crefydd a moes. Dyna'i phriod swyddogaeth. Byddai cefnu arni'n gyfystyr â cholledigaeth. 'Does ryfedd fod nodau ffrenetig i'w clywed yn ei draethawd wrth iddo sylwi ar enciliad yr ifainc a galw ar eu rhieni i wneud popeth posibl i'w cadw rhag cyfeiliorni. Pe diflannai'r Gymraeg, diflannai, hefyd, yr unig fath o Gymreictod yr oedd Iorthryn Gwynedd a'i gymrodyr yn abl i'w arddel. Tra'n gobeithio y darllenai rhai o'r Cymry ifanc ei draethawd, y mae'n ddiamau nad ar eu cyfer hwy yr ysgrifennodd. Ni wnaeth ond rhannu ei ofidiau â'r cyfoedion hynny na welai, fwy nag yntau, fod dim da y gallai'r Gymraeg ei gyflawni y tu hwnt i ffiniau tyn eu byd a'u gweledigaeth hwy. Ym Mehefin 1884 cyhoeddodd *Y Drych* draethawd buddugol John D. Lewis, Cleveland ar 'Y Lles i Ieuenctyd Cymreig America ddysgu yr Iaith Gymraeg'.[39] Iaith consŷrn Iorthryn Gwynedd yw ei iaith yntau.

'Roedd safbwynt y gŵr hwnnw i'w fynegi droeon yn *Y Drych*, yn nathliadau Gŵyl Ddewi ac ar lwyfanau eisteddfodau. Gellid ymgysuro yn ei gysondeb, fel petai ei fynych arfer yn tawelu ofn ac yn pellhau'r annymunol. Ni phetrusai ambell amddiffynnwr, fel S. Cheshire Pierce, Missouri, yn 1887 ddatgan fod Cymro yn peidio â bod yn Gymro unwaith y gollyngai'r Gymraeg: 'mae wedi darfod fel Cymro, ac yn prisio fymryn daear am Walia Wen byth mwy . . .' A chan ei fod yn gweld cynnydd yn nifer y Cymry a ddibrisiai'r iaith, fe'i câi'n fwyfwy anodd i'w hystyried yn genedl, waeth beth am eu gwladgarwch. 'Roeddent yn fwy Prydeinig na Chymreig. 'Roedd 'Rule Britannia' wedi dod yn anthem barod i ormod o'r Cymry.[40]

'Does ryfedd yn y byd fod y math hwnnw o siarad i'w glywed mor aml o flwyddyn i flwyddyn. Yr oedd lleisiau eraill i'w clywed yn datgan safbwynt pur wahanol ac fel y tynnai'r ganrif at ei diwedd fe'u clywid hwythau'n amlach. Pan fu'r Anrhydeddus

Yr Anrhydeddus Ellis H. Roberts

Rhaglen Swfenîr

Ellis H. Roberts, a oedd i fod yn un o urddasolion Eisteddfod Ffair y Byd, yn annerch yn Eisteddfod Utica, 1874, siaradodd yn gynnes ei Saesneg am werth ac anwyldeb y Gymraeg: 'Pan siaradwn am orchestion y meddwl Prydeinig, am ei lenyddiaeth a'i weithiau o bob math, cofiwn mai Cymraeg yw sylfaen holl fawredd yr ymerodraeth. Ac megis yr oedd Efa yn asen Adda, felly y mae Cymru yn asgwrn o esgyrn yr ynys, ac oddiwrthi y tardda y deyrnas.' 'Roedd y Gymraeg yn iaith nodedig yn rhinwedd ei hynafiaeth, ei phurdeb a'i gafael ar ei phlant. Heb lywodraeth i'w chynnal na byddin i'w hamddiffyn, goroesodd yng ngrym cariad: 'Cariad y Cymro, a'i hanfarwol fywiogrwydd ei hun, a rydd oes y byd i'r iaith Gymraeg.'[41]

Ond er mor ganmoladwy'r cariad hwnnw, ffolineb fyddai gadael iddo ddallu'r Cymry rhag ffeithiau moel bywyd. 'Roedd angen mwy nag iaith y galon ar gyfer byw mewn byd cystadleugar, didostur. 'Roedd angen iaith marchnad goncweriol, iaith nad oedd ffin i'w rhwystro. 'Roedd honno wrth law:

Mae angenrheidiau bywyd yn rhwymo y Saesonaeg arnom, megys pechodau Cristion ar ei gefn, ac megys arfau y milwr ar ei ystlys. Yn mhob gwlad ac ar bob dwfr, siaradir y Saesonaeg yn barhaus. Nid oes distawrwydd yn dyfod arni. Nid oes gwaith nad ydyw yn ei wneuthur. Nid oes rhyfel nad ydyw ynddi. I ba gongl y chwythir y gwynt, i ba dywyllwch yr â y goleuni, i ba le bynag y treiddia bywyd, ceir y Saesonaeg. Rhaid cymeryd i fyny gleddyf yr oes, canys yn mrwydr y byd y Saesonaeg yw y dafodiaith orchfygol. Yr ydym yn yr ymgyrch; rhaid i ni fyned yn mlaen, a chael rhan yn y fuddugoliaeth. Felly y Saesonaeg fydd y rhyfel wisg, o dani bydd y galon Gymreig.[42]

Cymaint seren a fuasai'r Anrhydeddus Ellis H. Roberts yn 'Social Science Section' Hugh Owen yn y 60au. Ie, a chymaint cysurwr ydoedd i'w gyd-Gymry yn yr Unol Daleithiau. Canys pe na chymerai'r Americaniaid at y Gymraeg ni olygai hynny na ellid eu perswadio i fabwysiadu'r gwerthoedd a oedd ynghlwm wrthi, 'y grefydd a'r sobrwydd, y cynildeb a'r diwydrwydd ag ydynt wedi anrhydeddu ein mam wlad'. Trwy ddal yn driw i'r rheini gallai'r Cymry alltud frechu'r Taleithiau â hwy. Gallai'r Gymraeg ddiogelu enaid yr Unol Daleithiau yn ogystal ag enaid yr Ymerodraeth Brydeinig: 'Os na ddysga America ein hiaith, paham nas gwelir hi yn arddangos agweddau a rhinweddau Gwalia, tra yn ymgodi yn mhlith y Galluoedd? ... Ie, America, gwisg esgidiau cryfion a syml Gwalia, yn y rhai mae wedi cerdded tros ufel-donau amser. Dyro ar dy ben ei choron yn disgleirio â gemau crefydd. Ymwisga yn ei mantell las farddonol. Cymer mewn un llaw gangen o olewydd tangnefedd, ac yn y llaw arall gleddyf anfeidrol cyfiawnder a rhyddid. Felly dos yn dy flaen, o ferch hynod y gwledydd, a chei bob amser y gair goreu.'[43] Sut argraff, tybed, y byddai'r iaith calon honno wedi'i gwneud yn Eisteddfod Ffair y Byd petai'r Anrhydeddus Roberts ond wedi cadw ei gyhoeddiad? Siawns na wyddai ddigon am Chicago i sylweddoli nad dyna'r lle i bedlera'r fath elicsir.

Yng Ngorffennaf 1882 taerai 'R.R.' Brooklyn fod hanner y gynulleidfa yn Eisteddfod Efrog Newydd, 1881, yn ddi-Gymraeg. 'Roedd y Saesneg 'draflyncol' wrth ei gwaith. 'Roedd y Parch. J.P. Williams, Racine yn fawr ei ofid, hefyd, ar ôl bod yn Eisteddfod y Gorllewin, Nadolig 1882. Heb y Gymraeg 'roedd yr Eisteddfod yn ddiystyr a chan na allai neb ond y Cymry eu hunain ddileu'r Gymraeg, yn ofer y beient elynion allanol. 'Roedd cadwraeth y famiaith yn eu dwylo hwy. Mewn eisteddfodau a dathliadau Gŵyl Ddewi byddai gofid am yr iaith yn esgor ar sawl siars ac apêl at anrhydedd fel yr âi'r 80au rhagddynt. Fel y dywedodd D.S. Williams, Wilkes-Barre adeg Gŵyl Ddewi 1892, 'roedd ei famwlad yn ddihafal: 'Bwyd i fardd yw Cymru i gyd'.[44]

Ond yr oedd safbwynt arall. Yn Hydref 1883 dyheai'r Parch. J.T. Jones, Gateshead on Tyne am dranc di-oed y Gymraeg yng Nghymru a'r Unol Daleithiau: 'Na fydded i neb sefyll ar y ffordd.' Didrugaredd o utilitaraidd, hefyd, oedd ymagwedd y Parch. R.R.

Davies, Fairport, Efrog Newydd pan draethodd ar 'Tynged y Genedl a'r Iaith Gymraeg' yng Ngorffennaf 1885. Ni allai dim arbed na'r iaith na'r Cymry rhag diflannu ym mhair dadeni yr Unol Daleithiau. 'Doedd dim osgoi 'rhagarwyddion ein tynged mewn ymlynciad (absorption) yn ffrydiau bodolaeth cenedloedd a llywodraethau eraill, drwy y rhai yr ydym ni i wasanaethu arfaeth Duw'. Dylid derbyn y dynged honno'n ddi-gŵyn: 'Nid ymgolliad bodolaeth, ond ymgolliad mewn bodolaeth arall ydyw deddf natur . . . Yr unig egwyddor o barhad yn mywyd cenedl ydyw, ei gwasanaethgarwch yn ol pwrpas Duw. Nid teyrnasiaeth ydyw egwyddor bywyd, ond gwasanaethgarwch; a phan byddo gallu a chymwysder cenedl i fod yn ddefnyddiol wedi pallu, y mae yn rhaid iddi farw.'[45]

Cawsai'r Parch. R.R. Davies y profiad diflas o bregethu i gynulleidfaoedd yn Utica a Remsen na fedrent mo'i ddeall. Ni allai ymatal rhag dweud y caswir: 'Credwyf fod yr hen dadau a mamau Cymreig, mewn llawer o'n hardaloedd Cymreig, yn pechu yn erbyn yr Hollalluog Dduw, ac yn erbyn ein Harglwydd Iesu Grist, wrth wahardd a rhwystro pregethu ei efengyl i'w plant yn yr unig iaith a fedrant ddeall — y Saesneg.' Ac nid dyna'r unig gaswir a oedd ganddo i'w gyhoeddi. 'Doedd cenedl y Cymry ddim wedi'i rhagordeinio i lwyddo yn y byd modern: 'Y mae ei gwasanaeth wedi bod yn farddonol a cherddorol, ar hyd ei thiriogaeth a'i glanau, ond heddyw ei chân yw am yr hyn a fu — nid oes iddi destyn cân am yr hyn a fydd, ond mewn ymffrost dall ac mewn twyll anwybodus o'i chyflwr a'i hamgylchiadau. Nid oes yn y genedl Gymreig yr athrylith neu y gyneddf i greu a pharhau llywodraeth iddi ei hun . . . Nis cynysgaeddodd Duw hi a'r gallu i wneyd cenedl filwrol, wyddonol ac athronyddol o honi ei hun.'[46]

Nid dyletswydd Cymry cyfrifol fel R.R. Davies oedd ymlafnio dros y Gymraeg pan oedd y genedl 'ar ffrwd yr ymlynciad'. Byddai gwneud hynny nid yn unig yn seithug, byddai'n anufudd-dod i Dduw: 'Y mae ganddo Ef yn ein dyfodol ryw fwriad amgenach, ac i hwn rhaid i ni fel cenedl ymblygu, ac hefyd weithio allan ei gwblhad.' Pan gofir fod yr union ddadl yn cylchredeg yng Nghymru ers tro byd, nid yw'n ddim syndod iddi groesi'r Iwerydd ac ymwreiddio yn yr Unol Daleithiau. Yr oedd amgylchiadau'r iaith yno, o leiaf, yn gyfryw ag i beri i ddadl o'r fath swnio'n ymarferol — waeth beth am ei chredyd diwinyddol.

Yn Y Drych gellir gweld llanw'r Saesneg yn codi i fygwth y Gymraeg o flwyddyn i flwyddyn. 'Roedd ei chrynoder grymus a'i ffasiynoldeb yn ddiwrthdro, yn enwedig o gofio fod y Cymry yn dal mor gaeth i'w tafodieithoedd. Iaith concwerwyr oedd y Saesneg: 'Cenedl ddistadl, yn ngolwg y byd, ydym ni; ond pobl orchfygol ac anrhydeddus iawn yw y Saeson.' Â phobl felly yr oedd yr Americaniaid am wneud busnes. 'Doedd sentiment yn cyfrif dim onid oedd iddo werth masnachol: 'Nid oes gwlad gyffelyb i'r Taleithiau Unedig am brisio pob peth yn ol y nifer o ddoleri a sentiau ellir gael o hono. Os na fydd cenedlgarwch yn talu, diflanu a wna yma yn bur fuan.'[47] 'Does ryfedd i'r Parch. R.R. Davies edliw i'r beirdd eu diffrwythder. Waeth beth am Gymru, ni allai neb yn ei iawn bwyll ystyried America yn 'fwyd i fardd'. Dyna oedd barn W.F. Jones, Chicago wrth gondemnio'r eisteddfod yn 1889 am wneud môr a mynydd 'o'r hyn a eilw Carlyle yn "jingle"' ar draul yr ymarferol: 'Ymarferol yw yr oes hon, ac mae galwad am ddynion call, yn berchen ar wybodaeth eang yn nghylch materion y dydd, dynion o egni a dealltwriaeth, dynion a allant ddylanwadu ar eu cyd-ddynion trwy eu personoliaeth a'u dawn ymadrodd.' Pan fu farw Dewi Wyn o Essyllt yn 1891 manteisiodd *Y Drych* ar y cyfle i edliw iddo'i seithuctod fel bardd a'i oferedd fel diotwr, ac ychydig fisoedd yn ddiweddarach protestiai'r golofn olygyddol fod 'Gormod o Farddoni' yn cloffi'r Cymry: 'Rhaid i ni fel Cymry daflu ymaith ein hen ddifyrion diles a chydio o ddifrif yn efrydiau ymarferol ein hoes a'n gwlad, onide byddwn yn weision i bawb, heb barch uchelradd yn ngolwg neb.'[48]

O Blue Springs, Nebraska, gyrrodd 'Ymyl Alun' lythyr dig i'r *Drych* yn Ionawr 1893. Clywsai fod y Gwyddyl yn bwriadu arddangos 'Irish Industries' tra bodlonai'r Cymry ar 'noddi beirdd, barddas, llen, awen a chân, a'u hiaith . . . tan gysgodion tywyll Derwyddol'. Ni allai ymatal: 'Dyma ni, cenedl orchfygedig, a theimlad slafaidd lon'd ein mynwes i'r gallu a'n gorchfygodd, bron wedi colli ein hunaniaeth cenedlaethol yn ngolwg y byd, yn para i waeddi "Ein hiaith a'n defion" o fewn ein hydred a'n lledred Cymreig, a'r byd o'n hamgylch yn gwybod fawr ddim am danom! Nid felly y Gwyddelod a'r Ysgotiaid a orchfygwyd; na, y mae y byd yn hysbys iawn o'u hunaniaeth a'u neillduolion cenedlaethol hwy, a'u gorchfygwyr wedi teimlo eu bodolaeth a'u dylanwad trwy yr oesau.' 'Roedd Burns, Scott a Thomas Moore wedi mabwysiadu'r Saesneg. Gresyn na wnaethai beirdd Cymru hefyd. 'Roedd un o bapurau Pennsylvania newydd eu gwatwar: '"Crossing the bar" in Welsh begins "Hwyrddydd a seren nawn". A race which continues to spell "did" with four d's in this year,

1892, needs missionaries.' Nid eithriad oedd 'Ymyl Alun' ac y
mae'n arwyddocaol fod un arall o ysgrifau golygyddol *Y Drych* ym
Mai 1893 yn gresynu na byddai Ffair y Byd yn arddangos cyfoeth
diwydiannol Cymru, y pethau 'a nodweddant Gymru fel rhan o'r
byd byw, cynyddol, ymdrechgar, gwthiol presenol, yn hytrach
na'r marw gorphenol'. 'Roedd pethau amgenach na chreiriau
eisteddfodol a llenyddol yn galw am sylw'r miloedd.[49]

Y mae'n amlwg, yng ngolau'r dystiolaeth sydd eisoes wedi'i
chynnig, na allai Eisteddfod Ffair y Byd lai na bod yn ŵyl ar
drugaredd sawl rhaid. Rhaid oedd hoelio sylw ar deilyngdod y
Cymry a maint eu cyfraniad i ffyniant yr Unol Daleithiau. Rhaid
oedd dathlu hen wladgarwch tra'n datgan teyrngarwch i'r wlad
newydd. Rhaid oedd annog ymlyniad wrth y Gymraeg tra'n
proffesu blaengaredd. Rhaid oedd mawrhau traddodiad tra'n
ymlid cynnydd. Rhaid oedd ymserchu mewn doe tra'n byw am
yfory. Ni byddai Eisteddfod Ffair y Byd yn eithriad yn hyn o
beth. 'Roedd eisteddfodau'r Unol Daleithiau er y 50au wedi
cydnabod gyriadau a phangau'r cyflwr Cymreig, ac fel y dengys
detholiad o'r mathau o draethodau y cynigid gwobrau amdanynt,
wedi ceisio'u labelu waeth beth am eu dadansoddi.

Ystyrier y testunau a ddosberthir yma'n fras dan ddau
bennawd.

DINASYDDIAETH NEWYDD[50]

(1) 'Ysgrif y Cartref Rhad (Homestead Bill)'. Eisteddfod Hyde
Park, Pennsylvania, Nadolig 1863. 12 doler.
(2) 'Nodweddau Cenedl y Cymry yn America'. Eisteddfod
Undebol Youngstown, Nadolig 1865. 20 doler.
(3) 'Rhagoriaeth Sefyllfa Cymry America ar eiddo Cymry yr Hen
Wlad'. Eisteddfod Providence, Pennsylvania, 1866. 10 doler.
(4) 'Ymfudiaeth Gymreig i'r Taleithiau Unedig, yn nghyd a'u
dylanwad'. Eisteddfod Gadeiriol Luzerne, Nadolig 1868. 50
doler.
(5) 'Dyledswydd y Cymry i feddianu eu hawlfraint dinasyddol
yn America'. Eisteddfod y Calan, Pittston, Pennsylvania, 1869.
20 doler.
(6) 'Adnoddau yr Unol Dalaethau'. Eisteddfod Gadeiriol Utica,
Dydd Calan 1871. 40 doler.
(7) 'Sefyllfa Merched yn Nghymru ac America a'r hyn sydd
ddiffygiol ynddynt yn y ddwy wlad'. Eisteddfod Gadeiriol
Utica, Dydd Calan 1871. 15 doler.

(8) 'Diffygion y Genedl Gymreig yn America'. Eisteddfod Orseddog Talaith Ohio, Youngstown, Nadolig 1871. 25 doler.

(9) 'Cenedligrwydd, ei briodoleddau a'i derfynau'. Eisteddfod Orseddog Talaith Ohio, Youngstown, Nadolig 1874. 40 doler.

(10) 'Moesgarwch (Etiquette) Cymdeithasol Cymry America, yr hyn ydyw a'r hyn a ddylai fod'. Eisteddfod Orseddog Talaith Ohio, Youngstown, Nadolig 1874. 25 doler.

(11) 'Safle y genedl Gymreig yn ei pherthynas ag Annibyniaeth y Talaethau Unedig, a'i dyledswydd i gymeryd rhan yn y Dathliad Canmlwyddol'. Eisteddfod Ganolbarthol Talaeth Pennsylvania, Mahony City, Nadolig 1874. 20 doler.

(12) 'Y moddion goreu i sicrhau cyfanrwydd a defnyddioldeb Cenedl y Cymry yn America'. Eisteddfod Deheubarth Ohio, Cincinnati, Nadolig 1877. 25 doler.

(13) 'Diffygion y Cymry fel cenedl yn eu perthynas â gwleidiadaeth, yn nghyd a'r fantais iddynt i fod yn ddinaswyr Americanaidd'. Eisteddfod Ganolbarthol Ohio, Columbus, Nadolig 1878. 20 doler.

(14) 'Helaethrwydd a Therfynau Cenedlgarwch yn ei berthynas â Dinasyddiaeth Americanaidd'. Eisteddfod Youngstown, Ohio, Nadolig 1880. 15 doler.

(15) 'Welsh Influence in the Establishment of Civil and Religious Liberty in America'. Eisteddfod Efrog Newydd, Nadolig 1882. 50 doler.

(16) 'Safle Gydmariaethol y Cymry yn y Talaethau Unedig mewn Gwybodaeth Gyffredinol, Celfyddyd ac Amaethyddiaeth'. Eisteddfod Gadeiriol Utica, Dydd Calan 1883. 50 doler.

(17) 'Y Cymro fel Masnachwr'. Eisteddfod Gadeiriol Utica, Dydd Calan 1884. 10 doler. Cyhoeddwyd y traethawd buddugol gan P.M. Evans, Milwaukee, yn *Y Drych*, 21/28 Awst, 4 Medi 1884.

(18) 'Darnodiad Beirniadol yn Gymraeg o unrhyw Americanwr enwog (Estimate of a Representative American)'. Eisteddfod Gadeiriol Utica, Dydd Calan 1885. 30 doler.

(19) 'Y Cymry fel Dinasyddion Americanaidd'. Eisteddfod Gadeiriol Utica, Dydd Calan 1886. 25 doler.

(20) 'Y rhan a gymerodd y Cymry yn y Gwrthryfel diweddar'. Eisteddfod Gadeiriol Utica, Dydd Calan 1889. 20 doler.

(21) 'Hanes a Gwrhydri y Cymry a gymerasant ran flaenllaw yn Rhyfel Cartrefol y Talaethau Unedig'. Eisteddfod Daleithiol Tennessee, Chattanooga, 1891. 50 doler.

HEN WLADGARWCH[51]

(1) 'Y moddion goreu i sicrhau ymlyniad ein hieuenctyd a chrefydd a llenyddiaeth ein cenedl'. Eisteddfod Ganolbarthol Ohio, Columbus, Nadolig 1875. 20 doler.

(2) 'Dylanwad Cristionogaeth ar yr Awen yn Nghymru'. Eisteddfod Efrog Newydd, Nadolig 1882. 50 doler.

(3) 'Y lleshad i ieuenctyd Cymreig America o ddysgu yr iaith Gymraeg'. Eisteddfod Efrog Newydd, 1884. 25 doler. Cyhoeddwyd traethawd buddugol J.D. Lewis, Cleveland, yn *Y Drych*, 26 Meh., 3/10/17/24 Gorff. 1884.

(4) 'Teilyngdod cydmarol Barddoniaeth y Cymry a Barddoniaeth cenedloedd eraill'. Eisteddfod y Gorllewin, Racine, Nadolig 1884. 50 doler.

(5) 'Disgrifiad o'r Llyfrau a gyhoeddwyd yn yr Unol Dalaethau mewn perthynas i'r Cymry a Chymru, o'r amser boreuaf hyd y dyddiau presenol; yn nghyd a manylion am awdwyr Cymreig ar Destynau Amrywiog'. Eisteddfod Efrog Newydd, 1886. 50 doler.

(6) 'Y Trefniant goreu er cael Safon Orgraph Unffurfiol yr Iaith Gymraeg'. Eisteddfod Efrog Newydd, 1886. 100 doler.

(7) 'Y Moddion Goreu i feithrin Cenedlgarwch yn Nghymry y Talaethau Unedig'. Eisteddfod Racine, Nadolig 1888. 10 doler.

(8) 'Nodweddion neu Gynllun o Bregethwr Cymreig cymwys i Gymry yn America'. Eisteddfod Gadeiriol Utica, Dydd Calan 1889. 5 doler.

(9) 'Perthynas y Cymry â Gwareiddiad'. Eisteddfod Dewi Sant, Pittsburgh, Nadolig 1889. 50 doler.

Y mae geiriad pob un testun yn dweud cymaint wrthym am ddyheadau a phryderon Cymry'r Unol Daleithiau. Ni ellir namyn dyfalu gwerth yr hyn a ysgrifennwyd gan nad oes ond y nesaf peth i ddim ohono, fe ymddengys, wedi'i gadw i ni. Beth bynnag am hynny, y mae'r dystiolaeth sydd gennym yn pwyntio'n sicr at bwysigrwydd yr eisteddfod fel trinfa'r cyflwr Cymreig yn y wlad bell. 'Roedd mynd ar ei meddyginiaethau gan y sawl a gredai ynddynt.

Fel y cawn weld, darparodd rhaglen Eisteddfod Ffair y Byd yn hael ar gyfer diwallu hen anghenion seicolegol y Cymry. Ni cheisiodd dorri tir newydd. Anwybyddodd y dechnoleg wyrthiol a oedd i drawsffurfio'r byd. Osgodd y Peiriant meseianaidd a oedd i arwain y ddynoliaeth i wlad yr addewid. 'Roedd 40 doler i'w hennill yn Eisteddfod Hyde Park, Scranton yn 1885 am draethawd ar 'Dylanwad Sosialyddiaeth (Socialism) ar Ddyfodol y Talaethau Unedig'. Yn Eisteddfod Efrog Newydd, 1886, 'roedd 25 doler i'w hennill am draethawd ar 'Manteision Addysg Gelfyddol (Technical Education) i Grefftwyr Cymru' ac 'roedd Cadair a 50 doler i'w hennill am awdl ar 'Trydaniaeth'. Yn Eisteddfod Ffair y Byd, â phob dim o blaid testunau o'r fath, nid oedd iddynt groeso. Mae'n wir fod gwobr i'w hennill am draethawd Saesneg ar 'Geology, its lessons to the age.' A'r wobr? 'Marble Bust of any Welsh Poet, chosen by the best essayist.' Gellir dychmygu'r Dr. Thomas Nicholas yn bytheirio.[52]

Tra oedd y miliynau ymwelwyr yn croesi ffin canrif newydd yn syndodus a'r deallusion yn dwys ddyfalu effeithiau'r grymoedd deinamig a welsent ar waith ar wareiddiad dyn, aeth yr Eisteddfod i'r afael â hen ofidiau a chynnig yr un feddyginiaeth iddynt ag o'r blaen — eithr mewn potel dipyn mwy trawiadol ei lliw na'r un a welwyd cynt. Ni ddaeth yr un gwerthwr gwyrthiau i Chicago erioed yn fwy ei frol a'i swae nag y daeth Eisteddfod feddyginiaethol 1893. Daeth yn y gobaith o werthu'n llwyr y cyflenwadau hynny o ffisig cysur a oedd wedi bod yn hir grynhoi. 'Roedd moelni dinodedd a llyngyr diystyrwch i'w setlo gan foddion Ffair y Byd.

Am le i'r Cymry eisteddfotgar arddangos eu rhinweddau! Gellid heb betruso alw am Eisteddfod yn Philadelphia yn 1876 er dathlu Canmlwyddiant Annibyniaeth yr Unol Daleithiau gan fod i'r ddinas honno cystal enw. 'Roedd yn lle gwiw i'r Cymry ddyrchafu 'ein llenyddiaeth i sylw gwahanol genedloedd y ddaear' ac i wneud yn fawr o'u braint fel dinasyddion newydd: 'Dinas Noddfa yw America, lle yr ydym yn cael ein hamddiffyn yn y mwynhad o'n sefydliadau.' 'Roedd Philadelphia yn lle delfrydol ar gyfer cynnal 'Eisteddfod Gyfandirᴗl' a threfnu cystadleuaeth gerddorol na chlywyd mo'i thebyg 'ar y cyfandir hwn, os ar y blaned hon'. Gellid yn hawdd ddychmygu Côr Mawr Undebol 'a daflai hanesiaeth corau mawrion yn hollol i'r cysgod' yn canu yn Philadelphia. 'Roedd i'r ddinas honno 'aura' gwarineb; byddai'n gwbwl gydnaws â'r Cymry. Ond er mor borffor y siarad am y rhagolygon, ni welwyd mo'r 'Eisteddfod Gyfandirol Ganmlwyddol' yn Philadelphia. Nid esgorodd y rhethreg rhagddisgwylgar ar Brifwyl y dathlu yn 1876.[53]

Ychydig cyn y Nadolig, 1886, wele stori yn un o golofnau'r *Drych*:

Y Gŵr — 'Y mae bachgen Mr. Brown, yr hwn aeth i'r
Gorllewin yr haf diweddaf, wedi cael ei saethu.'
Y Wraig — 'Dyn anwyl! a saethwyd ef mewn lle drwg?'
Y Gŵr — 'Do; saethwyd ef yn Chicago.'

Ac yr oedd yr Eisteddfod fwyaf ei phwys yn holl hanes Cymry'r
Unol Daleithiau i'w chynnal yn y ddinas egr honno y poerodd W.
Jones englyn sgornllyd ati ar drothwy'r 90au:

> Lle drylliog a llyncdwll drewllyd, — a midd
> Tai meddwol, lladronllyd,
> Annuwiol bau, pen ol y byd, — a'i ffrystiog
> Heolydd maglog yn laidd a myglyd.

Rhaid mai Iolo Morganwg a John Evans, Waunfawr a
benderfynodd yn ystod un o'u seiadau yn yr 'aither rhydd' fod
angen Eisteddfod ar Ffair y Byd. 'Roedd Chicago yn fwy na
theilwng o'u rhyfyg.[54]

NODIADAU

[1] *Y Drych*, 15 Mawrth 1888, 4.
[2] *New York Times*, 7 Ebrill 1889, 20.
[3] ibid.
[4] ibid.
[5] ibid.
[6] *Y Drych*, 2 Mai 1889, 4.
[7] ibid., 10 Rhag. 1891, 4.
[8] ibid.
[9] ibid., 14 Ebrill 1892, 4.
[10] ibid., 7 Gorff. 1892, 5.
[11] ibid.. Ganed y Parch. Benjamin Chidlaw (1811-92) yng Nghymru a'i fagu yn Ohio.
Bu'n genhadwr dros Undeb Ysgolion Sul America am 54 blynedd. Perswadiodd lawer
o Gymry i ymfudo ac roedd iddo statws patriarch (Hartmann, 69).
[12] Hartmann, 90-6; Alan Conway (Ed.), *The Welsh in America, Letters from the
Immigrants* (University of Minnesota Press, 1961), 12; Dr. Bil Jones, 21-2, 297-8;
Rev. E. C. Evans, M.A., 'Census Report of the Welsh Population in the United States
from 1850-1890', *The Cambrian*, 1893, 131-8, 213-5.
[13] Thomas L. James, 'The Welsh in the United States', *The Cambrian*, 1892, 4-7,
40-1, 74-7; ibid., 1893, 68-71.

[14] ibid., 40-1, 74-7. Cymh. sylwadau Mr. Josiah Perry yn Eisteddfod Utica, 1888: 'There is no class of immigrants who so soon become Americanized as do the Welsh. . . the Welsh never find fault with our laws, but on the contrary, seek to adapt themselves to live up to the requirements of those laws. No one has ever heard of a Welsh anarchist. This is the feeling which should possess every Welshman on our soil.' (*The Cambrian*, 1888, 56).

[15] *Y Drych*, 2 Ebrill 1891, 4. Yr oedd James yn ychwanegiad tra gwerthfawr at nifer y 'filiopietistic writers', chwedl Conway, a welai 'eminent Welshmen' ym mhobman. I'r un teulu y perthyn E. G. Hartmann a oedd, mor ddiweddar ag 1967, am ganu mawl ei bobol: 'Despite paucity of numbers. . . the contribution of the Welsh stock to America has been considerable, and in the opinion of this author, taking numbers into consideration, has been excelled by few other ethnic groups if by any.' (Hartmann, 163).

[16] *Y Drych*, 3 Chwef. 1851, 34.

[17] *The Cambrian*, 1881, 2-7.

[18] *Y Drych*, 24 Hyd. 1872, 1.

[19] ibid.

[20] ibid., 29 Awst 1878, 274; 5 Medi, 282; 12 Medi, 290; 19 Medi, 298.

[21] ibid., 5 Medi, 282; 19 Medi, 298.

[22] ibid., 17 Ebrill 1879, 2; 24 Ebrill, 2.

[23] ibid., 8 Mawrth 1883, 1; 15 Mawrth, 2; ibid., 5 Mai 1892, 3.

[24] ibid., 17 Ebrill 1879, 2.

[25] ibid., 8 Mawrth 1883, 1; 1 Ebrill 1886, 4.

[26] ibid., 29 Gorff. 1880, 8; 11 Mehefin 1885, 4. Mewn erthygl ar 'The Welsh in Politics' yn y *North American Review*, dadleuodd John E. Owen yn erbyn cefnogi'r Gweriniaethwyr. Ni thalai eu cefnogi ddim i'r Cymry, a bradychent eu hegwyddorion gwleidyddol wrth bleidleisio drostynt. Dyna oedd barn Thomas L. James, hefyd (gw. *Carnarvon and Denbigh Herald*, 8 Dec. 1893, 3.)

[27] *Y Drych*, 2/9/23 Ion. 1879; 6 Chwef. 1879; 17 Mawrth 1887, 1; 8 Rhag. 4; 21 Tach. 1889, 4; 19 Medi 1889, 4; 18 Medi 1890, 4.

[28] ibid., 2 Meh. 1887, 2. Y mae'n rhaid gweld casineb nifer o'r Cymry at y Gwyddyl (cymh. tt. 91-3) yng nghyd-destun y casineb 'cyffredinol' tuag atynt a fynegid yn fynych gan wahanol garfanau yn y gymdeithas Americanaidd. Gwaetha'r modd, bu'r Cymry a'r Gwyddyl yng ngyddfau'i gilydd droeon. Gw. Berthoff, Chpt. 12, 'Welding the British-American Community', 185-208.

[29] ibid., 17 Mawrth 1887, 1; 8 Rhag. 1887, 4; ibid., 8 Rhag. 1889, 4.

[30] ibid., 21 Tach. 1889, 4; 29 Hyd. 1891, 4.

[31] ibid., 8 Chwef. 1883, 1; 8 Mawrth, 3; 22 Mawrth, 1; 19 Ebrill, 3; 7 Meh., 2; 12 Gorff., 1. Y mae sylwadau Milton M. Gordon ar 'Anglo-conformity' yn berthnasol iawn i'r rhan hon o'r bennod.

[32] ibid., 23 Medi 1886, 4.

[33] ibid., 14 Ebrill 1892, 4, 28 Ebrill, 4; Y Parch R. D. Thomas (Iorthryn Gwynedd), 'Y Moddion Goreu i'w harferyd er sicrhau defnyddioldeb Ieuenctyd Cymry America i'w Cenedl eu Hunain', *Trydedd Eisteddfod Utica, Efrog Newydd, 1858. Beirniadaethau a Chyfansoddiadau Gwobrwyedig* (Rome, New York, 1858), 49.

[34] *Y Drych*, 2 Ion. 1851, 2.

[35] ibid., 9 Chwef. 1882, 3.

[36] *The Cambrian*, 1887, 87-8; ibid., 1890, 99-101.

[37] *Trydedd Eisteddfod Utica, Efrog Newydd, 1858. Beirniadaethau a Chyfansoddiadau Gwobrwyedig*, 42.

[38] ibid., 43-73. Cymh. ei sylwadau yn *Hanes Cymry America* (Utica, 1872), Dosran C, 15-17.

[39] *Y Drych*, 26 Meh. 1884, 1; 3 Gorff., 1; 10 Gorff., 1; 17 Gorff., 1; 24 Gorff., 2.

[40] ibid., 24 Chwef. 1887, 1.

[41] ibid., 8 Ion. 1874, 1; *New York Times*, 2 Jan. 1874, 1.

[42] *Y Drych*, 8 Ion. 1874, 1.

[43] ibid.

[44] ibid., 6 Gorff. 1882, 1; 11 Ion. 1883, 1; 24 Mawrth 1892, 1.

[45] ibid., 4 Hyd. 1883, 1; 23 Gorff. 1885, 1-2.

[46] ibid.

[47] ibid., 11 Chwef. 1886, 4.

[48] ibid., 17 Ion. 1889, 1; 12 Chwef. 1891, 4; 28 Mai 1891, 4.

[49] ibid., 26 Ion. 1893, 3; 18 Mai 1893, 4.

[50] *Y Drych*, 8 Awst 1863, 245; ibid., 25 Ion. 1866, 30; ibid., 9 Ebrill 1868, 115; ibid., 23 Ebrill 1868, 135; ibid., 9 Chwef. 1871, 46; ibid., 6 Gorff. 1871, 214; ibid., 26 Mawrth 1874, 102; ibid., 9 Ebrill 1874, 119; ibid., 7 Medi 1876, 296; ibid., 9 Mai 1878, 150; ibid., 19 Awst 1880, 6; ibid., 28 Rhag. 1882, 5; ibid., 21 Rhag. 1882, 7; ibid., 17 Ebrill 1884, 6; ibid., 9 Ebrill 1885, 8; ibid., 21 Meh. 1888, 7; ibid., 9 Ebrill 1891, 6.

[51] *Y Drych*, 2 Medi 1875, 286; ibid., 28 Rhag. 1882, 5; ibid., 7 Chwef. 1884, 6; ibid., 4 Meh. 1885, 6; ibid., 14 Meh. 1888, 7; ibid., 21 Meh. 1888, 7; ibid., 30 Mai 1889, 7.

[52] *Y Drych*, 26 Mawrth 1887, 6-7; ibid., 4 Meh. 1887, 6.

[53] ibid., 13 Ion. 1876, 20.

[54] ibid., 16 Rhag. 1886, 3; 5 Rhag. 1889, 3.

CHICAGO

Yn 1825 nid oedd Chicago fawr mwy na 14 o dai ac asiantaeth i'r Indiaid Cochion ar lan Llyn Michigan. Fe'i sefydlwyd gan gaethwas ar ffo a'r Indiaid oedd piau'i henw. Erbyn 1893 hi oedd 'ail ddinas' yr Unol Daleithiau a thrigai dros filiwn o bobol gymysgryw ynddi. Nid oedd ar gyfandir o ryfeddodau ryfeddach enghraifft o'r YNNI hwnnw a oedd, yn ôl yr hanesydd Howard Mumford Jones, yn bennaf nodwedd ar fywyd America rhwng 1865-1915. Cododd Chicago yn ddiymatal a brochus ar ryferthwy'r ymffrost y daeth y byd i synnu ato yn 1893.[1]

O 1850 ymlaen gwelodd gynnydd blynyddol o 89% yn ei phoblogaeth. Dyblodd mewn un ddegawd rhwng 1881 ac 1891. Yn 1890 'roedd Chicago yn ganolbwynt 37 o reilffyrdd a llifai 1,360 o drenau i mewn ac allan ohoni'n ddyddiol. 'Roedd 77.9% o'i dinasyddion wedi'u geni i dramoriaid — 35% ohonynt yn Almaenwyr a 15% yn Wyddyl. Daethant i Chicago i sylweddoli eu breuddwydion, a dyna'n union a wnaeth amryw ohonynt. I filoedd ar filoedd o drueiniaid, fodd bynnag, 'roedd eu breuddwydion i droi'n hunllefau. Claddwyd gobeithion a bwriadau lu yn llacs strydoedd drewllyd y ddinas lle'r oedd un o'r slymiau mwyaf rhwth ar gyfandir cyfan yn crawnu.[2]

Profwyd ysbryd ac ewyllys Chicago yn 1871. Ar 8 Hydref sgubodd tân trwy ran helaeth ohoni. Llosgwyd dros dair milltir sgwâr yn ulw, dinistriwyd 17,450 o adeiladau a gadawyd 90 mil o deuluoedd yn ddigartref. Erbyn iddynt ddiffodd y fflamau 'roeddent wedi achosi colled o 196 miliwn o ddoleri. 'Roedd Tân Mawr 1871 yn drychineb enbyd ond profodd egni atgyfodol Chicago yn drech na hi. Prin fod y mwg wedi clirio cyn i'r egni hwnnw ffrwydro'n orchest o ailadeiladu.[3] Cododd 'Phoenix City', chwedl Henry Ward Beecher, o'r llwch.

Chicago 1845

Cymdeithas Hanes Chicago

Stryd Madison, Chicago, yn y 90au cynnar

Cymdeithas Hanes Chicago

Tân Mawr Chicago, Hydref 1871

Cymdeithas Hanes Chicago

Trannoeth y Tân Mawr

(Illustrated London News)

Codwyd cronfa o bum biliwn o ddoleri ac ymhen blwyddyn 'roedd deugain miliwn wedi'u gwario ar ailgartrefu anffodusion. Cyn diwedd 1873, 'roedd yr ardal fasnach a ddeifiwyd gan y tân ar ei newydd wedd hyderlon a 126 o adeiladau llachar yn tystio i benderfynolrwydd a chyfoeth ei gwŷr busnes. Rhwng 1871-93 codwyd 98,838 o adeiladau gwerth 450 miliwn o ddoleri ac aeth sôn am benseiri athrylithgar Chicago — Louis Sullivan, Dankmar Adler, W.L.B. Jenny ac yn ddiweddarach, Frank Lloyd Wright, drwy'r byd. O ludw trychineb 1871 cododd 'Ysgol Chicago' i ddominyddu pensaernïaeth yr Unol Daleithiau. Yn wyneb gofynion barwniaid y farchnad a oedd yn gosod straen cynyddol ar yr amgylchfyd metropolitan, consuriwyd y 'skyscraper' yn ateb i'r rhaib ar dir a gofod. 'Roedd yr ateb hwnnw i droi ymhen dim yn bennaf eicon yr hubris Americanaidd. Ni allai dim fynegi'n rymusach ffydd yr Americanwr yn ei allu i oresgyn pob ataliad ar ei awydd i lwyddo, ac nid oedd y ffydd honno'n gryfach yn unman nag ydoedd yn Chicago. Dyna'r union fan i'r 'skyscraper' ymgyrraedd at y nefoedd yn 'lysti lwys'.[4]

Bridfa 'uplifters' didoriad oedd Chicago i bendefigion y dinasoedd gwâr dwyreiniol: 'For many years the East had dismissed Chicago as only a smokey slaughterhouse, a Porkopolis, devoted to "cash, cussing and cuspidors".' Yr oedd cyfoeth yr 'uplifters', fodd bynnag, yn ddiarhebol ac o'u cyfoeth tarddai hyder, hyder yn eu medr a'u hawl i fynnu'r gorau i Chicago, 'the paradise of parvenus'. Tarddodd llawer ffortiwn o fasnachu grawn, coed a chig. Ymestynnai'r 'Union Stock Yard',

Ystordy Cyfanwerthu Marshall Field

Cymdeithas Hanes Chicago

Cymdeithas Hanes Chicago

Wythfed Rhyfeddod y Byd, 'Stockyards' Chicago

wythfed rhyfeddod y byd yn ôl y *Chicago Tribune*, dros 400 cyfer. Y rhyfeddod drycsawr hwnnw a barodd alw'r ddinas yn 'Porkopolis' gan ei chaseion. 'Roedd ffortiynau eraill i'w gwneud yn y diwydiannau haearn a dur, mewn archfarchnadoedd ac ar y rheilffordd a'r tramwe. Ymhlith miliwnyddion mwyaf llathraid Chicago 'roedd Charles T. Yerkes, y seiliodd Theodore Dreiser ei drioleg enwog ar ei fywyd, yn ogystal â Samuel Pullman, John W. Gates, Potter Palmer a Conrad Seipp. Yn eu plith, hefyd, 'roedd Marshall Field, y masnachwr 'Dry Goods' dewinol a ddringodd o fod yn glerc a enillai 400 doler y flwyddyn yn 1856 i fod yn berchen busnes gwerth 25 miliwn o ddoleri yn 1890. Rhoes hwn ei nawdd i Eisteddfod Ffair y Byd, ond ni roes ddigon i'w diogelu rhag colled fel y cawn weld.[5]

Nid yw'n ddim syndod fod plwtocratiaid o'r fath faintioli yn gallu rhag-weld Chicago yn datblygu'n ddinas heb ei hail yn y byd. 'Roedd ei grym masnachol eisoes yn hawlio parch, ond nid digon hynny. Yr oedd gofyn sicrhau ei rhagoriaeth ddiwylliannol hefyd. Dylai'r naill esgor ar y llall: '"its intellectual hegemony must be the logical consequence" of its economic growth . . .' Cyn Tân Mawr 1871, tlodaidd oedd bywyd diwylliannol Chicago. Ar ôl hynny, dechreuwyd ei gyfoethogi mewn difrif. Cafwyd Llyfrgell Gyhoeddus yn 1874 ac yna Academi'r Celfyddydau Cain yn 1879. Sefydlwyd Cymdeithas Gerddorfäol yn 1890 a rhwng 1892-3 sicrhawyd cartref newydd i'r 'Art Institute', gosodwyd conglfaen yr adeilad a oedd i gartrefu'r Gymdeithas Hanes, sefydlwyd Prifysgol Chicago ac agorwyd Llyfrgell Newberry i'r 'cyhoedd', llyfrgell a fyddai'n gaer 'in the defense of older cultural values and ideals'.[6]

Beth na roesai'r Eisteddfod am noddwr o frid Walter Loomis Newberry, gŵr busnes goludog, cyn-lywydd Cymdeithas Hanes Chicago a chyn-Faer y ddinas a adawodd dros ddwy filiwn o ddoleri er sefydlu llyfrgell ymchwil a oedd i droi'n hafan i'r gwyrda brodorol, Eingl-Sacsonaidd eu diwylliant a geisiai ddiogelwch rhag y mewnlifiad anghyfiaith yn nhras eu cyndeidiau. Wrth ymroi i chwilio'u hachau gallai'r 'transplanted Easterners of Chicago's elite', yn fwy na neb, ymbellhau oddi wrth yr heidiau estronllyd. Gallent brofi eu rhagoroldeb. Lle ar wahân oedd y 'Newberry', dihangfa, 'a place where members of the "cleaner classes could escape from the city without actually leaving it"'. Nid oedd ynddi groeso i Gatholigion ac Iddewon na'r 'demos dimai', chwaith. Byddai goreugwyr y byd eisteddfodol yn deall.[7]

'Does dim dwywaith nad oedd Chicago erbyn y 90au ar drywydd diwylliant, ar drywydd math o lendid a wnâi ryw fath o iawn am yr hagrwch a oedd yn nod amgen cymaint o'r ddinas. 'Roedd gan ddiwylliant lawer i'w guddio, heb sôn am ei harddu. Dinas anhydrin, dreisiol — Sodom o ddinas yn wir — a ddisgrifiwyd gan William T. Stead yn *If Christ Came to Chicago!* (1894) Hi oedd 'the "cloaca maxima" of the world' — twll tin mwya'r byd. Nid llai condemniol oedd agwedd G.W. Steevens: 'Chicago, queen and guttersnipe of cities, cynosure and cesspool of the world! . . . the most American of American cities, and yet the most mongrel; the second American city of the globe, the fifth German city, the third Spanish, the second Polish, and first and only veritable Babel of the age.' Rhaid cofio, wrth gwrs, mai Saeson Fictorianaidd oedd Stead a Steevens. Oddi uchod, yn ôl anian a thuedd, yr edrychent ar y rhelyw o ddaearolion. Eto i gyd, yr oedd yn Chicago ddrygau ddigon i beri i'r mwyaf eangfrydig lyncu poer ac ymarswydo. Rhoes Ffair y Byd awr fawr arall i Satwrnalia'r cnawd.[8]

Nid heb wybod beth i'w ddisgwyl y daeth y Cymry â'u prifwyl i Chicago yn 1893. 'Roedd digon wedi'i ddweud yn y Gymraeg i atal neb rhag credu fod y ddinas yn amlwg gydnaws â'r etheg eisteddfodol, draddodiadol. Yn 1895 datgelodd *Yr Ymdrechydd* fod ynddi 60 mil yn gaeth i opiwm, 40 mil yn ferched digartref, 30 mil yn wleidyddion proffesiynol, 10 mil yn gamblwyr anaele, 60 mil yn gwsmeriaid anniwall salŵns a phuteindai, 28 mil yn gweini arnynt, 7 mil yn dafarnwyr, 10 mil yn lladron a 1,900 yn grwydriaid.[9] Nid dros nos y datblygodd 'scenario' o'r fath, fel y prawf colofnau'r *Drych*.

'Roedd bryntni'r ddinas yn hen destun gresyndod: 'Os oes rhyw fan yn y Talaethau,' meddai un gohebydd yn 1885, 'fydd yn fwy o demtasiwn i'r cholera na'i gilydd yn y wlad yma, Chicago yn sicr yw hwnw. Tref fawr, front, yn llawn llaca, ysbwrial, a thawch cyfoglyd. Mae y croes-strydoedd yn rhy afiach i ddyn chwaethach dynes syber, i feddwl myned ar hyd-ddynt'. Ond gwaeth na hynny, yng ngolwg y Parch. A.E. Kittredge, oedd ei llygredigaeth foesol:

> Nid yw ein gwragedd yn ddiogel rhag y lleidr, ar ein prif heolydd, ganol dydd. Nid yw llindagu ac ysbeilio ond peth sydd yn dygwydd bob nos. Caria tai-dorwyr eu gwaith yn mlaen heb fawr o ofn cael eu cymeryd i'r ddalfa. Gydag ychydig o eithriadau, y mae ein heddlysoedd yn waradwydd i unrhyw gymdeithas wareiddiedig. Y mae llawer o'r barnwyr mewn cyngrair dirgel gyda throseddwyr.

Gwerthir a phrynir eu penderfyniadau; ac y mae dynion i'r rhai yr ymddiriedwyd gweinyddu y cyfreithiau, law yn llaw gyda drwgweithredwyr. Gorchuddir gwisgoedd ein barnwyr gan fudreddi llygredigaeth, nes ydyw y nesaf peth i anmhosibl cael barn gyfiawn oddiar eu llaw.

Nid heb ymdrech ddi-ildio a di-ofn y ceid gwared ar 'yr ymlusgiaid gwaedsugno sydd yn ein handwyo', meddai'r *Drych*, a chyhuddwyd neb llai na'r Maer, Carter Harrison, o fod 'y gŵr sydd i raddau helaeth yn gyfrifol am gyflwr isel y ddinas',

Carter B. Harrison, Maer Chicago
Illustrated London News, 4 November 1893

oherwydd ei 'gyfathrach a hapchwareuwyr a cheidwaid y tyllau mwyaf anllad'. 'Roedd ganddo gymar yn John 'Bathhouse' Coughlin, teyrn-wleidydd y First Ward a elwodd ar Dân Mawr 1871: '"If there wasn't no fire, I might of been a rich man's son and went to Harvard and Yale — and never amounted to nothing."' Dychmyger Cymro yn dweud peth felly! Deuddydd cyn cau Ffair y Byd, saethwyd Harrison yn farw ar 28 Hydref. 'Roedd angen tipyn mwy na chymanfa chwe mis o ddathlu'r doniau da i ddofi Chicago.[10]

Yn wir, nid oedd fawr o obaith i ddim ddofi'r ddinas tra parhâi cynifer o'i thrigolion i fracso byw yn eu meddwdod beunyddiol. Yng ngeiriau'r *Daily News*, a ddyfynnwyd gan y Parch. T.D. Thomas, Red Oak, Iowa ym Mehefin 1889: '. . . the number of arrests for drunk and disorderly conduct in Chicago has increased 53 per cent in the last five years of high license, and the consumption of beer has increased 97 per cent during the same period. The saloon influence was never so potent in politics.' Aralleiriodd, hefyd, sylwadau barnwr a ddyfynnwyd yn *Inter Ocean*: 'Ewch lle y mynoch, a chewch mai "whiskey" sydd wrth wraidd y drwg . . .Gwelais amcangyfrif y dydd o'r blaen, fod 10,000 o fechgyn angenus yn Chicago yn grwydriaid ar hyd y ddinas. Credwyf fod yr amcangyfrif yn isel.'[11]

Y salŵns oedd nythle holl ddrygau'r dinasoedd mawr. Yn 1890 'roedd salŵn ar gyfer pob dau gant o ddynion, gwragedd a phlant. Iddynt hwy yr âi'r anarchiaid i ddeor gwae: 'Nid oes wlad dan yr haul lle llecha cymaint o fradwriaeth, gwrthryfel, a chynlluniau llofruddiog ag yn salwns y Talaethau Unedig . . . Yr haint salwnaidd yma sydd yn ymgeleddu lladron, bradlofruddion, torwyr tai, Anarchiaid, ysbeilwyr, a llofruddion.' Yr un oedd tystiolaeth y Parch. R.H. Evans yn 1890 pan ddywedodd iddo weld mewn un adroddiad fod 30 mil o feddwon dan 16 oed yn Chicago a bod 13 mil o blant wedi'u harestio am feddwi. 'Yr wyf wedi darllen,' meddai, 'fod dim llai na 750 o drêns yn rhedeg i ddinas Chicago ac allan bob dydd. Yma mae cyfoeth, llenyddiaeth, a llygredigaeth y Dalaeth wedi ei grynhoi yn nghyd.'[12]

A'r fath grynhoad! Yn 1890 llyncwyd 1,673,685 o farilau o gwrw yn Chicago. Yn 1893 llyncwyd miliwn yn ychwaneg. 'Roedd drysau rhwng chwech a saith mil o salŵns ar agor led y pen i groesawu'r pererinion a rhyw ddeng mil o buteiniaid yr un mor agored eu chwant amdanynt. Teyrnasai amryw o dywysogion a thywysogesau diawlineb dros eu priod stadau. Michael Cassius

McDonald, 'bounty-broker, saloon and gambling-house keeper, eminent politician, and dispenser of cheating privileges', oedd y 'Boss' ac 'roedd ef a Carter Harrison yn ben ffrindiau. Gwnaeth yr arch-swindler Tom O'Brien a'i bartneriaid dros hanner miliwn o ddoleri cyn i'r Ffair ddod i ben. Gwnaeth Mickey Finn, yntau, ffortiwn fach wrth ysbeilio meddwon diamddiffyn yn y 'Badlands'. Ac ymenwogodd Herman W. Mudgett, *alias* H.H. Holmes, trwy droi Castell Holmes, hangle o adeilad a gododd yn 1892, yn boenydle ar gyfer treisio, arteithio a chigyddio gwragedd a merched a ddôi i'r Ffair. Byddai ynddi hi deml i athrylith diefligrwydd, hefyd, diolch i Mudgett. Ni wyddom hyd heddiw sawl truanes a ddarniwyd gan y llofrudd enbytaf yn hanes Chicago.[13]

Gellid porthi blys mewn llawer man — 'Black Hole', 'Little Cheyenne', 'Satan's Mile', 'Hell's Half Acre', 'Hairtrigger Block' a'r 'Levee'. Nid oedd prinder puteindai — degau ohonynt yn fwystfilaidd frwnt a lladronllyd, megis y rhai yn Custom House Place lle'r oedd enwau Mary Hastings, Big Maud a Black Susan yn gyfystyr â phob trythyllwch. Yr oedd i'w cael, yn ogystal, rai a oedd yn egsotig-ddewisol, rhai a gâi sylw clodforus yn y *Sporting and Club House Directory*. Dyblodd y Negres, Mrs. Vina Fields, ei staff yn 1893. Cyflogai rhwng 70-80 o buteiniaid du eu croen yn unig er boddio cwsmeriaid gwyn. 'Roedd yn fawr ei pharch: 'No one ever filed a complaint against her, she was never raided, and she never paid protection.'[14]

Carrie Watson oedd perchen y 'bordello' gorau yn yr Unol Daleithiau yn 441 South Clark Street: 'a three-story brownstone mansion with five parlors, over twenty bedrooms, a billiard room, and, according to legend, a bowling alley in the basement. The furnishings were luxurious: furniture upholstered in damask, posh carpets, paintings, and tapestries. A three-piece orchestra played daily. Wine costing ten dollars per bottle was brought to the parlors in solid silver buckets and served in golden goblets. The girls serviced their customers atop sheets of linen.' 'Bordello' teilwng o Brifwyl. Yn sicr, nid lle i enaid gael llonydd — onibai, efallai, ei fod yn un o eneidiau'r Orsedd. Ni ddibynnai'r 'Madame' ar ddim coch i ddenu cwsmeriaid. Ymddiriedai mewn parot a dreuliai'i ddiwrnod mewn caets wrth y fynedfa yn crawcian 'Carrie Watson. Come in, gentlemen.' Stamp dimai o beth yw nico Cynan o'i gymharu â'r 'ornithological pimp' hwnnw. Iawn y gwnaeth Gwyn Thomas ganu ei fawl a'i wneud yn un o adar nwyf ein traddodiad barddol. (A chan mai pioden yw pob bardd 'rwy'n maddau iddo am ddwyn ei destun heb gydnabod ei ffynhonnell.)[15] Gan mor lloriol yw'r disgrifiadau o dda a drwg Chicago yn 1893 y mae'n anodd peidio ag amlhau enghreifftiau. Rhaid gwrthsefyll y demtasiwn. Yn 1913, pan oedd wrthi'n ysgrifennu *The Titan*, dychwelodd Dreiser i'r ddinas a wnaethai'r fath argraff arno flynyddoedd ynghynt. Ffrydiodd ei eiriau mewn ymgais i fynegi cyffro'r cofio: 'This singing flame of a city, this all America, this poet in chaps and buckskin, this rude, raw Titan, this Burns of a city! By its shimmering lake it lay, a king of shreds and patches, a maundering yokel with an epic in its mouth, a tramp, a hobo among cities . . Take Athens, oh, Greece! Italy, do you keep Rome! This was the Babylon, the Troy, the Nineveh of a younger day . . . Here hungry men, raw from the shops and fields, idyls and romances in their minds, builded them an empire crying glory in the mud.'[16] Er gwaetha'r ecrwch nid oedd gwadu grym hudoliaeth Chicago ac er cyn lleied oeddent yr oedd digon o Gymry uchelgeisiol yn y ddinas a oedd am gyhoeddi fod cerrynt Cymreictod yn llif y grym hwnnw.

Amcangyfrifai'r Parch. R.D. Thomas (Iorthryn Gwynedd) a gyhoeddodd *Cyflawn Olygfa ar Gymry America* yn 1872, fod yn yr Unol Daleithiau bryd hynny 115,716 o Gymry a fedrai ddeall a siarad Cymraeg, 2,035 ohonynt yn Illinois a 700 o'r rhieni yn Chicago. Yn ôl tystiolaeth yr 'United States Bureau of the Census', 'roedd 267,160 o gyff Cymreig yn yr Unol Daleithiau erbyn 1900, 93,744 ohonynt yn ymfudwyr a 173,416 yn blant a aned i ymfudwyr. O'r cyfanswm hwnnw trigai 11,878 yn Illinois ac 'roedd 5,037 o'r rheini i'w cael yn Chicago. Rhwng 1870 ac 1890 yr oedd poblogaeth y ddinas honno wedi cynyddu o 298,000 i 1,099,850 — cynnydd o 268%. Yn nhermau niferoedd 'roedd Cymry Chicago adeg cynnal Eisteddfod Ffair y Byd yn llai na mesen ym mola hwch.[17]

Ceir golwg gliriach ar eu sefyllfa yn nhrydedd gyfrol *A History of Chicago* gan Bessie Louise Pierce — *The Rise of a Modern City, 1871-1893*. Rhwng 1870-90 cyfrifai ymfudwyr o Brydain, yn Saeson, Albanwyr a Chymry, am ryw 10% o'r boblogaeth dramor-anedig yn Chicago. O'r 10% hwnnw, cyfrifai'r Cymry am .39% yn 1870, .35% yn 1880 a .36% yn 1890. Ni ellid beio'r un ystadegydd am eu hystyried yn 'negligible number'.[18] Ac o gofio pa mor gyflym y tueddai'r holl ymfudwyr o Brydain i ymdoddi i'r gymdeithas Americanaidd gan eu bod o ran iaith, diwylliant ac ymddangosiad mor hawdd eu derbyn, ni ddylem synnu fod y Cymry, a hwythau cyn lleied, mor gymathadwy.

Yn 1890, 'roedd 40.98% o gyfanswm poblogaeth Chicago yn dramor-anedig: 'So many were the nationalities which had so quickly come that the distinction between native and foreign born was not always clearly and appropriately made, and observers remarked that perhaps here on the shores of Lake Michigan might eventually be found the composite photograph of mankind.' Yn 1870 nid oedd y Cymry namyn .19% o holl dryblith Chicago, ac yn 1880 ac 1890 nid oedd eu canran namyn .14% a .15%. Llawn mor ddadlennol yw'r ffaith nad oedd yn 1886 fwy na 154 o Gymry ar gofrestr a ddynodai'r 'Original Nationality of Registered Voters in Chicago'. Rhifai'r Albanwyr 852, y Saeson 2,441 a'r Gwyddyl 11,988. Pan ddiweddarwyd y gofrestr yn 1892 ni chynhwyswyd y Cymry o gwbwl.[19]

Y mae'n hawdd deall, yn wyneb y ffigurau hyn, pam fod Cymrodorion Chicago wedi gobeithio defnyddio utgorn Eisteddfod Ffair y Byd i seinio clodydd y dyrnaid di-sôn-amdanynt a pham fod yr ambell unigolyn a wnâi ei farc ym myd busnes, a gwleidyddiaeth weithiau, i'w gymeradwyo'n ddi-ffael a dibrin. Rhaid cofio na fu'r Cymry erioed o ran niferoedd nac awydd yn grŵp dylanwadol yn Chicago. 'Roedd y 154 o bleidleiswyr a gofrestrwyd yn 1886 wedi'u gwasgaru dros bum ward — 40 ohonynt yn Ward 5, 10 yn Ward 8, 11 yn Ward 9, 14 yn Ward 11, a 27 yn Ward 12. Ni allent wneud dim mewn sefyllfa o'r fath ond ymroi i argyhoeddi eu hunain, waeth beth am neb arall, eu bod yn ddigon os nad oeddent yn fawr.[20]

Pan ysgrifennodd Jay Monaghan am Gymry Chicago yn 1939 dyfynnodd farn y parch. J.V. Morgan am ei gydwladwyr yn ei lyfr *The Cambro-American Pulpit* (1898). Trafodent y pechod gwreiddiol a natur yr enaid ag arddeliad tra'n casáu theatrau, chwaraeon a rasys: '... They are impulsive ... and have a tendency to be obstinate ... envious and vindictive, more religious than moral.' Eu crefydd a glymodd yr ymfudwyr cynnar ynghyd yn ôl Monaghan. Mor gynnar ag 1844 ymgynullent mewn tai preifat yn Chicago i gynnal gwasanaethau Methodistaidd yn Gymraeg ac 'roedd Hebron wedi'i sefydlu erbyn 1845. Cyn diwedd yr 80au 'roedd Bethany (W), Sardis (A) ac Eglwys Gymraeg Undebol Humboldt Park, hefyd, wedi'u sefydlu.

Serch hynny, nid oedd y Cymry yn amlwg ym mywyd y ddinas: 'In Chicago they had been unnoticed among the Irish immigrants, and the newspapers expressed surprise on discovering their real numbers at the time of the fire. In 1872 five relief employment bureaus in the city reported over a hundred dispossessed Welsh families, in spite of the fact that the principal settlement had not been burned'. 'Roeddent yn bobol anymwthiol eu diwylliant a didwrw eu gwleidydda. Pleidleisient yn gyson dros y Gweriniaethwyr: 'A Welshman voting any other ticket was considered "queer" by his countrymen . . . The Whig philosophy of unrestricted commerce, business and laissez-faire — Republican principles in America — seems to have been deeply ingrained in these Liberal Dissenters from the Cambrian Hills.'

Ar ôl y Rhyfel Cartref rhoesant eu ffydd ym mhlaid yr arian, y diwydianwyr wrban, a thalodd hynny i amryw ohonynt ar ei ganfed — yn arbennig felly y rhai a wnaeth yn ddigon da i'w derbyn i gorlannau'r Seiri Rhyddion. Nododd Monaghan yn 1939 fod dros hanner y tri deg o Gymry Chicago a restrwyd yn *Who's Who* yn Seiri: 'Although statistics are not available for a conclusive statement, most Welshmen seem to prefer the Mystic Shriners who at times march through Chicago streets wearing red fezzes and tossing confetti into the faces of the curious.' Maent wrthi o hyd — mewn sawl Chicago.

Cryfderau pobol a oedd yn adeiladol-geidwadol wrth reddf a bwysleisiwyd gan Monaghan, cryfderau pobol a gyfrannodd ymhell tu hwnt i'r disgwyl o ystyried eu nifer: 'As workers in real property, they have belonged almost exclusively to the conservative, steady element in the city's life.' Trwy nerth ewyllys a dycnwch 'roeddent wedi trechu anawsterau lawer yn eu gwlad newydd: 'Materialists always, they have been pioneers, miners, builders, during America's formative period. Easily assimilated but tenaciously holding to their native language, Chicago knows them as practical men — builders and singers.' Buasai Cymrodorion 1893 wrth eu bodd.[21]

Ni roes *Y Drych* lawer o'i ofod i drafod gweithgareddau Cymry Chicago. Pytiog fu'r sylw a gawsant ar hyd y blynyddoedd. Yng Ngorffennaf 1868 cyhoeddwyd ysgrif gan E.R. Lewis ar ôl iddo ymweld â'r ddinas.[22] Yn Bridgeport, rhyw bedair milltir o ganol Chicago, 'roedd gwaith haearn yn cynhyrchu 500 o gledrau'n wythnosol ac yn cyflogi 325 o ddynion a bechgyn, gan gynnwys 30 o Gymry. 'Roedd yno'n ogystal gapel undebol Cymreig dan ofal y Parch. James Thomas o Faesteg, adeilad bychan, digysur a godwyd yn Hydref 1867. 'Roedd y capel a'r tir y safai arno yn werth 1,200 doler ac 'roedd dyled o 400 doler i'w thalu gan 25 aelod, y rhan fwyaf ohonynt yn wragedd. Newydd gyrraedd yr oedd rhai o'r ymfudwyr yn y gynulleidfa dlawd.

Yn y ddinas ei hun 'roedd y Cymry wedi prynu capel gan yr Almaenwyr, capel mawr o goed ac iddo glochdy, goleuadau nwy, seddau ac arnynt glustogau ac 'ingrained carpet' ar lawr. Nis enwir, ysywaeth, a rhaid bodloni ar ddyfalu mai capel i'r Methodistiaid ydoedd. 'Roedd angen adnewyddu'r adeilad a chlirio dyled o filoedd o ddoleri, a bwriadai'r gweinidog, y Parch. David Williams, wneud hynny cyn gynted ag y gellid. Nid gŵr i gyfaddawdu â'r oes oedd ef. Gwrandawodd E.R. Lewis arno gydag edmygedd yn pregethu ar Jeremiah 8:20: 'Y cynaeaf a aeth heibio, darfu yr haf, ac nid ydym ni yn gadwedig.' Cynhesodd ar ei ddifrifwch: 'Y mae yn parhau i bregethu yr "hen wironeddau", heb dalu un sylw i'r rhai ydynt yn "newyddion yn y ffydd", yn yr oes wyllt bresennol, ac yn y ddinas wylltaf yn y byd. Yr oedd ei bregeth yn cynwys llawer o apeliadau difrifol at y gwrandawyr, a gweddïau byrion yn fynych at Dduw, yn ol dull anwyl ein hen dadau, i erfyn arno "wasgu y gwirioneddau pwysig at glonau y bobl".' Ar ei ôl cafodd Lewis wrando, hefyd, ar y Parch. William R. Jones, gweinidog gyda'r Saeson yn Wisconsin, yn pregethu'n ddi-fefl yn Gymraeg am y tro cyntaf er deunaw mis ar Esaiah 9:16: 'A gelwir ei enw ef Rhyfeddol.' Gadawodd Chicago â'i ffydd yng ngrym y weinidogaeth Gymraeg a graen ei gwrandawyr wedi'i chadarnhau: 'Yn sicr yr oedd golwg barchus iawn ar y gynulleidfa luosog oedd yn bresenol.'[23] Y mae'n eironig fod gwobr o 50 doler am farwnad Saesneg i'r Parch. David Williams ar fesur 'Elegy' Gray heb ei hennill yn Eisteddfod Ffair y Byd.

Mae ysgrif E.R. Lewis yn dweud cymaint wrthym am y doniau da yr oedd lleiafrif o fewn lleiafrif i'w harfer yn enw Cymreictod hyd yn oed yn Chicago. Diwydrwydd, difrifwch amcan, parodrwydd i aberthu dros yr 'achos mawr' a pharchusrwydd. Dyna nodau amgen y Cymreictod a oedd i sicrhau ambell werddon hwnt ac yma yng nghanol diffeithwch pechod y ddinas pe câi'r Parch. David Williams ei ffordd. Cafodd gynorthwywr gwir ymroddgar yn y Parchedig Ddr. David Harries, gweinidog gyda'r Presbyteriaid a oedd, erbyn 1887, ar ôl deuddeng mlynedd o lafurio, wedi codi nifer yr aelodau yn ei gapel o 145 i 431. 'Roedd atgyweirio ac adnewyddu'r capel wedi costio 5,200 o ddoleri a chodi tŷ ar gyfer y gweinidog wedi costio 6,300 o ddoleri. Nid oedd y ddyled, fodd bynnag, yn drech na'r achos ac er gwaethaf hinsawdd gelynol Chicago, dan arweiniad gwŷr fel David Williams a David Harries barnai gohebydd *Y Drych* nad oedd gan y Cymry capelgar 'ddim llawer o achos i ofidio a thristau'.[24]

Tystiai Eilon Môn yn Ionawr, 1885, fod y Cymry, er mor wasgaredig oeddent, yn dod ynghyd i addoli 'gyda chysondeb canmoladwy'.[25] 'Roedd graen arbennig ar oedfaon y Parch. David Harries:

Anaml y ceir cynulleidfa o bobl ieuainc mwy golygys a thrwsiadus nag a geir yn eglwys David Harries ... Y mae dylanwad Mr. Harries yn fawr ar bobl ieuainc Cymreig Chicago, tuag at eu tywys i'r moddion a'u meithrin yn athroniaeth ac ofn yr Arglwydd. Y mae y safle yma o ddylanwad wedi costio llafur mawr iddo. Mewn dinas fel Chicago lle mae cynifer o dalentau dysglaer a hyawdledd dysgedigion o'r radd flaenaf yn llanw ei phwlpudau ar y Sabboth, gwelir mai gwaith yw cadw cynulleidfa o bobl ieuainc Cymreig, bywiog ac uchelgeisiol — gwaith mawr iawn i weinidog — rhag ymgolli yn mysg cynulleidfaoedd estronol.

Llwyddai David Harries i'w cadw trwy gynnal Ysgol Sul a Gobeithlu a chyfarfodydd llenyddol sionc, a thrwy sicrhau, hefyd, fod safon y canu dan ofal y Proffeswr John P. Jones yn nodedig. Llafur gŵr o'i ansawdd ef a gyfiawnhâi dweud 'fod Cymry Chicago yn ymdrechgar iawn gyda'r gwaith o ddiwallu y meddwl a'r enaid'.

Ond mae'n ddi-os nad oedd gan fwyafrif y Cymry a wnaethai eu cartref yn Chicago fawr ddiddordeb yn y diwylliant capel-ganoledig. Maentumiwyd yn Y Drych yn 1892 mai un fil yn unig o'r deuddeng mil ohonynt yn y ddinas a oedd yn aelodau mewn capel neu eglwys. I ble'r âi'r gweddill ar y Sul? Cwynai Dafydd Rhisiart yn 1888 fod gormod ohonynt yn dilyn 'baseball': 'O Gymry anwyl, na fynychwch y chwareufeydd hyn.' Ac yn waeth na dim âi gormod ohonynt i ddiota. Uwchben 'un o byrth uffern' y ddinas gwelsai'r geiriau, 'Cymru am byth, a'i mynyddoedd i mi'. Ni allai ond ymbil: 'Fechgyn ieuanc hynaws ac anwyl, ni welwch Gymru anwyl na'i mynyddoedd yn dragywydd os parhewch i wario eich arian, eich amser, a'ch nerth mewn lleoedd mor felldigedig. Ni feddyliodd y bardd anfarwol i'r geiriau cysegredig a swynol uchod erioed gael eu hongian uwchlaw preswylfeydd y fall.'[26]

Gresyn na wyddom fwy am fucheddau'r ymfudwyr cyfeiliorn. Rhoes y diwylliant swyddogol daw arnynt. Fel y nodwyd eisoes cyhoeddai geneuau'r diwylliant hwnnw nad oedd Cymry i'w cael ymhlith colledigion crwydr y ddinas. Pan fu'n sôn am y tlodi creulon a oedd i'w weld ar bob llaw yn 1888 sylwodd Eilon Môn yn ddigofus ar y 'bums', y 'gwehilion dynol' a oedd 'yn lloffa eu bywoliaeth o ddydd i ddydd yn y ddinas, gan mwyaf trwy anonestrwydd a lladrad'. Ond 'roedd ganddo newyddion da i'w cyhoeddi i'w gydwladwyr: 'Y mae yn ddywenydd genyf allu dweyd, pa fodd bynnag, nad wyf yn gwybod am un Cymro yn mysg y 'bums', nac mewn tlodi gwaradwyddus yn y ddinas. Y mae yma Gymdeithas Elusengar, yr hon sydd bob amser yn barod i estyn unrhyw gynorthwy i'r anghenus yn mhlith ein cenedl, os bydd rhyw fath o deilyngdod yn yr ymgeisydd. Y mae y gymdeithas hon wedi ac yn bod o fendith annhraethol i'n cenedl, ac fel y cyfryw dylai gael ei gwerthfawrogi a'i chynal genym. Yn yr ystyr yma, yn ogystal ag ystyriaethau pwysig eraill, y mae cymeriad y Cymry yn uchel iawn yn Chicago.'[27] Arddelid tlodion Cymreig haeddiannol — dyna'r drefn eto fyth.

Sefydlwyd y Cambrian Benevolent Society yn 1853 a dathlodd ei chanmlwyddiant yn 1952. Yn 1939 yr oedd ganddi 2,500 o aelodau — bron hanner poblogaeth Gymreig y ddinas. Ar ddechrau 1889 ceir sôn amdani'n paratoi i ddathlu Dygwyl Dewi. Yr oedd erbyn hynny'n cadw ei chofnodion yn Gymraeg a gellid tybio fod rhyw gymaint o frwdaniaeth 'Cymru Fydd' wedi gafael ynddi. Bwriadai ddathlu'n anarferol o falch yn 1889: 'Mae yma filoedd lawer o'n cydgenedl wedi ymgolli yn hollol i bethau Cymreig, er hyny, hawdd fyddai "cynau tân ar hen aelwyd", pe gallem lwyddo i roddi ar ddeall iddynt am gyfarfod Dydd Gwyl Dewi.' Daeth dros 500 i'r cyfarfod a drefnwyd yn Neuadd Berry lle bu'r gŵr da o Pullman, Mr. Samuel Job, yn annerch. 'Roedd pethau'n argoeli'n dda i'r Gymdeithas dan ei llywydd newydd, Mr. Evan J. Roberts, ond serch hynny, er gwaethaf sbloet Dygwyl Dewi 1889, ni fu'r Gymdeithas erioed yn ffocws i weithgarwch diwylliannol Cymraeg yn Chicago. Er mor ddaionus ei hamcanion (neu gan mor ddaionus ei hamcanion, efallai), ni ellid ei galw yn gymdeithas boblogaidd, ond y mae'n siŵr y byddai'i chynheiliaid yn ymfalchïo yn y ffaith iddynt, er 1853, geisio darparu ar gyfer eu cydwladwyr anghenus. Wedi'r cyfan, nid tan 1887 y sefydlodd Jane Adams y cartref, Hull House, a ddaeth yn sumbol gwiw o'r dyngaredd a fynnai gynnig lloches rhag adfyd eithaf Chicago.[28]

Ni raid amau, felly, nad oedd sefydlu Cymdeithas y Cymrodorion mewn cyfarfod yng ngwesty'r Grand Pacific, 23 Hydref 1890, yn ddigwyddiad o bwys yn hanes Cymry Chicago. Nid oeddent cyn hynny, hyd y gwyddom, wedi meddwl am greu dim mor uchelgeisiol. Ymhlith yr hanner cant o Gymry brwd a ddaeth ynghyd, yn ôl yr hanes, yr oedd rhai o gyfreithwyr a masnachwyr parchus y ddinas. Galwodd Samuel Job ar Apmadoc i ddarllen y rheolau a ffurfiwyd ymlaen llaw gan bwyllgor apwyntiedig, ac ar ôl eu hystyried fe'u derbyniwyd. Penodwyd Samuel Job yn llywydd; W.E. Powell (Gwilym Eryri) a'r Parch. D.J. Davies (Bismark) yn is-lywyddion; Apmadoc yn ysgrifennydd cyffredinol; E.G. Lloyd (Llwydfab) yn ysgrifennydd cofnodion ac Evan Lloyd yn drysorydd. Penderfynwyd y byddai'r llywydd yn gyfrifol yn y cyfarfod nesaf am ethol naw cynghorydd i ffurfio pwyllgor gwaith gyda'r swyddogion, a chyn terfynu'r noson etholwyd Richard Roberts (Tenorydd Machno) yn Rhingyll y Gymdeithas — rhag ofn y byddai gofyn cadw trefn. Sôn am 'sinecure'!²⁹

Ar 3 Tachwedd cyfarfu'r Cymrodorion am y tro cynta'n swyddogol yng ngwesty'r Grand Pacific. 'Roeddent wedi penderfynu cyfarfod yn fisol. Etholwyd naw cynghorydd yn ôl y bwriad, sef R.O. Davies (Moriog); Thomas Owens; Rhisiart Ddu o Fôn; Thomas Williams; John W. Owen; D. Charles Harris; Owen R. Williams; Hugh R. Jones a John Edwards. Gwahoddwyd, yn ogystal, nifer o 'enwogion' i fod yn aelodau mygedol ac yna eisteddwyd i fwynhau'r cinio a roddwyd iddynt gan R. Jones, Lake Street. Cyn ymadael gwrandawyd ar Lewis Glyn Dyfi yn darllen papur ar 'Elvet Lewis, y Bardd' a'r cyfreithiwr, D.V. Samuels, yn darllen barddoniaeth. 'Roedd ef newydd symud ei swyddfa i'r ddinas ac yr oedd yn aelod o bwys: 'Efe yw y gwr sydd i osod sel gyfreithiol Talaeth Illinois ar Gymdeithas y Cymrodorion.'³⁰

I'r ail gyfarfod ar 1 Rhagfyr daeth dau aelod newydd, y Parch. Rees Lloyd, un o wŷr mwyaf huawdl y Dalaith, ac Alexander Jeff Smith o swyddfa'r Grand Trunk Rail Road: 'Teimla y Cymrodorion yn falch o gael hyd i foneddwr mor siriol a chenedlgarol a Mr. Smith, yr hwn a ddatguddiodd ei hun trwy iddo weled hanes y Gymdeithas yn y *Tribune*. Credir fod yma ganoedd o Gymry cyffelyb ar goll megys yn nhrobyllau masnachol byth-gynyrfus y ddinas, y rhai y ceisiai y Cymrodorion eu cael allan i ddefnyddioldeb cymdeithasol a llenyddol.' Cafodd Mr. Smith glywed y Parch. Ellis Roberts yn traethu ar 'Metempsychosis as held in common by Druids and Brahmins' — ac ymuno yn y gymeradwyaeth mae'n debyg. Cafodd godi llaw, hefyd, dros y penderfyniad i wobrwyo'r darllenwr gorau ar yr olwg gyntaf â llyfr diweddaraf Cynonfardd a oedd wedi datgan ei gefnogaeth i'r gymdeithas: 'Your

Cymrodorion Society has the appearance of life and thrift. May it succeed.' Ac mae'n debyg iddo'i chodi drachefn o blaid cynnal cyfarfod Nos Galan yn y First M.E. Church pan fyddai D.V. Samuels yn darllen papur ar 'Emerson', a'r llywydd, Samuel Job, ynghyd â'r Parchedig Ddr. W.C. Roberts a'r Parch. Jenkin Lloyd Jones, Eglwys yr Holl Eneidiau, yn annerch. Dôi atynt nifer o gantorion ac offerynwyr, yn ogystal â Chôr Meibion Arvonia a'r adroddreg, Maggie Jones, i goroni'r noson na allai beidio â bod yn llwyddiant: 'Am 7 o'r gloch — awr gron cyn y canu a'r siarad — rhoddir "Reception" Cymrodorol yn Neuadd Ddarlithiol yr un Eglwys, pryd y dysgwylir tyrfa odidog o Gymry ac Americaniaid yn nghyd, a lle y gall Cymry South Chicago, Cummings, Pullman, Evanston, Oak Park, Braidwood, etc., gyfarfod a Chymry y ddinas, fel y dywedir, ac ymgydnabyddu.'[31]

Bu'r noson cystal â'r disgwyl. Areithiodd y Parchedig Ddr. W.C. Roberts ag arddeliad mawr: 'Cododd y brwdfrydedd Cymreig eto cyfuwch a'r Wyddfa, ac ymarllwysodd dros yr holl wlad.' Hwyrach ei fod wedi'i ysbrydoli gan yr hyn a ddigwyddasai'r prynhawn hwnnw. Cafodd dirprwyaeth ar ran y Cymrodorion fynd i'r 'Auditorium' i gwrdd â Mr. a Mrs. H.M. Stanley a chyflwyno basgedaid o flodau i'r Gymraes 'genedlgarol iawn' a adroddodd 'Nant y Mynydd' yn deimladwy. Yn ôl yr hanes, 'roedd yn flin gan Stanley na fedrai ef a'i briod ymuno â'r Cymrodorion i ddathlu'r Calan, ond 'roedd y ddirprwyaeth — Mr. a Mrs. Samuel Job, Mrs. Griffiths, Apmadoc a Mr. Joseph Edwards — yn fwy na diolchgar am hanner awr o'i amser.[32] Efallai iddynt anghofio, am y tro, nad oedd Stanley fel arfer yn arddel ei dras Cymreig. Ta waeth, cafwyd noson fawr.

Dyna'n gryno a ddigwyddodd yn ystod tri chyfarfod cyntaf Cymrodorion Chicago yn ôl adroddiadau'r *Drych*. Y mae, wrth gwrs, un penderfyniad hollbwysig heb ei nodi eto. Nid yw'r *Drych* yn manylu, ni wyddom faint o drafod a fu ar y mater, ond gwyddom fod y Cymrodorion wedi penderfynu erbyn Ionawr 1891 fod yn rhaid cael Eisteddfod yn Ffair y Byd. O hynny hyd at fis Medi 1893 ymroesant yn llwyr i sylweddoli'r freuddwyd — sef cynnal Prifwyl yn Chicago

> Ar eangdir gwlad bellenig,
> Sydd gan Gymry'n fabwysiedig . . .

a sicrhâi glod didraul i'r genedl.

Cyn diwedd y flwyddyn 1891 'roedd Cymdeithas y Cymrodorion, diolch i D.V. Samuels, wedi'i hymgorffori'n unol â

gofynion cyfraith Illinois. Yr oedd yn rhaid iddi wedyn sefydlu
Bwrdd o Gyfarwyddwyr, 'seithwyr diogel a da, i hyfforddi ac
awdurdodi y swyddogion yn yr holl fudiad, y rhai hefyd sydd a'r
awdurdod i ethol swyddogion a phwyllgorau.' Dyma'r seithwyr a
etholwyd gyntaf: Samuel Job, Pullman yn llywydd; T.J. Griffiths,
perchennog *Y Drych*, Utica; W.J. Jones, Emporia, Kansas; W.E.
Powell (Gwilym Eryri), Milwaukee, Wisconsin; R. Jones, Chicago;
R.W. Owen, Chicago a W.H. Phillips, Chicago. Etholodd y Bwrdd
R. Jones a W.H. Phillips yn is-lywyddion (cyntaf ac ail); D.V.
Samuels yn gyfreithiwr mygedol; Apmadoc yn ysgrifennydd
cyffredinol; E.G. Lloyd yn ysgrifennydd cofnodion; D.C. Harris
yn ysgrifennydd ariannol ac Evan Lloyd yn drysorydd. Â'r Bwrdd
yn gyflawn gellid sefydlu Pwyllgor Gwaith yn ddi-oed a gallai
hwnnw'n ei dro sefydlu'r is-bwyllgorau a fyddai'n gyfrifol am
wahanol adrannau'r Eisteddfod. Aeth y fenter rhagddi'n bwrpasol
ac yn Nhachwedd 1891 daeth llythyr at Apmadoc yn enw'r
Archdderwydd, Clwydfardd, yn dymuno'n dda i'r Cymrodorion
gan eu sicrhau fod Gorsedd y Beirdd a Chymdeithas yr
Eisteddfod Genedlaethol o'u plaid. 'Roedd yn wir iddynt ofyn yn
ofer am gynnal 'y Genedlaethol' yn Chicago yn 1893, ond 'roedd
yr Archdderwydd ei hun wedi rhoi sêl ei fendith ar eu
Heisteddfod arfaethedig ym Mhrifwyl Abertawe ym Medi 1891, ac
'roedd yr Anrhydeddus E.R. Jones, y cyn-Gonswl dros yr Unol
Daleithiau yng Nghaerdydd a William James o Efrog Newydd
hefyd wedi siarad drosti. Ewyllysiai eisteddfodwyr yr Hen Wlad
les a llwyddiant Cymry Chicago heb os.[33]

Pan gyhoeddwyd Rhaglen Swfenîr Eisteddfod Ffair y Byd
'roedd nifer aelodau'r Cymrodorion dan lywyddiaeth Samuel Job,
heb ferch ar eu cyfyl, yn 98, gan gynnwys pum gŵr Parchedig.
'Roedd gan y gymdeithas yn ogystal 126 o aelodau mygedol, yn
cynnwys Mabon, Elfed, Syr John Puleston, yr Archddiacon John
Griffiths, Pencerdd Gwalia, Vincent Evans, Idriswyn a Mrs. Anna
Walter Thomas — yr unig wraig i'w harddel. Saesnes o Suffolk a
ddysgodd y Gymraeg mor drylwyr ag y dysgodd sawl iaith arall
oedd Anna Thomas (1839-1920), priod y Canon Walter Thomas,
Ficer Eglwys y Santes Ann, Mynydd Llandegái. Fe'i derbyniwyd
yn aelod o'r Orsedd yn 1888, a rhoi iddi'r enw Morfydd Eryri er
cydnabod ei dawn lenyddol a'i hawydd i ddiwygio'r Eisteddfod.
Hyd yn oed pe na bai mor alluog, go brin y teimlai hi'n
ddiamddiffyn ymhlith yr holl ddynion gan iddi gael ei chodi yr
ieuengaf o ugain o blant. At hynny, daethai o fewn un bleidlais i

gipio Cadair Ieithoedd Modern, Coleg Prifysgol Bangor, yn 1884. Nid ofnai batriarchiaeth.[34]

O'r 125 aelod mygedol arall 'roedd yn eu plith 38 Anrhydeddus, 3 Aelod Seneddol, 11 Parchedig (pump ohonynt yn Barchedig Ddoctoriaid), 4 Athro, 4 Doethur (gan gynnwys Dr. Whyte Glendower Owen, White Castle, Louisiana — un o ddisgynyddion Goronwy Owen), 1 Cyrnol ac 1 Capten. Prin fod gofyn dweud fod Cymrodorion Chicago yn gasgliad o Gymry teilwng iawn a graen llwyddiant arnynt a marc uchelgais weddaidd ar eu buchedd — Buchedd A, wrth gwrs. Ymgorfforent barchusrwydd solet y dosbarth canol; 'roeddent yn ddiwyd a llednais a dibynadwy.

Ystyrier rhai o'r arweinwyr. 'Roedd y llywydd, yr Anrhydeddus Samuel Job, yn arolygwr cyffredinol Gwaith Haearn a Dur Pullman. Gŵr o sir Frycheiniog ydoedd a ymfudodd i Cleveland, Ohio, yn 1871 i arolygu'r River Side Iron Works. Am gyfnod bu'n bostfeistr dinas Pullman hefyd. 'Roedd yn dalp o ddeilyngdod Cymreig. Un o'r ddau is-lywydd oedd Gwilym Eryri, brodor o Feddgelert a sefydlodd drefedigaeth Gymreig o'r enw Powell yn Ne Dakota. Carai farddoni a gallai ymwneud â'r awen heb esgeuluso'i waith fel 'General Immigration Agent for the Chicago, Milwaukee and St. Paul Railroad Company', swydd a ddefnyddiodd er mwyn hysbysebu Eisteddfod Ffair y Byd ar hyd a lled y Gorllewin. Y trysorydd oedd Evan Lloyd, hen lanc o

Yr Anrhydeddus Samuel Job,
Llywydd Cymrodorion Chicago

Rhaglen Swfenîr

Gardi a ddangosodd ei orchest pan agorodd 'Lloyd's', ystordy 'Dry Goods' ysblennydd yn 142-4 South State Street, Chicago, yn 1883. Cyflogai 45 o glercod a thalai rent o 10 mil o ddoleri'r flwyddyn. Ymgorfforai efengyl Samuel Smiles ac i'w gyd-Gymry 'roedd yn gymorth hawdd ei gael. Dymunai'i edmygwyr iddo fod yn 'fendith i'w genedl trwy ei holl oes', heb anghofio 'Duw ei dadau'. Mae'n debyg i'w dymuniadau gael eu gwireddu.[35] Ysgrifennydd y Cymrodorion, fel y dywedwyd, oedd Apmadoc. 'Roedd yn ffigur trawiadol: 'Professor Madoc was a man with proud carriage and long hair curling on his shoulders. "He is beautiful as Buffalo Bill," people said of him.' Cynrychiolai Gymreictod alltud America i'r dim. Ganed William Apmadoc (1841-1916) ym Maesteg ac ymfudodd gyda Llew Llwyfo ar yr agerlong 'Manhattan' ym mis Medi 1868. Cerddor ydoedd yn bennaf, ond bu'n fardd, yn olygydd y *Columbia* ac yn gyhoeddwr o bryd i'w gilydd. 'Roedd yn annichon i neb arall gael ei ddewis yn ysgrifennydd cyffredinol Eisteddfod Ffair y Byd. Rhwng 1872-4 bu'n gyfrifol gyda T. Solomon Griffiths, Utica am gyhoeddi a golygu *Blodau'r Oes a'r Ysgol*, cylchgrawn crefyddol-ddirwestol i blant. Fel cerddor proffesiynol bu'n Gyfarwyddwr Cerdd Ysgolion Uwch Chicago, yn hyfforddwr cerdd yn y William H. Sherwood School of Music ac yn gantor yn Eglwys yr Holl Eneidiau. Fel unawdydd ac arweinydd corau a beirniad, ymuniaethai'n llwyr â'r diwylliant eisteddfodol-gyngherddol a phan sefydlwyd Gorsedd America yn 1913 yr oedd ganddo ef, wrth gwrs, ran flaenllaw yn y gwaith. Ymwelodd ag Eisteddfod Genedlaethol Abertawe, 1907, a rhoes ddarlith 'truly elevating' ar 'The Welsh in America'.[36]

Mae'n deg ystyried Samuel Job, Gwilym Eryri, Evan Lloyd ac Apmadoc yn ffigurau cynrychiadol. 'Roeddent wedi derbyn gwerthoedd masnachol yr Unol Daleithiau heb fwrw heibio'u cenedlgarwch. 'Roedd yn dda ganddynt gael eu gweld fel Cymry Americanaidd a gawsai flas ar lwyddo. Gyda chymeriadau o'r fath yn arwain gallai gwŷr syber, megis yr Anrhydeddus Thomas L. James, Efrog Newydd, Llywydd Banc Cenedlaethol Lincoln; yr Anrhydeddus Ellis H. Roberts, Efrog Newydd, Llywydd Banc Cenedlaethol Franklin; yr Anrhydeddus H.M. Edwards, Scranton; yr Anrhydeddus Anthony Howells, Massillon, Ohio, Conswl yr Unol Daleithiau yng Nghaerdydd; yr Anrhydeddus John Jarrett, Pittsburgh, Conswl yr Unol Daleithiau yn Birmingham ac ysgrifennydd yr American Tinned Plate Association a'r Parchedig Ddr. W.C. Roberts, gŵr cyflawn o ddysg a urddwyd yn Llywydd

THE VOICE IN SONG AND SPEECH.

Voice-Culture

AND

SINGING.

HARMONY

AND

Elocution.

W. AP. MADOC.

PRESS COMMENTS:

"Chicago is to be-congratulated upon the acquisition of such a man as Mr. Apmadoc, with his fine abilities, varied attainments, and spotless character. He has displayed remarkable elocutionary talent. Many of our best vocalists have been his pupils."—*Utica Morning Herald.*

"It can be safely said that Prof. Apmadoc has the rare faculty of inspiring his pupils to aim for the highest attainments in musical culture."—*Utica Daily Press.*

"Apmadoc delighted the audience (at Chickering Hall) with some curious feats of vocalism, and excited general merriment and applause."—*New York Times.*

"Mr. Apmadoc made a great success. The singer's advantage of clearness of voice, purity of tone and power of expression, were very manifest."—*Boston Daily Globe.*

Applications can be received at all the principal Music Rooms of Chicago.

Llyfrgell Genedlaethol Cymru

William Apmadoc

Rhaglen Swfenîr

Yr Anrhydeddus Anthony Howells

Rhaglen Swfenîr

Y Parchedig Ddr. William C. Roberts
Rhaglen Swfenîr

Y Parchedig Ddr. T.C. Edwards
(Cynonfardd)
Rhaglen Swfenîr

Y Parchedig Ddr. Fred Evans (Ednyfed)
Rhaglen Swfenîr

Yr Anrhydeddus H.M. Edwards
Rhaglen Swfenîr

Yr Anrhydeddus David Richards

Rhaglen Swfenîr

Dr. Whyte Glendower Owen,
gor-or-ŵyr Goronwy Owen

Rhaglen Swfenîr

Prifysgol Lake Forest, Illinois, ym Mehefin 1887, arddel y Cymrodorion yn ddibetrus. Yn wir, 'roedd y Barnwr H.M. Edwards yn un o'r tri a fu'n arwain Eisteddfod Ffair y Byd — y Parchedig Ddr. T.C. Edwards (Cynonfardd) a'r Parchedig Ddr. Fred Evans (Ednyfed) oedd y ddau arall — a bu'n dda gan Thomas L. James, Ellis H. Roberts, Anthony Howells, John Jarrett a W.C. Roberts eu cynnwys fel llywyddion i'r gwahanol sesiynau yn y Rhaglen Swyddogol. Am Jarrett y dywedyd ei fod, er yn undebwr, yn Gristion cywir na wnâi fyth dorri deddfau'i Dduw.[37]

Yn sicr ddigon nid oedd y Cymrodorion yn brin o barch a bri. Ond fel pe na bai'r urddasolion a enwyd eisoes yn ddigon o warant 'roedd hefyd ar restr y llywyddion y Barnwr Noah Davis, Efrog Newydd; y Llywodraethwr Arthur L. Thomas, ·Utah; yr Anrhydeddus G.R. Davis, Cyfarwyddwr Cyffredinol Ffair y Byd; yr Anrhydeddus David Richards, Knoxville, Tennessee; Dr. Whyte Glendower Owen; yr Anrhydeddus Carter H. Harrison, Maer Chicago; y Bonwr R.T. Morgan, Oshkosh, Wisconsin — Cardi o dref Aberteifi a ymfudodd yn 1833 pan oedd yn bedair oed ac ar ôl ymsefydlu fel saer coed yn Oshkosh yn 1855 a agorodd ffatri 'door and sash' a llwyddo yn nannedd pob rhwystr, efallai am ei fod yn ddiacon gyda'r Annibynwyr ac yn ddirwestwr taer a lafuriai dros y Feibl Gymdeithas a'r Temlwyr Da; Mr. Potter Palmer, un o filiwnyddion mwyaf llachar Chicago ac un o islywyddion Corfforaeth Ffair y Byd; a'r Parchedig Ddr. W.T. Lewis, St. Louis. Y gwir yw i nifer dda o'r rhain dorri eu cyhoeddiad ond yr oeddent i gyd wedi addo llywyddu. 'Roedd eu henwau i lawr yn brawf o'u cefnogaeth. Ni ellid gwadu hynny.[38]

Gan wybod fod parchusrwydd solet yn gefn iddo, ymdaflodd Apmadoc i'r gwaith o hysbysebu'r Eisteddfod. Yn Hydref 1891 aeth ar daith i'r Dwyrain i ennyn diddordeb yn Pittsburgh, Johnstown, Wilkes-Barre, Scranton, Efrog Newydd, Philadelphia a Youngstown. 'Paratowch' oedd ei siars ym mhobman. Fe'i dilynwyd gan Gwilym Eryri a John Edwards, golygydd y *Columbia*, yn 1892. Defnyddiai'r newyddiadur hwnnw i hybu'r achos ac yng Nghaerdydd defnyddiai Idriswyn golofnau'r *News of the Week* yn glochaidd. Ar y dechrau, 'roedd *Y Drych*, hefyd, yn barod iawn i annog a pherswadio ond oerodd y newyddiadur hwnnw at y fenter yn 1892 ar ôl i 'Cymro Gwyllt' haeru fod cred ar led yng Nghymru fod tynged y prif gystadlaethau eisoes wedi'i setlo. Yng Ngorffennaf 1892, ar sail honiadau William Hughes o Chicago a William James o Efrog Newydd, cyhoeddodd y *New York World* fod Apmadoc a Gwilym Eryri yn arweinwyr clic a oedd yn trefnu pethau er eu lles eu hunain. Fe'u cyhuddwyd o 'malpractice' a rhoes *Y Drych* sylw golygyddol i'r gollfarn na wnaeth ddim i'w thawelu. Waeth beth am sylwedd yr honiadau fe wnaethant eu gwaith. Crewyd sgandal i drwblu'r dyfroedd eisteddfodol: 'roedd yn rhaid i rywun wneud.[39]

Aeth y paratoadau yn eu blaen, fodd bynnag. Nid oedd dim un gecraeth i rwystro'r fenter. Gellid tybio y byddai'r Cymrodorion yn erbyn agor y Ffair ar y Sul, fel y dadleuodd *Y Drych* ym mis Medi 1891, ond rhywsut neu'i gilydd cafodd y trefnwyr eu bod o blaid y ddadl fasnachol a oedd yn erbyn ei chau. Ar ôl corffori Bwrdd y Cyfarwyddwyr ym mis Tachwedd 1891, a sicrhau stoc cyfalaf gwerth 25 mil o ddoleri, aed ati i annog cefnogwyr i brynu cyfranddaliadau gwerth deg doler yr un. Yn ôl y Rhaglen Swfenîr ni phrynwyd mwy nag 841 ohonynt — a chymerwyd 550 o'r rheini gan 21 o gyfranddalwyr. Dengys mantolen yr Eisteddfod fod stoc gwerth 6,790 o ddoleri wedi'i brynu a derbyniwyd 4,804.33 o ddoleri yn rhoddion. Dim ond Evan Lloyd, y Cardi, o blith y Cymry da eu byd a gyfrannodd fil o ddoleri. Ymhlith y cyfranddalwyr nid enwir ond dau o Gymru, sef Dafydd Morgannwg a William Jones o Gaerdydd a brynodd bobo gyfranddaliad. Ni cheir enw neb o Gymru ar restr y cyfranwyr rhoddion. Petai'r Eisteddfod yn fenter Wyddelig fe fyddai'r stori wedi bod yn dra gwahanol. Nid unwaith na dwywaith yr edliwiodd *Y Drych* eu crintachrwydd i'r Cymry o'u cyferbynnu â'r Gwyddyl a oedd bob amser mor barod i wario ar eu cenedlgarwch.[40]

A gadael cyfrifon o'r neilltu am y tro, rhaid nodi fod y Cymrodorion wrth baratoi ar gyfer eu Prifwyl yn gallu edrych ymlaen yn hyderus wrth edrych yn ôl yn falch ar ddwy eisteddfod a oedd wedi profi nad oedd amgylchedd Chicago yn wenwyn i'r diwylliant Cymraeg traddodiadol. Rhoesai'r ddinas groeso i Eisteddfod y Gorllewin yn 1878 ac 1890. Yn 1878 fe'i cynhaliwyd ar ddydd Nadolig yn Neuadd Farwell pan enillodd Carnelian 30 doler am awdl ar 'Dinystr Chicago'. Rhoddwyd 30 doler, hefyd, am draethawd ar 'Pwysigrwydd Sefyllfa Rhieni yn eu Perthynas a'u Plant'. Yr areithydd a wnaeth yr argraff fwyaf oedd y Parch. David Harries a draethodd ar y tair rhinwedd a oedd yn anhepgorion y cymeriad Cymreig — sobrwydd, cyfiawnder a geirwiredd. Hebddynt, peidiai'r cymeriad hwnnw â bod.[41]

Yn 1890 fe'i cynhaliwyd yn y Central Music Hall, cartref Coleg Cerdd Chicago, ac yr oedd *Y Drych* am i'r trefnwyr arddangos tegwch y Cymry gerbron estroniaid: 'Dangoser iddynt mai cenedl ydym wedi ein dyrchafu o ran ein chwaeth uwchlaw mynychwyr rhedegfeydd ceffylau, ymladdfeydd a phaffio, a chwareuon.' Dan arweiniad Samuel Job sicrhaodd y pwyllgor gwaith nawdd yr Anrhydeddus De Witt C. Cregier, Maer Chicago; Marshall Field; George M. Pullman a'r Parchedig Ddr. W.C. Roberts. Tri llywydd yr Eisteddfod oedd Samuel Job ei hun, y Maer a W.C. Roberts a'r ddau arweinydd oedd Apmadoc a Gwilym Eryri. Ymhlith yr 'artistes' 'roedd y bariton o'r Rhos, James Sauvage, a oedd yn aelod mygedol o'r Cymrodorion yn 1893, a'i fab, Tonzo, y pianydd. 'Roedd yntau, Apmadoc, wrth gwrs, yn denor hur a daeth hithau Madame Josephine Chatterton, Cyfarwyddreg Telyn Coleg Cerdd Chicago, â'i band telynau — sef y 'distinguished Society Ladies' a oedd yn efrydwyr iddi — i ychwanegu graddau o ledneisrwydd i'r cyngherddau. 'Roeddent i chwarae'r un rhan yn Eisteddfod Ffair y Byd.[42]

Y mae'n arwyddocaol na chynhyrchwyd dim o bwys llenyddol yn Eisteddfod 1890. Er cynnig gwobr o 100 doler am awdl ar 'Y Gristionogaeth' ni chafodd Aneirin Fardd neb yn deilwng ohoni. Dim un awdl deilwng ar 'Y Gristionogaeth'! Gwatwarodd y Parch.

Madame Josephine Chatterton

Rhaglen Swfenîr

G. Griffiths yr olygfa ar y llwyfan. Taflodd Gwilym Eryri 'ei gob "lo'wddu bits"' dros y Gadair wag: '"Master Stroke" yr holl gyfarfodydd, a roddes y dorf siomedig ar unwaith mewn tymer dda.' O'i gweld mewn mwrnin 'chwarddai tair mil, mwy neu lai, o bobl mor nwyfus, calonog, a thyrfus ag y clybuwyd Gwyddelod erioed, mewn "jolly Irish wakes" yn Cork a Kilkenny — Gwilym oedd y "lone mourner". Edrychai mor ddigysur a phe buasai yn eneinio Bedd Gelert â'i ddagrau. Ofnwn y cyflawnai Harri Karri "in a true Chinese fashion . . ."' Mae'n amlwg fod yna un gweinidog o leiaf nad oedd methiant 'Y Gristionogaeth' i ysbrydoli'r beirdd yn ofid iddo. Ni ddyfarnwyd mo'r wobr 30 doler am gywydd i 'Llyn Michigan' chwaith na'r wobr 10 doler am gyfieithu i'r Gymraeg 'The Character of Washington' (Charles Phillips). Enillwyd y gwobrau 50 doler a 25 doler am bryddestau coffa i Nefydd a'r Parch. David Williams, Chicago ond nid cerddi i'w brolio mohonynt.[43] 'Doedd gan yr awen fawr i'w ddweud wrth 'Porkopolis' yn 1890.

Cafodd y traethodwyr well derbyniad. Dyfarnwyd y brif wobr o 100 doler am draethawd Cymraeg neu Saesneg ar 'Datganiad Annibyniaeth Unol Dalaethau America' i'r Parch. T.G. Jones (Tavalaw), Antrim, Pennsylvania a'r 50 doler am draethawd Cymraeg neu Saesneg ar 'Sefyllfa Cymdeithas yn ngwyneb Anghysondeb Deddfau Talaethol mewn perthynas a Phriodas ac Ysgariaeth' i'r Parch. John Morgan Thomas, Alliance, Ohio. 'Roedd llunio traethawd Cymraeg neu Saesneg ar 'Gwir Safle Menyw mewn Cymdeithas' wedi'i gyfyngu i Gymryesau a rhannwyd y wobr 20 doler rhwng Mrs. E. Conway Davies, Efrog Newydd a Mrs. William Jones, Chicago.[44]

Y cerddorion a'r cantorion, fel arfer, a ddenai'r miloedd ac o'r deuddeg cystadleuaeth a restrir dan 'Datganiaeth' yn y rhaglen 'roedd pedair yn gofyn canu darnau gan J.P. Jones, David Jenkins, Brinley Richards, a Gwilym Gwent. 'Roedd 500 doler i'r côr cymysg gorau rhwng 60-75 o leisiau am ganu 'As the hart pants' (Mendelssohn) a 'Then, Round About the Starry Throne (*Samson*, Handel), ac o'r pum côr a gystadlodd dyfarnwyd y wobr i Gôr Racine. Yn yr ail gystadleuaeth i gorau cymysg rhwng 40-75 o leisiau 'roedd 150 doler am ganu 'Unto Thee, O God' (J.P. Jones) ac enillwyd y wobr gan Gôr Western Avenue. Dibynnai llwyddiant pob eisteddfod fawr ers blynyddoedd, wrth gwrs, ar aidd ac ansawdd y cystadlaethau corawl ac nid oedd Eisteddfod Chicago, 1890, yn eithriad. Y mae'n rhaid nodi'n ogystal, fodd bynnag, fod James Sauvage wedi rhoi cryn foddhad wrth ganu 'Cân y Toreador', 'I Blas Gogerddan', 'Bunker Hill' a 'Pe cawn i hon', a bod Apmadoc a Madame Josephine Chatterton wedi 'gosod bri' ar y delyn a chanu penillion er gwaethaf cwyn un o ohebyddion *Y Drych*: 'Yr oedd symlrwydd Cymroaidd, a naturioldeb y genedl yn nodweddu yr holl weithrediadau. Er nad oedd dim Cymreig yn ngwisg y telynoresau; ac yn wir, buasai yn llawn mor weddus iddynt roddi yr hen wisg Gymreig er cuddio eu noethni — yr oedd y telynau yn swynol iawn, a'r penillion yn dwyn hen atgofion melus.'[45]

Ar ôl terfynu'r cyngerdd olaf trwy ganu 'Bydd myrdd o ryfeddodau' dechreuwyd mwynhau'r gamp a gyflawnwyd. Disgwylid elw o 1,000 doler gan fod 2,000 doler wedi'u derbyn. Daethai'r torfeydd yn Gymry, Americaniaid ac Almaenwyr i'r Eisteddfod: 'Am foneddigeiddrwydd, brwdfrydedd, a dyddordeb, ystyrir na chynhaliwyd yn y wlad hon eto yr un debyg iddi.' Llongyfarchwyd y trefnwyr gan gynheiliaid Eisteddfod flynyddol Utica ac fe'u cydnabuwyd hwythau mewn cymysgiaith gynnes: 'Chicago thanks Utica. We have overwhelming success. Oes y Byd i'r iaith Gymraeg. With Happy New Year. Samuel Job, President.' Cwbwl naturiol oedd y gymysgiaith. Wedi'r cyfan, canwyd 'Hen Wlad fy Nhadau' gan Ap Mawrth a 'Rule Britannia' gan Eos Madog yn ystod diwrnod cyntaf yr Eisteddfod, a chanwyd 'My Country 'Tis of Thee' ag arddeliad cyn iddi ddod i ben. Fe wyddai'r Cymry yn dda pwy oeddent.[46]

Mae'n siŵr fod llwyddiant 1890 yn cyfrif i raddau helaeth am awydd y Cymrodorion i gynnal Eisteddfod Ffair y Byd. Cawsent rihyrsal addawol iawn er gwaethaf yr hyn a alwodd y Parch. G. Griffiths yn agwedd 'flippant' y wasg tuag at bethau Cymraeg. Ac eithrio'r *Daily News*, tueddai papurau Chicago drafod y Cymry 'fel pe na buasem amgen na phlantos yn bwhwman, ac nid meibion a merched o ddifrif, ac yn ymgyrraedd, trwy ein hen sefydliad cenedlaethol, at gampau uchel a theilwng; ac fel pe meddylient mai ysmaldod a chyflaeth ydyw yr oll a chwenychwn, ac a'n boddlona.'[47] Byddai'n rhaid agor eu llygaid i'r gwirionedd cyn 1893. Ni ellid fforddio bod heb eu geirda hysbysebol.

Yn y *Cambrian* tystiodd Apmadoc 'that it is the wish of all the Welsh of America, that the Welsh people of Cymru and of this our adopted country should join in holding the greatest Eisteddfod ever attempted in Chicago . . . Nothing will tend more to elevate the Welsh name than to hold a four-day international Eisteddfod on such an occasion.' Protestiodd yn *Inter Ocean* yn erbyn cyfeirio at yr eisteddfodau fel 'games': 'Our "games" are intellectual ones. All racing, ball-playing, quoit-throwing, etc., during the Eisteddfod days at least we shall leave entirely in the possession of our Keltic cousins.' Chwarae teg iddo, 'roedd yn ddigon onest i weld bod angen 'at least' arno. Ymhen dim ar ôl dyddiau'r Eisteddfod trechodd y Cymro, Evan Lewis, yr Almaenwr, Sebastian Miller, mewn gornest ymgodymu gerbron 1,200 o selogion. Enillodd 1,000 doler ar ôl ymdrechfa gïaidd:

> When the giants came out for the third and final bout . . . the Welshman went for his opponent's wind roughshod. After eight

minutes of cautious work Lewis and Miller went down on the mat, with the strangler on top ... Finally Lewis got a body hold. He squeezed the fat wrestler as he never was squeezed before, Miller was in pain; his face was distorted and he acted groggy. Like a python crushing his prey, Lewis crushed his opponent. It was a brutal sight, and brutal force and not science won the fall.

Oedd, yr oedd Cymry yn Chicago yn gwneud pethau felly ac yr oedd digon o'u cydwladwyr i'w cefnogi.[48] Ond i Apmadoc a'i gymrodyr, cwlwm gwlad a chenedl oedd yr eisteddfod: 'It matters not in what part of the globe Welshmen may meet, the talismatic noun "Eisteddfod" will unite all hearts in common enthusiasm and brotherhood, and make them true Cymrodorion.' Nid oedd sefydliad mwy democrataidd yn bod. Gellid disgwyl ugain mil yn ddyddiol i fynychu Eisteddfod Ffair y Byd, 'this Bardic Eisteddfod so imposingly modernized and extended in plan and scope ... A more unique and characteristic literary and musical festival can not be introduced in the program of the great exposition.'

Yn ateg i eiriau Apmadoc cododd y *Cambrian* 'An American View of the Eisteddfod' a gyhoeddwyd yn y *Mankato Free Press*, 27 Chwefror 1891. 'Roedd yn ysgrif ffladrus iawn. Canmolwyd balchder y Cymry yn eu tras a'u diwylliant, y math o falchder call na wanhâi eu hawydd i fod yn Americaniaid triw. Mor gwbwl wahanol oedd ysbryd yr eisteddfod i'r ysbryd anarchaidd, dinistriol a reolai 'certain classes of foreigners who are controlled and guided by bigotry, dense ignorance, and blinding prejudices ...' Ysbryd gwareiddiol, adeiladol a reolai'r 'venerable Welsh festival ... Would that all nationalities were so inclined'. Mater o gydnabod y gwir, wrth reswm, ac nid mater o ymblesera mewn hiliaeth oedd mynnu bod y Cymry cymaint uwch eu stad dynol na'r sgarthion o'u cwmpas:

> Compare a pure-minded Welsh maiden, or a noble-spirited young Welshman, with the purities of native verse and song expanding and directing the heart, with the half drunken, fandango-dancing, Italian or Spanish belle in the besmeared portions of our larger cities, and the blear-eyed, bawling knight of the same nationality, each with a stiletto or butcher knife laid close to the recesses of the heart, and you have a very striking example of what builds up and elevates our civilization as over against that which eats away its foundations. It is merely the difference between the effect of song, warbling from the throat of a pure-minded maid, and the effect of a blood-letting stiletto in the hands of one of an opposite character.

'Roedd yr eisteddfod a phob sefydliad o gyffelyb fwriadau mewn diwylliannau eraill i'w cymeradwyo a'u hybu. Ymfudwyr i'w croesawu oedd y bobol a lynai wrth sefydliadau o'r fath. Dihirod i'w gochel oedd y cynllwynwyr treisgar 'whose whole life impulse is born of the animal propensities'. Pe câi grymoedd yr eisteddfod dragwyddol heol byddai cyfraith a threfn cymaint sicrach yn yr Unol Daleithiau: 'Give us the controlling influence of the poetical trend of the brain, or song strains of the heart, whether it be grounded in Welsh, English, Irish, Scotch, German, Scandinavian, or whatever blood, and the United States government will continue to leaven the whole terestrial globe; but surrender to the opposite, and we will soon go down to perdition. Welcome "Eisteddfod", as oft as possible.'[49]

Ni raid bod yn dreiddgar iawn i weld fod y Gwyddyl dan ordd ysgrifwr y *Mankato Free Press*. Hwynt-hwy oedd bwgan bythol y Celtiaid bucheddol. Hwynt-hwy oedd y cefndryd du. Canrif yn ddiweddarach ni ellir peidio â gresynu wrth weld fod cylch-grawn a gyhoeddwyd er hyrwyddo enw da'r Cymry yn fwy na pharod i gynnwys rhai o sylwadau'r Athro C.H. Sylvester ar ôl iddo fod ar daith yn Ewrop a Phrydain Fawr. Fe'u gwelwyd gyntaf yn y *Wisconsin Journal of Education*. Sylwadau hilgi noeth â'i fryd ar sarhau'r Gwyddyl ydynt. Sylwadau un a oedd wedi ymrolio yn y fioleg hiliol y buwyd yn teilo'r gwledydd â hi o'r 60au ymlaen: 'In Dublin we saw coarse features, protruding lower jaws, upturned noses and large teeth thrusting thick lips aside . . . The voices were raucous, and the inflections most unpleasant. The children . . . were but miniature reproductions of the parents in both form and clothing.' Ym Mangor, ar y llaw arall, gwelwyd nifer o fechgyn ger y stesion: 'They had delicate features and expressive eyes, and carried themselves with a quiet grace and self-possession that would make them marked anywhere.' 'Roedd eu Cymraeg a'u Saesneg yn raenus a'u cwrteisi yn ganmoladwy iawn. Symtom o sictod y Cymry yn 1893 oedd iddynt gredu fod cyferbyniaeth mor frwnt nid yn unig yn werth sylw ond yn destun diolch.[50]

Go brin, fodd bynnag, fod unrhyw eirda i'r Cymry o ba bynnag gyfeiriad i'w wfftio yn ystod cyfnod y paratoi ar gyfer Eisteddfod Ffair y Byd. 'Roedd cymaint yn y fantol: 'Bydded i'r Cymry ddefnyddio y cyfleustra diail sydd o'u blaen, i argraffu ar feddwl y cenedloedd ein bod ninnau yn "genedl", yn medru gofalu am ein nodweddion llenyddol a cherddorol, yn medru gwneyd gwrhydri cyhoeddus, yn abl i ddal ein penau yn uchel yn eu plith, gan ymfalchïo yn ein hysgolheigion yn mhob cylch, ein bod cystal â'r goreu o honynt, ac yn well na'u haner.'[51]

Ar 6 Chwefror 1893 pasiodd y Cymrodorion benderfyniad a roddwyd gerbron gan Apmadoc:

> Yn gymaint a bod anrhydedd llenyddol a cherddorol y genedl, yn nglyn a chynhaliad perffaith a llwyddianus o Eisteddfod Ffair y Byd, a bod y ffaith y bydd yr hen Wyl Genedlaethol yn cael y fantais anrhydeddusaf a gaed i ddwyn yr enw Cymreig i sylw arbenig holl genedloedd gwareiddiedig y ddaear, Penderfynwyd, ein bod fel Cymry dinas Ffair y Byd am wneyd popeth yn ein gallu i wneyd llwyddiant yr Eisteddfod yn sicr, yn gymdeithasol, llenyddol, cerddorol ac yn grefyddol, ac na bydd i ni o hyn i ddyddiau Cymreig y Ffair laesu dwylaw na thafod yn yr achos Eisteddfodol pwysicaf a ddaeth i ran y genedl erioed.[52]

Ar ddiwedd Awst apeliodd Apmadoc unwaith eto am gefnogaeth: 'Wele yr alwad olaf i'r wyl! Wele y gair olaf cyn y "Dyddiau Cymreig" yn y "Ddinas Wen" odidocaf a welodd llygad o gnawd erioed — "Dyddiau Cymreig" sydd wedi eu bwriadu gyda llafur a thraul anhygoel yn hanes yr Eisteddfod, i osod anrhydedd anniflan ar yr "enw Cymreig" — i wneyd arddangosiad o'r fath ardderchocaf o fywyd llenyddol, cerddorol, cymdeithasol, a chrefyddol y genedl. Pa sawl mil a etyb yr alwad?'[53] Ni ddôi digon i sicrhau elw ariannol.

NODIADAU

[1] Burg, 2; Chpt. 2, 'Chicago', 44-74; R. Reid Badger, Chpt. 5, 'The Representative City', 31-9; Ray Ginger, Chpt. 2, 'White City in the Muck', 15-34; Thomas J. Schlereth, 'America 1871-1919. A View of Chicago', *American Studies*, xvii, 2, Fall 1976, 87-100. Y Parch. R. D. Thomas (Iorthryn Gwynedd), *Hanes Cymry America*, Cyf. I (Utica, 1872), Dosran B, 12-14.

[2] William D. Davies, 353-4; Burg, 3, 44, 65-6; R. Reid Badger, 31-9; Ray Ginger, 5, 94-6.

[3] Burg, 45-6; R. Reid Badger, 32-3; D. H. Crook, 175-8.

[4] Burg, 51-4; D. H. Crook, 175-8; Thomas J. Schlereth, 94-9.

[5] Thomas J. Schlereth, 93; Burg, 48-51. Gwaetha'r modd, ni ellir nodi'r union swm a gyfrannodd Marshall Field at Eisteddfod Ffair y Byd.

[6] Burg, 54-65; Thomas J. Schlereth, 91-9; Paul Finkelman, 'Class and culture in late nineteenth-century Chicago: the founding of the Newberry Library', *American Studies*, XVI, 1, Spring 1975, 5-22.

[7] Paul Finkelman, 9, 14, 19.

[8] Burg, 66, 69.

[9] Dr. Bil Jones, 212.

[10] *Y Drych,* 9 Ebrill 1885, 6; ibid., 11 Chwef. 1886, 4; ibid., 10 Chwef. 1887, 6; Burg, 286-7; R. Reid Badger, 36, 89; *Illustrated London News,* 4 Nov. 1893, 564: 'As a stump speaker, pungent, vigorous, with a positive genius for suiting what he had to say to his audience, Mr. Harrison had few equals even in the "wild and woolly west", where stump oratory is a fine art.'; Ray Ginger, 42 ; 'Carter Harrison was a huge bearded Kentuckian who raced his big bay mare at a mad gallop through the streets of the city. The average voter cheered at the sight of him.'; Justus D. Doenecke, 539: 'Pledged a rural Indiana man, upon hearing that Chicago's corrupt mayor, Carter B. Harrison, was reelected, "I'm a goin' to Chicago to the fair, but I'm goin' to wear nothin' but tights and carry a knife between my teeth and a pistol in each hand". ' Ni phetrusodd y Cymrodorion wneud defnydd o Harrison. Yr oedd i fod yn un o Lywyddion Eisteddfod Ffair y Byd!

[11] *Y Drych,* 13 Meh. 1889, 1.

[12] ibid.; ibid., 27 Tach. 1890, 1.

[13] Burg, 70, 230-2.

[14] ibid.

[15] ibid., 69-70.

[16] ibid., 73.

[17] *Hanes Cymry America, Dosran C,* 9-17: 'Nid yw y boblogaeth Gymreig eto, yn America, ond bechan iawn mewn cymhariaeth â phoblogaeth cenhedloedd ereill yn y wlad, sef yr Americaniaid, y Gwyddelod, yr Ellmyniaid, y Ffrancod, a'r Saeson, etc., ac nid ydyw ond "un ran" o 332 o holl boblogaeth y Weriniaeth', 15; Hartmann, 90-6.

[18] Bessie Louise Pierce, *A History of Chicago, Vol. III, The Rise of a Modern City 1871-1893* (New York, 1957), 31-2.

[19] ibid., 20-1, 516, 520.

[20] ibid., 520.

[21] Jay Monaghan, 500-2, 510, 516.

[22] *Y Drych,* 16 Gorff. 1868, 230. Cymh. *Hanes Cymry America, Dosran B,* 14.

[23] ibid.; Cymh. *Hanes Cymry America, Dosran B,* 13-4.

[24] ibid., 3 Chwef. 1887, 3.

[25] ibid., 15 Ion. 1885, 2.

[26] ibid., 16 Awst 1888, 6.

[27] ibid., 15 Ion. 1885, 2.

[28] Jay Monaghan, 510; *Y Drych,* 31 Ion. 1889, 5; 9 Mawrth, 5; Ray Ginger, 'The Women at Hull House', 113-42.

[29] *Y Drych,* 6 Tach. 1890, 3.

[30] ibid., 25 Rhag. 1890, 3.

[31] ibid.

[32] ibid., 8 Ion. 1891, 5.

[33] ibid., 12 Tach. 1891, 6.

[34] *Eisteddfod Gyd-genedlaethol—International Eisteddfod of the World's Fair, September 5th, 6th, 7th, 8th, 1893 under the auspices of the National Cymrodorion of Chicago. Souvenir Program* (Chicago, 1892), 6; Ernest Roberts, *Briwsion y Brifwyl* (Caernarfon, 1978), 61-4.

[35] Dr. Bil Jones, 196-8; *Y Drych*, 14 Meh. 1883, 5. 'William Penn', *Welshmen as Factors in the Formation and Development of the United States Republic* (Utica, 1899), 395, 406-24.

[36] Dr. Bil Jones, 199-200; *Western Mail*, 9 August 1907, 4; Jay Monaghan, 505.

[37] 'Souvenir Program'; 'William Penn', 406-24.

[38] ibid., *The Cambrian*, 1894, 1-3.

[39] *Y Drych*, 15 Hyd. 1891, 5; ibid., 28 Gorff, 1892, 4; Dr. Bil Jones, 193.

[40] *Y Drych*, 10 Medi 1891, 4; ibid., 12 Tach. 1891, 6; ibid., 29 Hyd. 1891, 4; ibid., 2 Tach. 1889, 4; 'Souvenir Program', 60-1.

[41] *Y Drych*, 2 Ion. 1879, 8.

[42] ibid., 12 Medi 1889, 8; 9 Ion. 1890, 5; *Rhaglen Eisteddfod Genedlaethol y Cymry, Chicago, Central Music Hall, Ionawr 1af a'r ail, 1890*. Rhoes Marshall Field 100 doler: 'Gallasai roddi mwy, mae yn wir, ond pan yr ystyriwn nad ydyw yr arian hyn yn myned at ddim dyngarol, gwladgarol, na chrefyddol yn uniongyrchol, mae y rhodd yn werthfawr a derbyniol.' (*Y Drych*, 24 Hyd. 1889, 3).

[43] *Y Drych*, 16 Ion. 1890, 1-2, 5.

[44] ibid., 9 Ion. 1890, 5.

[45] ibid.; ibid., 16 Ion. 1890, 5.

[46] ibid., 9 Ion. 1890, 5.

[47] ibid., 16 Ion. 1890, 1.

[48] *The Cambrian*, 1891, 209-11, 245-7; *News of the Week*, 21 Oct. 1893, 7; Dr. Bil Jones, Chpt. 6, 'The Cracked Mirror', 249-81. Mae'r bennod ardderchog hon yn dangos mor bell o afael 'y Cymry da' yr aethai miloedd o Gymry America. Enghraifft arall o'u diléit mewn ymladdfeydd ydw'r ornest 87 rownd a fu rhwng Dic Pedlar a Dai Bright ar fore'r Nadolig, 1883, ger Wilkes-Barre a'r eira'n drwch ar lawr (Berthoff, 1015).

[49] *The Cambrian*, 1891, 213-4.

[50] ibid., 1892, 203-4.

[51] *Y Drych*, 25 Rhag. 1890, 3.

[52] ibid., 16 Chwef. 1893, 5.

[53] ibid., 31 Awst 1893, 5.

'AWR Y "BOYS" YN FFAIR Y BYD'

Ym Mawrth ac Ebrill, 1893, ymddangosodd hysbyseb yng ngholofnau'r *Tyst*:

> Hurrah! Chicago and Back for £16-14s. A PARTY OF SOUTH WALIANS FORMING NOW. Apply at once for tickets and contacts to James Roberts, Government Agent, Post Office, High Street, Pontypridd. Passengers to the World's Fair provided with tickets for admission, board and lodgings, all combined, including Lake trips and other various attractions. Return rail from New York or Montreal, with stop off privileges at principle points.[1]

Swyddogion y Pwyllgor Gwaith

Wm. Apmadoc   E. Lloyd   D. V. Samuels

D. C. Harris   \   E. G. Lloyd

J. Edwards   Rev. J. Wynne Jones

Miss Hammond

J. Watkins   J. B. Rees

Rhaglen Swfenîr

International Eisteddfod Association.

COMMITTEES AND OFFICERS.

BOARD OF DIRECTORS.

SAMUEL JOB, President.

W. T. Lewis, Racine, Wis., First Vice-Pres.
W. E. Powell (Gwilym Eryri), Second V.-P.
R. Jones, Third V.-P.
W. H. Phillips.
W. J. Jones.
John H. Jones, South Chicago.

Thos. E. Lewis.
John P. Jones.
R. W. Owen.
Owen W. Jones.
Owen R. Williams.
D. E. Humphreys.

EXECUTIVE COMMITTEE.

JOHN B. REES, Chairman.

John Watkins, V.-Chairman.
Rev. Jenkin Lloyd Jones.
Edward A. Francis.
D. R. Jones (*Dafydd Rhisiart*).
Isaac Davies.
Rev. Ellis Roberts.

David Rosser.
Rev. J. Wynne Jones.
Rees Price.
W. L. Williams.
Rev. Dr. H. O. Rowlands.
D. R. Jones, South Chicago.

Gomer D. Jones.
D. V. Samuels.
D. Charles Harris.
John Edwards.
Rich. P. Evans.
Robt. L. Owen.

OFFICERS.

W. APMADOC, General Secretary.
EDWARD THOMAS (Idriswyn), Secretary for Great Britain.
EVAN LLOYD, Treasurer.
D. C. HARRIS, Financial Secretary.
D. V. SAMUELS, Attorney.
E. G. LLOYD, Recording Secretary.

COMMITTEE ON PROSE.

REV. W. C. ROBERTS, D. D., Chairman.

Rev. Ellis Roberts.
Rev. Jenkin Lloyd Jones.
Rev. Dr. H. O. Rowlands.

Rev J. Wynne Jones.
W. Apmadoc.

COMMITTEE ON POETRY.

R. O. DAVIES (Moriog), Chairman.

W. E. Powell.
Rev. T. Cory-Thomas.
Rev. W. Roland Williams.
E. G. Lloyd.
W. Apmadoc.

COMMITTEE ON MUSIC.

JOHN P. JONES, Chairman.

Rees Price.
Thomas Richards.
John E. Pugh.
W. R. Jones.

Owen R. Williams.
Hugh Davies.
W. Apmadoc.
Isaac Davies.

COMMITTEE ON ART.

W. WYNNE JONES, Chairman.

John B. Rees.
John Edwards.
D. E. Humphreys.

D. R. Jones (S. Ch.)
Jonah Williams
(Milwaukee.)

COMMITTEE ON FINANCE.

R. W. OWEN, Chairman.

Thomas E. Lewis.
D. Edward Jones.
Rich. P. Evans.
D. E. Humphreys.

J. H. Jones.
Robt. Lloyd Owen.
D. C. Harris.
Owen Lloyd Owens.

COMMITTEE ON PRINTING.

EVAN LLOYD, Chairman.

D. C. Harris.
John Edwards.

R. P. Evans.
R. Jones.

COMMITTEE ON DONATIONS.

W. E. Powell.
R. W. Owen.

Owen W. Jones.

D. V. Samuels.
J. P. Jones.

COMMITTEE ON TRANSPORTATION.

W. E. POWELL, Chairman.

John Watkins.
John Edwards.

John B. Rees.
Morgan L. Morgan

COMMITTEE ON PUBLIC COMFORT.

JOHN EDWARDS, Chairman.

John B. Rees.
E. G. Lloyd.
Ed. A. Francis.

Hugh R. Jones.
D. R. Jones (Dafydd Rhisiart.)

Gomer D. Jones.
D. R. Jones, South Chicago.

W. R. Jones.
Morgan L. Morgan.
J. D. Davis.

THE CYMRODORION LADIES.

OFFICERS AND COMMITTEES.

Mrs. D. R. Jones, President.
Mrs. E. Griffith, First Vice-President.
Mrs. R. Jones, Second Vice-President.

Miss M. J. Rees, Cor. and Rec. Secretary.
Miss Hannah Bowen, Treasurer.

EXECUTIVE COMMITTEE.

Mrs. Hugh Davies.
Mrs. Samuel Job.

Mrs. Isaac Davies.
Mrs. John R. Williams.

Mrs. John Watkins.
Mrs. Hammond.

Mrs. Edward Jonathan.
Miss Gladys Edwards.

USHERS.

Miss Kate Griffith.

Miss Grace Jones.

FINANCE COMMITTEE.

Mrs. Samuel Job. President.
Mrs. John Edwards, Secretary.

Mrs. E. Griffith, Treasurer.
Miss Edwena Owen.

Mrs. Joshua Thomas.
Miss M. H. Williams.

Yn y Gogledd 'roedd Cwmni'r Allan Line a hwyliai o Lerpwl yn hysbysebu yn y *Carnarvon and Denbigh Herald* gan gynnig 'Special Return Rates to Chicago World's Fair'. Yr oedd Rhaglen Eisteddfod Ffair y Byd wedi'i chyhoeddi ers blwyddyn ac ni allai lai na hwyluso gwaith James Roberts a'i debyg gan ei bod wedi'i threfnu er bodloni a phorthi hen ddisgwyliadau a hoffterau'r farchnad eisteddfodol. Nid oedd yn fwriad gan y Cymrodorion fentro i feysydd cystadleuol newydd waeth beth am 'raison d'etre' y Ddinas Wen. Gwyddent fod cynefindra'n dwyn boddhad i eisteddfodwyr fel y rhelyw o blant dynion. Lluniwyd rhaglen a fyddai'n siŵr o ddarparu cysur a mwynhad y cyfarwydd.

Competitive Subjects and Prizes.[2]

ESSAYS—TRAETHODAU.

1. ESSAY—"Keltic Contributions to England's Fame and Power"—(*In English*)
.. .. Prize, $300 00
    Adjudicators—PROFESSOR JOHN RHYS, M. A., Oxford, England, and HON. ELLIS H. ROBERTS, New York.

A GENEROUS GIFT of a handsome buggy by Mitchell & Lewis Company, Limited, of Racine, Wisconsin, and Portland, Oregon, the celebrated wagon manufacturers, to the winner of the prize in the NUMBER THREE ESSAY contest in the Grand International Eisteddfod at the World's Fair. This buggy will be finished in the very best of style; it will have a square box, the best of wheels, "A" grade, plain style, full hand-buffed leather top with the finest of head lining. The cushion and lazy back to be of fine green cloth upholstered with hair; all wood stock in the buggy to be of second growth, and all irons either Norway or steel. Axles to be of the half patent style, steel, of the best manufacture. The buggy will be painted black and have a mirror finish. This buggy will be on exhibition during the World's Fair in Mitchell & Lewis Company's display, and will, without doubt, be hotly contested for. Price, $300 00

2. ESSAY—"The Extraction and Career of Welshmen who have distinguished themselves in various fields of Learning "—(*In English or Welsh*—Handbook form) .. .. Prize, 300 00

 Adjudicators—PROFESSOR JOHN RHYS, M. A., Oxford, England, and REV. E. C. EVANS, M. A., Remsen, N. Y.

3. ESSAY—"Welshmen as Civil, Political and Moral factors in the formation and development of the United States' Republic "—(*In English*) .. Prize, 300 00

 Adjudicators—REV. W. C. ROBERTS, D. D., New York, and HON. THOMAS L. JAMES, New York.

4. LLAWLYFR (*Cymraeg neu Saisaeg*) HANESYDDOL o'r prif Eisteddfodau, o Eisteddfod Caerfyrddin, dan nawdd y Tywysog Gruffydd ap Nicolas yn y 15fed ganrif, hyd y flwyddyn 1892, gyda chofnodiad cryno o'u defodau, beirdd, llenorion, cerddorion, telynorion, prif destynau, beirniaid a buddugwyr "—(Llawlyfr o 30,000 i 40,000 o eiriau).

 HISTORICAL HAND-BOOK (*In Welsh or English*) of the most noted EISTEDDFODAU, from the celebrated Carmarthen Eisteddfod, held under the auspice of Prince Gruffydd ap Nicolas, in the 15th century to the year 1892, giving a concise record of their customs, bards, essayists, musicians, harpists, main competitive subjects, adjudicators and prize winners.—(Hand-book of from 30,000 to 40,000 words) .. .. Prize, $100 00

 Adjudicators—PROFESSOR O. M. EDWARDS, M. A., Oxford, England, and REV. H. ELVET LEWIS, M. A. (Elfed), Llanelli, S. Wales.

5. LLAWLYFR (*Cymraeg neu Saisaeg*) BYR-FYWGRAFFOL A BYR-FEIRNIADOL o'r Beirdd Cymreig a'u Barddoniaeth, o William Lleyn (1560 o. c.) hyd at Gwilym Hiraethog, gyda dyfyniadau byrion a nodweddiadol o gynyrchion y *prif-feirdd yn unig* "—(Llawlyfr o 30,000 i 40,000 o eiriau).

 HAND-BOOK (*In Welsh or English*) OF SHORT BIOGRAPHICAL SKETCHES of Welsh poets, with SHORT CRITICISMS upon their poems, from William Lleyn (1560) to Dr. William Rees (Gwilym Hiraethog), including short and characteristic quotations from the *chief poets only*.—(Hand-book of from 30,000 to 40,000 words).. .. .. Prize, 100 00

 Adjudicators—PROFESSOR O. M. EDWARDS, M. A., Oxford, England, and REV. JOHN RHYS MORGAN, D. D., (Lleurwg) Llanelli, S. Wales.

6. . NOVEL (*In English*)—"Representing Welsh mode of thought and feeling as reflected in the customs and manners of their country."—(A book of from 65,000 to 75,000 words).. : .. .. Prize, 300 00

 Adjudicators—BERIAH GWYNFE EVANS, ESQ., Carnarvon, N. Wales, and REV. JENKIN LLOYD JONES, Chicago, Ill.

7. ENGLISH ESSAY (not over 6,000 words)—"GEOLOGY, its lessons to the age." Open to amateur Geologists only. Subject given and prize donated by the celebrated sculptor, David Richards, Esq., Chicago. Prize—Marble Bust of any Welsh Poet, chosen by the best essayist.

 Adjudicators—PROFESSOR G. FREDERICK WRIGHT, Oberlin, Ohio, and PROFESSOR W. H. WILLIAMS, Madison University, Wisconsin.

TRANSLATIONS—(CYFIEITHIADAU).

1. INTO WELSH—"LOCKSLEY HALL" (Tennyson) .. .. Prize, $25 00

2. INTO ENGLISH—"GWENHWYFAR" (Llew Llwyvo's Dramatic Poem)..Prize,   50 00
   This poem was suggested by the Rev. G. James Jones, Ph. D.,
   Washington, D. C.
   The CAMBRIAN SOCIETY of Washington generously adds $50 to this
   prize.
   Adjudicators—PROFESSOR D. ROWLANDS, B. A. (Dewi Mon), Me-
   morial College, Brecon, S. Wales; REV. D. PARKER MORGAN, D. D., New
   York.

BARDDONIAETH (POETRY).

1. AWDL Y GADAIR, "IESU O NAZARETH," heb fod dan 1,500 na thros 2,000 o
   linellau. CADA.R DDERW WERTHFAWR, BATHODYN AUR.. A.. .. .. $500 00

2. ARWRGERDD Y GORON, "GEORGE WASHINGTON," heb fod dros 3,000 o linellau.
   Coron arian a.. .. .. Gwobr,   200 00

3. CYWYDD, "ARDDERCHOG LU Y MERTHYRI," heb fod dros 300 llinell.. Gwobr,   50 00

4. GOSTEG O ENGLYNION, "CYDWYBOD".. .. .. .. ' .. .. Gwobr,   25 00

5. CHWECH HIR A THODDAID (6 llinell), "FFAIR Y BYD" .. .. .. Gwobr,   25 00

6. MYFYRDRAITH (*Reverie*), "Y BARDD AR FARDDONIAETH," heb fod dros 200
   llinell .. .. Gwobr,   25 00
   BEIRNIAID Y CHWECH CYSTADLEUAETH Rhif 1-6: PARCH ROWLAND
   WILLIAMS (*Hwfa Mon*), LLANGOLLEN; DAFYDD MORGANWG, CAERDYDD; G.
   H. HUMPHREY, M. A., Utica, N. Y.

7. PRYDDEST, "CHRISTOPHER COLUMBUS" (*Cymraeg neu Saisaeg*), heb fod dros
   2,000 o linellau. Tlws, "Eryr Arian" (i'w wisgo ar y fynwes), a 150 00
   (POEM—"CHRISTOPHER COLUMBUS "(*English or Welsh*), not to be over 2,000
   lines. Prize, $150.00 and a "Silver Eagle."

8. RHIANGERDD, "EVANGELINE," heb fod dros 1,500 o linellau.. .. Gwobr,   50 00

9. CAN, "CELF" (Art). Deuddeg penill 8 llinell—odlau unsill a chyfansawdd.
   Yr odl-eiriau cyfansawdd i odli yn ddwysillog (Double Rhyme).. Gwobr,   25 00

10. DAU HIR A THODDAID (Beddargraff), "Y Parch. Lewis Meredith (Lewis
    Glyn Dyfi)." Gwobr gan aelodau Cymrodorol: 15 00

11. ENGLISH SONNET (Epitaph), "Rev. Lewis Meredith (Lewis Glyn Dyfi)."
    Prize donated by Rev. Ellis Roberts, Chicago 15 00

12. ENGLISH ELEGY, "The late Rev. David Williams, Chicago," in 20 stanzas
    (Gray's Elegy metre). Prize (donated by the family) 50 00
    BEIRNIAID Y CHWECH CYSTADLEUAETH Rhif 7-12: PARCH EVAN REES
    (Dyfed), CAERDYDD; PARCH T. JONES (Tudno), LLANRWST; Yr Anrh H. M.
    EDWARDS, Scranton, Pa.

13. OPERATIC LIBRETTO (*Welsh or English*), "OWAIN GLYNDWR" ("OWEN
    GLENDOWER") .. .. Gwobr,   100 00
    Adjudicators—(No. 13) PROFESSOR D. ROWLANDS (Dewi Mon), B. A.,
    Brecon College; HON. H. M. EDWARDS, Scranton, Pa.

MUSIC—CERDDORIAETH.

CHORAL SELECTIONS.

1. CHORAL COMPETITION (Mixed Voices)—(a) " Worthy is the Lamb ' —Handel.
(b) "Blessed are the Men that Fear Him "—Elijah. (c) " Now the Impet-
uous Torrents Rise "—D. Jenkins. Choirs to number not less than 200,
nor over 250 .. .. $5,000 00
Second 1,000 00
WITH GOLD MEDALS TO SUCCESSFUL CONDUCTORS.

2. CHORAL COMPETITION (Male Voices)—(a)" Cambrians' Song of Freedom' —
T. J. Davies. (b) "The Pilgrims"—Dr. Joseph Parry. Choirs to number
not l ss than 50, nor over 60 voices 1,000 00
S cond 500 00
WITH GOLD MEDALS TO SUCCESSFUL CONDUCTORS.

3. CHORAL COMPETITION (Ladies' Voices)—(a) " The Lord is My Shepherd "—
Schubert. (b)* " The Spanish Gypsy Girl "—Lassen. Arr. by W. Dam-
rosch. Published by Schirmer, New York. Choirs not less than 40, nor
over 50 voices 300 00
Second 150 00
WITH GOLD MEDALS TO SUCCESSFUL LADY CONDUCTORS.

4. WELSH ANTHEM COMPETITION—(a) " Pa Fodd y Cwympodd y Cedyrn ? "—
D. Emlyn Evans. (b) "Bendigedig fyddo Arglwydd Dduw Israel "—John
Thomas. Choirs to number not less than 70, nor over 80 voices 300 00
WITH GOLD MEDAL TO CONDUCTOR.

5. THE GWILYM GWENT GLEE COMPETITION (*Welsh or English words*)—(a) " Y
Gwanwyn " (b) " Yr Haf "—The D. O. Evans edition. Choirs to number
not less than 50, nor over 60 voices 250 00
WITH GOLD MEDAL TO CONDUCTOR.
CONDITION:—*This contest will take place in Friday Evening's Grand
Gymanfa Concert. If more than seven choirs enter, a preliminary contest will
be called for the previous Thursday morning, and the best seven choirs chosen
to compete Friday evening.*

PART-SONGS, QUINTET, ETC.

6. PART-SONG COMPETITION (*Welsh or English words*)—(a) " Peace on the
Deep" (Hedd ar y Dyfnder)—Parson Price. (b) "The Rivulet" Dan
Protheroe, Mus. Bac. Choirs not less than 35, nor over 40 voices. 100 00

7. QUINTET, " God be Merciful "—Dr. D. J. J. Mason 25 00

8. DUET, " Lle Treigla'r Caveri "—R. S. Hughes 20 00

9. SONG (Soprano), " O. Loving Heart " (F)—Gottschalk 20 00

10. RECIT AND ARIA (Contralto), "Life Without My Euridice " (C)—Gluck ..   20 00

11. Song (Tenor), "O Delyn Fy Ngwlad!" (O Harp of My Land!) —John Thomas.   20 00

12. Song (Baritone), " Where the Linden Bloom " (A Flat)—Dudley Buck . ..   20 00

13. WELSH MELODY AND COSTUME COMPETITION, "Gwenith Gwyn" (F) Clychau
Aberdyfi " (G)—arr. by John Thomas (Pencerdd Gwalia) 25 00
Second 15 00

COMPOSITION.

14. CANTATA for four voices, with Pianoforte Accompaniments; to words chosen by competitor from the Psalms. A composition that can be performed in 40 minutes $150 00

INSTRUMENTAL.

15. PEDAL HARP COMPETITION, "Bugeilio'r Gwenith Gwyn" (The Blooming Wheat)—Arranged by John Thomas (Pencerdd Gwalia), London 50 00

16. WELSH HARP (*Triple-stringed*) COMPETITION, "Pen Rhaw," with variations— Arranged by John Thomas (Pencerdd Gwalia).. .. .. 50 00

Adjudicators of music will be duly announced in the PRESS, and in the GRAND SOUVENIR PROGRAM OF 1893.

ART—CELF.

1. OIL PAINTING, "Caractacus before the Emperor of Rome," size, 36x24 .. $100 00

2. LANDSCAPE PENCIL SKETCH, open to ladies only, size, 18x24 .. .. 50 00

3. WATER-COLOR DRAWING of any Castle in Wales. Drawn expressly and originally for this competition. Size, 30x22 .. .. 50 00

4. BARDIC CHAIR OF CARVED OAK, emblemized with the "Three Feathers of Wales" (Tair Pluen Cymru), "The Red Dragon" (Y Ddraig Goch), "The American Coat of Arms," and the Cymrodorion Motto: "Y Gwir yn Erbyn y Byd".. .. .., ... 150 00

5. WELSH (TRIPLE) HARP. Prize, Gold Medal.

6. MODEL IN PLASTER, "Prince Llewelyn's famous hound Gelert, *after the wounding*." .. ..Gold Medal and 75 00

7. PENCIL DRAWING of "The Grant Monument" (Lincoln Park). Open only to pupils of Chicago High Schools, 1892-93. First prize, Gold Medal; Second, Silver Medal.

> *Adjudicators* of Nos. 1, 2 and 3 will be announced in the 1893 program.
>
> No. 4. Messrs. John B. Rees (of Rees Brothers' firm) and W. Edmunds, of Chicago.
>
> No. 5. Mr. John Thomas (Pencerdd Gwalia), London, Harpist to Her Majesty the Queen.
>
> No. 6. Mr. David Richards (sculptor), Chicago, and Mr. J. Milo Griffith (sculptor), of London.

GENERAL CONDITIONS—(AMODAU CYFFREDINOL).

1. That the Adjudicators are authorized to divide prizes, where merit be equal, and to withhold prizes where merit is insufficient.

2. That the Executive Committee shall have power to nominate other adjudicators instead of any who may be incapacitated by illness or other unforeseen causes.

3. That the Essays, Hand-books and Novel shall be TYPE-WRITTEN, or, if PEN-WRITTEN should be in a round and clear style, with proper distance between lines, so as not to tax Adjudicators in the reading thereof.

'Roedd cynhwysion Eisteddfod Ffair y Byd wedi rhoi bod i sawl pryd blasus dros y blynyddoedd. Yn draethodau hysbysebol-ddefnyddiol; yn gerddi ar destunau da; yn bennill a chân a chorawd i lonni a dyrchafu; yn gelf a chrefft syml i gonsurio'r gorffennol rhamantaidd — o'u cymysgu â dwylo profiadol a'u trwytho â gwin a medd hen wladgarwch teimladwy, prin y codai'r un eisteddfodwr o'r iawn ryw ei drwyn ar bryd o'r fath. 'Roedd rysáit Eisteddfod Ffair y Byd wedi boddio archwaeth y Cymry droeon cyn 1893. Nid rhyfedd i'r Cymrodorion ddibynnu arno drachefn.

Ychydig, fodd bynnag, o eisteddfodwyr Gwalia a ddenwyd dros yr Iwerydd i gyfranogi o wledd Chicago. Nid oedd 5,000 doler yn ddigon i godi awydd ar yr un côr cymysg i fynd i forio, er bod Corau Meibion y Rhondda a'r Penrhyn wedi mentro'r tonnau er mwyn ennill 1,000 doler a Chôr Merched Clara Novello Davies wedi'u dilyn er mwyn ceisio ennill gwobr o 300 doler. Gyda hwy aeth rhai o'r 'artistes' disgleiriaf — Pencerdd Gwalia, telynor y Frenhines, y tenor hyglod, Ben Davies, a'r soprano fwyn, Mary

John Thomas
(Pencerdd Gwalia)

Rhaglen Swfenîr

Ben Davies

Rhaglen Swfenîr

Mary Davies

Rhaglen Swfenîr

Davies. A chyn i'r Eisteddfod ddod i ben ymddangosodd yr ymgorfforiad hoffusaf o fri cerddorol y Cymry — Caradog. Fe fyddent, ill pedwar, yn rhoi cryn bleser i'r cynulleidfaoedd yn y Festival Hall a derbyniai Ben Davies 1,461 doler, Mary Davies 1,000 doler a Phencerdd Gwalia 975 doler am eu gwasanaeth fel perfformwyr proffesiynol. Nid mewn arian, fel y ceir gweld, y talwyd Caradog. 'Roedd ei apotheosis yn hawlio rhagorach ~ydnabyddiaeth.

Ond er cymaint eu poblogrwydd a'u 'brio', ni allai na chôr na cherddor ddominyddu'r gwron a ddaeth i lywio seremonïau'r Orsedd ar ran yr Archdderwydd, Clwydfardd. Yr oedd y Parch. Rowland Williams, Hwfa Môn, wedi'i greu ar gyfer llanw eangderau. Yr oedd i rodio'r Midway Plaisance fel pe na bai'n ddim amgenach na llwybr troed a phan safai ar y Maen Llog a dechrau traethu, oedai'r mwyaf di-feind i holi Pwy? Beth? a Pham? Nid oedd ronyn llai sicr ohono'i hun yn Chicago nag ydoedd yn Llannerch-y-medd. Ac yntau'n cyrraedd oedran yr addewid adeg ei ymweliad â'r Ffair, aeth iddi megis un o'r 'oraclau bywiol' a gwnaeth ei farc yn ddi-feth.

Hwfa Môn

Rhaglen Swfenîr

Ym mis Mai 1893 cyhoeddwyd cerdd ganddo yn *Y Drych*[3] yn mynegi ei deimladau wrth wynebu'r fordaith i America. Ei theitl, yn syml, oedd 'Tros y Don':

> Peth anhawdd iawn yw myned
> Dros y don,
> I wlad wyf heb ei gweled
> Dros y don,
> Ond ar y daith gwynebaf,
> Yn Nuw yr ymddiriedaf,
> Ac yn ei law anturiaf,
> Dros y don;
> A'i enw mawr fendithiaf,
> Dros y don.
>
> Ar diroedd y Neiagra
> Dros y don,
> Mawrygaf y Jehofa
> Dros y don,
> Pregethaf enw'r Meichia,
> A'i aberth ar Galfaria,
> A'r Gwaed a olcha'r dua,
> Dros y don;
> A bloeddiaf Haleliwia,
> Dros y don.

Bu cystal â'i air.

Gan dybied, efallai, fod Hwfa yn ofni salwch môr ysgrifennodd 'Shencyn Shadrach'[4] bwt o bennill i'w gysuro:

> Trust thou in Christ, thy Lord,
> Hwfa Môn;
> You'll find Him still "on board",
> Hwfa Môn;
> Yes, His almighty will,
> Shall bid the storm be still, -
> He'll guard thee from all ill,
> Hwfa Môn.
> Mae'r Iesu eto'n fyw,
> Trugarog yw dy Dduw,
> Ei lais sydd wrth y llyw,
> Hwfa Môn.

Pa un a lyncodd bilsen fydryddol 'Shencyn Shadrach' yn llawen

ai peidio, croesodd Hwfa yr Iwerydd yn ddiogel a phan
gyrhaeddodd Chicago cafodd dderbyniad brenhinol.

Yr oedd Apmadoc wedi utganu o'i flaen yn well na'r un
'barker': 'A glywsoch, ac a welsoch chwi Hwfa yn arwain a rheoli
gorsedd? Dyma ddarlun nad gwiw i'r galluocaf ei ysgrifbin
ddechrau ei ddarlunio. Efe, y pryd hwnnw, ydyw duw awen yn
dysgu a cheryddu. Gwen awen yn gloewi a chynesu ydyw, a
tharan awen, pan fydd angen, yn dystewi crintachrwydd ac
annheilyngdod meidrol. Ysgrifena llenor o fri a dysg o Swydd
Lackawanna, Pennsylvania: "Hwfa Môn is immense! I heard him
preach three times yesterday. His lecture on 'Meibion Llafur' is a
wonderful thing. He is a master of gesture. He is one of God's
noblemen".'5 Beth na wnâi'r fath ryfeddod yn Ffair y Byd? Ni
lwyddai i sefydlu Gorsedd America, mae'n wir, ond fe wnâi
dderwyddiaeth yn destun siarad.

Cyrhaeddodd orsaf y Grand Central ar nos Lun, 28 Awst, a
chael bod torf o ryw ddau gant yno i'w groesawu gan gynnwys
band telynau Madame Chatterton. Canwyd 'Hen Wlad fy
Nhadau' mewn hwyl fawr, agorodd Hwfa ddrws ei gompartment
ac anerchodd am hanner awr cyn disgyn i'r platfform i wynebu'r
edmygwyr, a'r Gwyddyl a'r dynion du a oedd wedi tyrru atynt i
weld achos yr holl gynnwrf. Nid oedd taw ar chwilfrydedd un
Gwyddel: 'Be Jabers, and phat in tunder are ye making such a
divil of a noise? Have ye no mercy on the roof? And sure
enough, Welsh singing and Irish shillelahs will bate the world to
atoms and smithereens. Shake!'6 Nid oes sôn fod Hwfa Môn
wedi'i glywed, chwaethach cytuno ag ef. Fel 'pennaeth mwyn
ymhlith ei barablus blant' aeth rhagddo i feddiannu'r Ffair.

Cynhaliwyd yr Orsedd ddwywaith, ar ddiwrnodau agor a chau
yr Eisteddfod. Cafodd sylw gan y Wasg, ond prin y gwyddai'r
sylwebyddion yn union sut i ymagweddu ati. 'Roedd yn dipyn o
ddirgelwch iddynt. 'The Rev. Rowland Williams,' meddai'r *Chicago
Record*, 'has come from Wales vested with authority by the
archdruid of his country to stand as the hwfa man, or chief bard
of the Chicago eisteddfod.' Ar 5 Medi collodd Hwfa Môn ei
ffordd 'in mazes of the White City and did not reach the circle till
long after the hour of high noon ... then he could not find the
custodian of the robes and was forced to proceed in modern
dress'. Oherwydd ystyfnigrwydd ceidwad un o'r clwydi bu'n
rhaid gwneud heb y gwisgoedd gorseddol am deirawr: 'ancient
Druids and all went out into the light in modern frock coats and
light summer suits'. Yn y diwedd llwyddodd rhai o'r gwragedd i

ryddhau'r gwisgoedd o afael y ceidwad gorselog a
gorymdeithiwyd i'r Festival Hall mewn ysblander trilliw.[7]

Yn y cyfamser, 'roedd Hwfa Môn wedi perfformio:

> On a big white stone in the centre of the government plaza when the
> sun was at meridian yesterday stood an old man. His thin white hair
> was blown about his high forehead and his smoothly shaven, deep-
> lined face. He stretched his hands toward heaven and stamped upon
> the stone . . . There were thousands of men and women and several
> Columbian Guards, their eyes pointed towards the Chief Bard, who
> stood high in the center, Hwfa Môn was his name. He came from far-
> off Wales, and he bore in his hands a parchment signed by Dafydd
> Gryffydd, the Arch Druid of the world.

Dyna a oedd gan y *Chicago Tribune* i'w ddweud ar 6 Medi.
Tystiodd y *Chicago Evening Journal* fod y cyfan 'of a weird
description and most interesting' a bod y seremoni yn gyson â
'the old ritual of the bards that has been employed at the
opening of every national Eisteddfod since the days of King
Arthur of the famous Round Table . . .'[8]

Hwfa Môn ar y Maen Llog

The Chicago Tribune, 6 September 1893

'The worship of the Sun God reproduced in latter-day style' oedd pennawd croch y *Chicago Evening Post.* Gwelsai'r gohebydd ryfeddod: 'Hwfa Môn read the druid prayer to the sun; twelve bards gathered round him: the horn's shrill summons called the clans together and the bards, touching the sword which in the name of peace had been sheathed by the archdruid, pledged themselves to sing truthfully the honour and glory of the clan and its chief.' Yr oedd yn anodd coelio fod y fath beth yn bosibl yn 1893: 'Thus there were reproduced today on the shores of Lake Michigan, within view of dread engines of war, surrounded by white palaces, themselves an epitome of the world's progress, the same solemn rites that 1,700 years ago were enacted in the sacred groves by the waves of the North Sea, on the banks of the Loire and by the lochs of Ireland.' A oedd modd cymryd y cast o ddifrif? 'The bards . . . especially the chief bard — Hwfa Môn — are a new feature to our modern comprehension. It is as if the centuries had rolled away and brought us face to face with ancient Britain, before Julius Caesar's time.' Mae'n rhaid nad oedd gweld y 'bards' yn niwyg 1893 wedi chwalu eu hygrededd fel consurwyr y gorffennol pell. Er gwaethaf eu hymddangosiad normal — crys a gwasgod, cot a throwser, hosan ac esgid yn ôl ffasiwn y dydd — 'roeddent wedi 'taro cis' ar lawer a'u gwelodd yn y Ddinas Wen. I'r sawl a chanddynt lygaid i'w ganfod tremiai 'dirgelwch maith a hudolus' trwy bob pilyn a oedd amdanynt.[9]

Do, fe gafodd yr Orsedd sylw, waeth beth am ei ansawdd: 'No human sacrifices,' meddai'r *Chicago Mail,* 'were offered up at noon today from the green sward opposite the government building; yet the peculiar ceremonies given there preserved almost all the forms of the ancient Druidical rites.' Rhoesai defodau'r Orsedd fod i un o'r 'most unique spectacles yet given on the grounds'. Gwyliwyd hwy, meddai'r *Chicago Herald,* gan filoedd o Gymry 'who stood with heads bowed in the noon sun and listened with mingled awe and curiosity to the mystic rites as conducted by the venerable bard, Hwfa Môn'. Ychydig iawn ohonynt a oedd wedi gweld dim tebyg o'r blaen, ond er odied y profiad iddynt ni themtiwyd mohonynt i watwar, os oes coel ar wasg Chicago. A phan orymdeithiwyd o'r Orsedd i'r Festival Hall nid oes sôn i'r cenhedloedd, chwaith, ymroi i sbortian. 'Roedd Hwfa Môn a'i gyd-feirdd yn ddigon trawiadol o wahanol i hawlio sylw sobr. Yn ôl Apmadoc, addawsai awdurdodau Illinois roi benthyg y 'State Building' ar gyfer rhagbrofion yr Eisteddfod ac arholiadau'r Orsedd. Gellid gorymdeithio oddi yno i'r Festival Hall ac yr oedd

Yr Orsedd yn tynnu'r torfeydd

The Chicago Herald, 6 September 1893

Gorymdaith yr Eisteddfod

The Chicago Herald, 6 September 1893

sôn y caent fand catrawd o wŷr meirch Prydeinig i'w blaenori a
thrwp o draedfilwyr i'w holynu — y cyfan yn dâl am barodrwydd
Côr Cymreig Chicago i ganu 'Gwŷr Harlech' yn Nhwrnamaint
Milwrol Prydain. Yn anffodus, ymddengys mai â llygad ffydd yn
unig y gwelodd Apmadoc yr olygfa honno a lawn haeddai ei
gwireddu ar y Midway Plaisance.[10]

Nid na fu gorymdeithio, wrth gwrs: 'First walked the delegate of the chief druid. Behind him marched bards, priests, musicians and ovates to the wild shrill strains of Cymric music. Above the pageant floated the crimson dragon of Wales and each of the five ancient provinces was represented by its own bard who sang the praises of Glamorgan, Dyfed, Gwynedd, Powys or Caerleon as the case might be.' Dyna a welodd gohebydd y *Chicago Evening Post* ar 5 Medi. 'They marched,' meddai'r *Chicago Herald*, 'with mysterious mien along the white roadways of the exposition grounds, from the green sward of the government plaza to Festival Hall, where the exercises were such as to move mind and heart.' 'Round about the white palaces,' meddai'r *Chicago Tribune*, 'the strange procession passed, bringing back to imagination the prehistoric days when ancient priests offered sacrifices in the oak forests of England, and prayed for the success in arms of their barbaric worshippers.' Ac am orymdaith, 'which was an imposing and strikingly picturesque one and attracted the attention of thousands of Visitors to the Fair . . .', yr ysgrifennodd gohebydd y *Chicago Evening Journal.* O ran llun a lliw ei dieithrwch achosodd yr Orsedd sôn a siarad yn y Ddinas Wen ac nid oes ddwywaith am allu Hwfa Môn i beri i lawer a'i gwelodd gredu ei fod yn ymgorffori hen riniau pwerus. Ni ddychwelodd ar ei union o'r Ffair a bu'n frenin o fath tra bu'n pregethu ac areithio'n ddiflino yn y Taleithiau. Yr oedd ei dreuliau, yn ôl mantolen yr Eisteddfod, yn 324-25 doler.[11]

Nid fod pawb o'r farn ei fod yn werth y gost. Yn *Y Drych* ymosodwyd ar 'Ffol Bethau Eisteddfodol' yn 'Llythyr John Jones'. Y pennaf ohonynt oedd Hwfa ei hun a'r ymhonwyr truenus a urddwyd ganddo: 'Golygfa ddigrifol yn wir ydoedd syllu ar Hwfa a'i ganlynwyr mewn cadachau gwyn, yn gorymdeithio ar y Midway Plaisance. Ymddangosai eu gorymdaith yn anfri ar Gymry goleuedig America ac yn sarhad ar wareiddiad yr oes. . .' 'Roedd Efa Arfon o Ohio, hefyd, yn falch o weld ei gefn: 'Diolch fod Caradog, Dyfed a Hwfa Môn wedi landio yr ochr draw i'r dŵr. Pe buasent yn aros ychydig yn hwy, buasai eu hedmygwyr a'u caredigion wedi eu lladd â phwffyddiaeth . . . pan y gwelaf enw Hwfa mwyach ar dudalennau newyddiadur, yr ydwyf yn troi fy llygaid ffwrdd fel y gwnaf wrth weled hysbysiad am y "Cure All".'[12] Mae'n amlwg fod cynrychiolydd yr Archdderwydd yn rhy 'immense' yng ngolwg rhai o Gymry America.

Gan gofio am y weddi fydryddol honno a yrrodd Hwfa tua'r nef cyn croesi'r Iwerydd, cyfansoddodd 'Rhys Ifan' ddychangerdd, 'Dros y Don', yn ffarwél frathog iddo pan hwyliodd adref, fel y tybiai'r dychanwr, yn llwythog o fraint, bri, doleri — a rhagrith. Bwriadai 'Rhys Ifan' dynnu gwaed:

Fe giliodd haf a'i wenau, Dros y don,
Daeth gauaf o'r pegynau, Dros y don,
Yng nghwmni'r wenol fwyngu
A CHEWRI GWLAD Y LLYMRU
Gludasant aur yr Ianci
   Dros y don,
O! nad âi'r bardd sy'n corddi: Dros y don.

Daw eto'r haf a'i swynion, Dros y don;
Daw'r gŵr a'r dillad duon, Dros y don,
I dd'weyd wrth weilch Columbia
Ei bregeth am 'Galfaria',
A wnaed cyn 'Wyllys Adda', Dros y don;
Ac hefyd weld Niagra!! Dros y don.

Mor brudd ei wedd wrth ddyfod, Dros y don.
Wrth reol sigla'i dafod, Dros y don;
Ac O! fel gwaeda'i galon, wrth weled tlodi Seion
Ond, llifa gras y gwron, Fel y don;
Oll i'w logellau llawnion, Dros y don.

Pan ddaw y wenol eto, Dros y don,
Â'r 'carpet bagger' heibio, Dros y don,
Gwneir iddo gân a phictiwr, A phawb yn fawr eu dwndwr
Yn *moli'r* 'Bardd-Bregethwr!!' Dros y don,
Dyn helpo ein Gwaredwr, Dros y don.

Os clywodd Hwfa Môn ni chymerodd sylw o un o'r ychydig gerddi dychan cyllellog i darddu o'r byd eisteddfodol yn y ganrif ddiwethaf. Hwyliodd adref ar y *Teutonic*. Yn stesion Llangollen 'roedd band a thorf yn ei ddisgwyl ac aed ag ef i Neuadd y Dref i'w 'leweiddio': 'Fel prif fardd yn myned drosodd i sefydlu gorsedd ac eisteddfod gydgenedlaethol i Gymry yr Unol Dalaethau — fel prif feirniad a phrif arwr eisteddfod Chicago, fel pregethwr a darlithydd poblogaidd, mae'n debyg fod Hwfa Môn, y tro hwn, yn sefyll ar ei ben ei hunan yn mlith yr holl gewri . . .' Gartref yng Nghymru, bu'n traethu'n broffidiol droeon am Ffair y Byd er nad mor aml â'r Parch. J. Gomer Lewis, Abertawe a luniodd arch-ddarlith o'i brofiadau yn Chicago a'i thraddodi 564 o weithiau. 'Roedd ef wedi dysgu gwersi 'Barnumism' yn drylwyr.[13]

Waeth beth am ei ddibriswyr, cawsai Hwfa Môn ei oriau mawr yn Ffair y Byd. Yn bennaf dim, cafodd gadeirio bardd 'gyda rhwysg anghyffredin' gerbron miloedd o eisteddfodwyr, heb sôn am 'some of the foremost men of the great American continent, Welshmen who had advanced by persistence and pluck and sheer ability to the best positions a free country can afford'. Dyna farn y *News of the Week*, o leiaf, am rai o'r gwŷr mawr y credai eu bod ar y llwyfan adeg y cadeirio ynghanol 'torf lluosog yn ymsymud ac ymysgwyd megys dan ddylanwad corwynt, a'r brwdfrydedd yn anorchfygol'. Pwy na synnai at y fath olygfa? 'The scene was all the more notable and impressive because so far removed from its native environs, for who in the wide world would have allowed even his thoughts to establish a Gorsedd and an Eisteddfod peopled with bards and ovates, and englynwyr, and penillion singers in this business-soul'd, go-ahead city of hard-fisted commerce? But there is no difference in the spirit of the Eisteddfod.'[14]

Dewiswyd 'Hen Ffrynd cenedl y Cymry', chwedl Idriswyn, sef 'Iesu o Nazareth' yn destun y Gadair a daeth pum awdl i law. Mae'n rhyfedd na ddaethai mwy o ystyried y testun a maint y wobr. Câi'r bardd buddugol 500 doler, Cadair dderw a bathodyn aur am awdl heb fod mwy na dwy fil o linellau na llai na phymtheg cant, a phenderfynodd y beirniaid — Hwfa Môn, Dafydd Morganwg a G.H. Humphrey — mai awdl y Parch. Evan Rees (Dyfed) oedd yr orau. 'Roedd yn enillydd poblogaidd iawn.

Dyfed

Cadair Eisteddfod Ffair y Byd, 1893

Amgueddfa Werin Cymru

Er ei eni yn Sir Benfro yn 1850 — yr oedd ei daid, yn ôl a ddywedid, yn filwr pan laniodd y Ffrancod — Sir Forgannwg a'i moldiodd. Yn saith oed dechreuodd weithio dan ddaear yn Aberdâr ar ôl colli ei dad, a bu'n löwr tan Streic Fawr 1874-5 pan symudodd i Gaerdydd i weithio yn y dociau ac yna ar y rheilffordd. Yno, gyda'r Methodistiaid yn Pembroke Terrace, y mentrodd bregethu gyntaf ac yn 1884 fe'i hordeiniwyd yng Nghymdeithasfa Tai-bach. 'Roedd yn gynnyrch aelwyd ddiwyd, grefyddol ac yn un o blant cynddelwig yr Ysgol Sul. Gofal am ei fam weddw a'i gwnaeth yn fardd cystadleuol yn ôl rhai o'i edmygwyr ac yn Chicago ychwanegodd Gadair arall, un drawiadol o hyll fel mae'n digwydd, at y deg a enillasai eisoes. Daeth o Ffair y Byd 'yn fardd Cymreig anrhydeddusaf yr oes'.[15]

Yr oedd wedi ymweld â'r Unol Daleithiau yng nghwmni'r cerddor, David Jenkins, yn 1885. Yn 1893 aeth yno'n ddistaw bach. Ei ffugenw oedd 'Lazarus'. Derbyniodd deligram deuair gan Apmadoc yn ei wysio i'r Eisteddfod: 'Lazarus, come.' Dywedir na wnaeth ond pacio'i fag pregethu, a phrynu cap newydd cyn hwylio o Lerpwl. Os cyrhaeddodd yn ddi-sylw ni adawodd yn ddi-sôn-amdano. Fe'i boddwyd mewn mawl. O'r llu englynion cyfarch a saethwyd ato 'roedd un, gan Philo, yn Saesneg:

> Hurrah to our chaired hero — Dyfed,
> Divinely favoured Cymro;
> Brains in sweet strains have borne thee through,
> Unchequered in Chicago.

Priodoldeb y ffugenw, fodd bynnag, a gyffrôdd awen Cynon-fardd:

> 'Lazarus', fardd grymusol — hen arwr,
> Ni erys yn farwol;
> Ato ni ddaeth eto 'nôl,
> Yn Ddyfed awen ddwyfol.[16]

Dychwelodd y prifardd 'unchequered' yn fawr ei fri i Gymru a chanddo nid yn unig arian yn ei god a Chadair dderw, ond darn o dir yr Unol Daleithiau, hefyd. 'Roedd Mr a Mrs Fred L. Jones wedi ychwanegu 'a Spokane (Washington) Albion Heights Lot, valued at $100' at wobr y cadeirfardd, a chan ei fod mewn ardal a oedd yn cael ei datblygu'n gyflym 'roedd gobaith y byddai Dyfed cyn hir yn dirfeddiannwr cyfoethog. Druan ohono! Yn 1986 aeth Miss Beti Rhys, wyres Nathan Wyn, brawd Dyfed, i chwilio am 'Block 11, Lot 8, Albion Heights' yn Spokane a darganfod 'ei fod ar graig uchel ar gyrion Gogledd Ddwyrain y dref ac erbyn hyn ei fod wedi dychwelyd i feddiant y llywodraeth leol am nad oedd neb wedi talu'r trethi arno am bron i ganrif'. Yn ôl stori ddifyr Beti Rhys collasai Dyfed y brydles pan oedd ar ei wyliau yn Tenneriffe yn 1909. Symudodd o Westy Battenberg i Westy Victoria a thybiai, o ganlyniad, fod y rheolwr anfoddog wedi dinistrio'r llythyr a anfonasai'i gyfaill, y Parch. Gwilym Williams, ato yn cynnwys y brydles. Hebddi, ni allai hawlio'i dir yn Spokane. Mesurai'r darn craig a enillasai Dyfed 132 troedfedd wrth 50 troedfedd a phe codid tŷ arno byddai gan y trigolion olygfa ddwyn-anadl. Ond er bod tai newydd wedi'u codi hyd at ryw 400 troedfedd o 'Block 11 Lot 8', ni fwriedid codi tŷ ar yr union safle hwnnw gan mor anodd fyddai sicrhau cyflenwad o ddŵr a thrydan. Nid mor hawdd yr ymgyfoethogai bardd o Gymro, hyd yn oed un a gawsai wobr am ganu i 'Iesu o Nazareth'. Nid oedd y graig a gawsai Dyfed yn un i godi tŷ arni.[17]

Ar 17 Tachwedd, cynhaliwyd cyfarfod yng Nghaerdydd dan ofal y Maer i anrhydeddu Dyfed. 'Roedd Idriswyn am i bawb sylweddoli fod yr Oes Aur wedi gwawrio ar y Cymry. Byddai'n rhaid i'r Saeson ffroenuchel gydnabod eu tegwch: 'Yr ydym yn mynd i gael ein lle yn y dyfodol a'n cydnabod yn deilwng; bydd ein llenyddiaeth yn cael sylw ac estroniaid yn dysgu ein hiaith er ei mwyn; cyfyd cenedl a fydd yn ymffrostio yn ei gwaedoliaeth a'i hiaith; ac fe gaiff y wlad lonydd am byth gan hiliogaeth drahaus Dic Shon Dafydd.' Rhaid bod Idriswyn yn ffyddiog na ddôi'r Saeson i wybod na fedrai'r Cymry ganu i 'Iesu o Nazareth', hyd yn oed, heb beri ffrae eisteddfodol ddiraddiol.[18]

'Cyreniad', sef y Parch. J. Tudno Jones, oedd yn ail i Ddyfed yn Chicago. 'Roedd wedi gofyn i Apmadoc roi gwybod iddo pe digwyddai ennill, a'i gynrychioli yn seremoni'r cadeirio. Pan sylweddolodd nad oedd i gael y wobr gyrrodd lythyr Saesneg at Idriswyn ar 2 Medi (!) yn dweud nad oedd yn gystadleuydd a'i fod am iddo hysbysu Cymrodorion Chicago o'i benderfyniad. Ni chredai fod cyfrinachedd y gystadleuaeth wedi'i ddiogelu ac 'roedd felly'n ymwrthod â hi 'for reasons satisfactory to myself'. Yn naturiol, ymlidiodd Idriswyn a hawliodd naill ai esboniad cyflawn neu ymddiheuriad. Yr oedd yn well gan Tudno, gan ei fod wedi'i ddonio ar gyfer y gwaith, barhau i ddwyn cyhuddiadau a chyfiawnhau ei hun fel 'clerigwr diniwed' a gawsai gam. Lledodd y ffrae i'r Genedl Gymreig a'r Western Mail a bu'n rhaid i Dafydd Morganwg dystio'n gyhoeddus nad oedd wedi hysbysu Dyfed ymlaen llaw o'i fuddugoliaeth. Y gwir oedd fod

Tudno wedi hurio 'Ysgorpion' i'w bardduo ef yn *Y Genedl Gymreig.*[19]

Mae'n sicr fod enw prifardd Eisteddfod Ffair y Byd yn hysbys cyn i'r *Drych*, o ran sbeit at y *Columbia*, gyhoeddi ei lun a thipyn o'i hanes ddiwrnod cyn y cadeirio. Nid peth anarferol oedd methu â chadw enw'r prifardd yn gyfrinach, fel y dywedodd *Y Diwygiwr*, 'a dylasai Tudno, o bawb, fel hen feirniad, a hen Eisteddfodwr, wybod nad oedd dim yn beryglus nac yn anghyffredin yn hynny'. Gresyn, serch hynny, fod cymaint sôn wedi bod am yr enillydd tebygol yn Chicago: 'Yr oedd enw y bardd buddugol ar bob tafod llenyddolyn y wlad hon a'r wlad hwnt, wythnosau cyn yr Eisteddfod — yn wir, braidd cyn cystadlu!' Yn naturiol, 'roedd y Cymrodorion am gael Dyfed yn yr Eisteddfod er mwyn 'gwneud Ffair o honi . . . ond wedi'r cyfan, gallesid, a dylesid gwneud y peth â llai o sain udgorn'.[20]

Rhoes y *Western Mail* farn ar brotest Tudno mewn cartŵn (awdlau i 'Iesu o Nazareth' yn rhoi bod i gartŵn!) a dangosodd *Cwrs y Byd* ei ddirmyg at feirniadaeth Dafydd Morganwg gan ddweud: 'Pe na buasai y wobr ond croen cwningen, am bedwar pennill i'r mul mewn eisteddfod ar fynydd Eppynt, buaswn yn

" TUDNO " AND THE CHICAGO AWDL COMPETITION.
" Idriswyn " Sitting on " Tudno."

Cartŵn y *Western Mail* yn *News of the Week*, 21 October 1893

edrych am feirniadaeth gystal â hon.' Ymgadwodd Dyfed rhag y
gecraeth ond ni allai beidio â dweud gair neu ddau yn ystod y
cinio i'w anrhydeddu yng Nghaerdydd: 'Rhaid i ryw greaduriaid
bychain bob amser gael crawcian — creaduriaid y byddai'n berygl
poeri arnynt rhag eu difodi.' Peth peryglus, weithiau, oedd ennill
mewn eisteddfod. 'Roedd ef yn barod i ystyried rhoi'r gorau i
gystadlu, ond nid i farddoni. Nid amharodd Tudno ddim ar enw
da Dyfed a phan fu farw Hwfa Môn yn 1905 efe a etifeddodd
swydd yr Archdderwydd a'i dal tan ei farw yntau yn 1923. Y
cyfan a wnaeth Tudno oedd ffaglu tanau'r hen ymryson
eisteddfodol rhwng eglwys a chapel. Rhaid bod gweld Methodist
yn brifardd Eisteddfod Ffair y Byd yn flinder enaid iddo.[21]
    Onibai am awdl Dyfed ni fyddai'r Gadair wedi'i hennill yn
Chicago. Pan gyhoeddwyd awdl ail orau Tudno ni chafwyd ynddi
na cheinder iaith na mawredd dychymyg a meddwl. 'Swp o
frychau' ac 'ambell berl yn gymysg a hwynt' oedd barn *Cwrs y
Byd*, a beiodd Dafydd Morganwg am beidio â nodi 'ei chlogyrn-
eiddiwch, ei hanrhefn, ei chymysgedd, beiau ieithyddol a'i
chyfeiliornadau duwinyddol'. Cafodd awdl Dyfed dderbyniad
cynnes, mae'n wir, ond er gwaethaf rhai llinellau cofiadwy y mae
wedi hen ddyddio. Y mae ei hyd yn llawer hwy nag awen Dyfed
er cymaint yr oedd wedi dotio at y testun: 'Dyma destyn y
testynau; ac y mae Duw a dyn, nefoedd a daear, amser a
thragwyddoldeb, yn teimlo y dyddordeb mwyaf ynddo.' Er cystal
y wobr, nid honno a'i denodd: 'Yr oedd y mwynhad a'r
hyfrydwch a deimlwyd yn nghymdeithas yr Iesu yn fwy o werth
na holl wobrau yr Eisteddfod gyda'u gilydd.' Ond fe'i siomwyd
yn enbyd pan dociodd y pwyllgor hyd gofynnol yr awdl o dair
mil o linellau i ddwy am fod rhai darpar ymgeiswyr yn
gwangalonni wyneb yn wyneb â'r her, gan 'fradychu y gwendid
mwyaf anfaddeuol'. Rhoesai ef y byd am gael canu pedair mil o
linellau: 'Anffawd fawr oedd y cyfnewidiad hwn; yn gam â'r
testyn, yn gam â'r Eisteddfod, ac yn gam â llenyddiaeth.' Yr
oedd, fodd bynnag, 'fel dysgybl diymhongar i Iesu o Nazareth' yn
cynnig ei awdl i sylw'r cyhoedd: 'Gan nad faint o ddiffygion sydd
ynddi, os bydd iddi gynyrchu y graddau lleiaf o barch,
edmygedd, a chariad at y bendigedig Iesu, rhodder y gogoniant i
Dduw pob dawn.'[22]
    Cystadleuaeth wan oedd cystadleuaeth y Gadair yn Chicago.
'Roedd cystadleuaeth y Goron yn wannach. Er gosod 'George
Washington' yn destun a chaniatáu cyfansoddi arwrgerdd tair mil
o linellau, ni chystadlodd ond dau am y Goron a 200 doler.

Dyfarnwyd neb llai na Watcyn Wyn yn fuddugol, ond penderfynwyd na haeddai fwy na 100 doler gyda'i Goron. Yn ei absenoldeb coronwyd Cynonfardd yn ei le ond amheuai'r *Diwygiwr* a fyddai'r enillydd wedi bodloni ar y drefn petai yno: 'Torwyd pen y buddugwr, ac yna coronwyd ef yn ei waed. Pe buasai yr awdur yno, yr ydym yn teimlo'n bur sicr na chawsai y ddwy oruchwyliaeth eu cyflawnu, dichon y gallasent dori ei ben, ond yr ydym yn sicr nas gallasent ei goroni ar ôl tori ei ben heb dori'r Heddwch!' Yr oedd *y Diwygiwr* yn llygad ei le. Dychanodd Watcyn Wyn ddyfarniad y beirniaid mewn cyfres o benillion:

> Diolch i wlad Colorado
> Am anfon y Goron draw;
> Am ddoleri Chicago,
> 'Dwy'n hidio dim o'r baw;
> Dichon fod mwy o ddyled
> Ar y Pwyllgor nag ar y Bardd,
> Efallai fod cant o ddoleri
> Iddyn' nhw yn swm bach hardd!

Fe'i gwatwarodd hefyd yn Saesneg:

> Yn Ffair y Byd was execution,
> Quite a modern revolution;
> Take the poet by the collar,
> And rob him of one hundred dollar:
> Behead him first, and crown him after,
> Amid great shouting and great laughter.

A rhoes y gorau i gystadlu fyth mwy. O leiaf fe gafodd ei Goron ac fe gafodd glywed canu ei glodydd, hefyd, mewn cyfarfod yn Rhydaman a gynhaliwyd yn Neuadd yr Iforiaid, 19 Rhagfyr 1893. Rhodd Merched Denver, Colorado oedd y Goron arian gwerth 75 doler ac ynddi 'garnet Diamonds'. Daeth Dyfed â hi yn ôl i Gymru lân yn ei fag pregethu a'i dwyn hi i dref dan drwynau swyddogion y tollbyrth yn Lerpwl heb iddynt amau dim. Ni allai prifardd o Fethodist, hyd yn oed, ymweld â Chicago heb ddysgu rhywbeth am 'ddull y byd hwn'.[23]

Llywyddwyd y cwrdd anrhydeddu gan yr Anrhydeddus Anthony Howells, Conswl yr Unol Daleithiau yng Nghaerdydd, Cymro Cymraeg a gredai fod yn rhaid dysgu Saesneg er nad oedd y sawl a anghofiai iaith ei fam yn ffit i gael mam. Tystiodd mai'r Cymry oedd y bobol mwyaf moesol a heddychlon yn America. Tystiodd y beirdd a ddaethai ynghyd, gan gynnwys Elfed, Gurnos, Morleisfab, Gwydderig a Ben Davies mai Watcyn

Wyn oedd y 'Coronog Gawr Awenydd' a chan gyfeirio at y wobr
hanerog disgrifiodd Gwydderig wlad yr Ianci fel 'daear twyll' a
'Gwerin-lywodraeth i garn o ladron'. Cafwyd noson hwyliog
iawn. Fel y canodd Eos Dâr a Madam Martha Harries Phillips —

> Dyffryn Aman nid yw 'nôl,
> Nid bechgyn ffol sydd yno;
> I Ddyffryn Aman dros y don, Daeth Coron Colorado;
> Dyffryn Aman ar fy ngair
> Gadd shâr o Ffair Chicago![24]

Mae'n arwyddocaol, wrth gwrs, nad oedd yr un bardd yn yr
Unol Daleithiau erbyn 1893 a allasai ganu'n afaelgar ar na 'Iesu o
Nazareth' na 'George Washington', dau ffigur y gellid disgwyl
iddynt gyffroi awen foliant y Cymry. Nid oeddent hwy am fod yn
ail i neb yn y byd, gellid tybio, yn eu hymlyniad wrth yr Iesu nac
yn ail i neb yn yr Unol Daleithiau yn eu hedmygedd o
Washington, yr arwr Americanaidd cynddelwig. O'r foment yr
ymddangosodd yn 1851 aeth *Y Drych* ati i annog y Cymry i
gefnogi'r Washington National Monument Association ac i sicrhau
y byddai Maen teilwng o'u teyrngarwch i'w weld yn amlwg yn ei
Gofgolofn. Fel dynion 'sydd yn gallu gwerthfawrogi nodweddiad
yr anfarwol Washington, a'r egwyddorion gogoneddus a geir yn
ymgorffori yn ei enw, — mae yn ddyledswydd ar y Cymry
Americaidd i brofi eu hymlyniad wrth yr Undeb a rhyddid, trwy
dalu teyrnged i goffadwriaeth gwir Dad ac Arwr ei wlad'. Yr
oeddent i fawrhau Washington 'fel Americiaid ag y mae
coffadwriaeth hen amseroedd Hywel Dda a Hu Gadarn yn
werthfawr ganddynt', ac nid fel cenedl ar wahân yn y
wladwriaeth.[25]

Barnai'r Pwyllgor Canolog a ffurfiwyd i ddwyn y Maen
Cymreig i'w briod le fod angen o leiaf 600 doler i sicrhau un
clodwiw: 'Bydded i nodweddiad Washington gael ei osod allan yn
ei wir oleuni llachar ac ysblenydd . . . Na fydded i'r ysmotyn du o
"grintachrwydd" cybyddlyd lynu wrth yr enw Cymreig ar yr
achos presenol. Byddwch haelfrydig yn eich diolchgarwch am yr
oll a fwynhewch.' Cyndyn, fodd bynnag, oedd y Cymry i
gyfrannu. Ni ddaethai ond 84 doler ac addewidion gwerth 352
doler i law (25 doler o Chicago) erbyn mis Awst 1851. Serch
hynny, nid anobeithiai'r Pwyllgor gan fod yr ymateb
'cenedlaethol' i'r apêl yn wannaidd. Yn wir, nid tan 1885 y
dadorchuddiwyd y Gofgolofn y dechreuwyd casglu ati yn 1833.
Ond pan aeth Samuel J. Davies o Washington i ymholi am y

Cofgolofn Washington yn Washington D.C.

Maen Cymreig yn Ionawr 1885 nid oedd sôn amdano. Cafodd glywed gan Daniel L. Jones, Brooklyn nad oedd ond dau o'r pwyllgor gwreiddiol a fu'n casglu at y prosiect yn fyw. Un ohonynt oedd William Miles, Efrog Newydd, y trysorydd. O'r 2,500 doler a gasglwyd, gwariwyd 1,000 ar fodel clai o'r Maen arfaethedig. Anfonwyd gweddill yr arian i Utica. Oni chlywai am ragorach syniad, bwriadai Daniel L. Jones ei hun gomisiynu Maen ac arno'r un gair syml, WALES. Rhaid oedd ei gael i'w le.[26]

Ond fe gafodd Washington ei le yn eisteddfodau'r Cymry. Aeth eisteddfota'n rhan o firi diolchgar y 'Fourth of July' ac yn ffordd o ddathlu pen-blwydd 'Tad ein Gwlad' ar 22 Chwefror, fel y gwnaed, er enghraifft, yn 1884 yn Eisteddfod Fawreddog Plymouth, Pennsylvania ac yn Eisteddfod Gerddorol Efrog Newydd lle bu'r llywydd, y Parch. Henry Ward Beecher, yn ymffrostio yn ei waed Cymreig gan resynu na fedrai siarad Cymraeg. Mewn gair, pa bryd bynnag yr eid ati i anthemu annibyniaeth yr Unol Daleithiau byddai George Washington ynghanol y moliant. 'Rhyddid yn Goleuo y Byd' (sef 'Statue of Liberty', Bartholdi) oedd testun yr awdl yn Eisteddfod Scranton, 1885, ac ni ellir darllen cerdd fuddugol y Parch. D.C. Phillips (Celyddon) heb sylweddoli fod 'ysbryd Washington' yn ei hydreiddio:

> O! deg genedl a anwyd i gynydd
> Hedyn dihafal sy'n adwaen Dofydd!
> Hi saif yn glodus fel safon gwledydd
> Is ser breiniol fel rhos yr wybrenydd,
> Arwydd da'i baner yw rhyddid beunydd,
> Tra gwena'r huan i bob trigianydd,
> Einioes hir i hon sydd — mewn arfaethiad,
> Mae'i dwyfol urddiad mad fel y wawrddydd![27]

Rhaid fod cyffredinedd y canu i Washington yn Chicago yn gryn siom i'r Cymrodorion. Os mai'r bwriad oedd symbylu'r beirdd i ganu epig ddigamsyniol a gariai'r Cymry i amlygrwydd ar ysgwyddau'r arch-Americanwr, ni lwyddwyd. Ni fuont ar eu hennill, chwaith, o gynnig 150 doler ac Eryr Arian am bryddest dwy fil o linellau, Cymraeg neu Saesneg, ar 'Christopher Columbus'. Derbyniwyd tair cerdd a gwobrwywyd pryddest Saesneg G.A. Leader, Llundain na chlywyd dim amdani wedyn. Yr oedd Caradog ac Arthur, Llywelyn a Glyndŵr wedi'u gosod o'r neilltu i ddim pwrpas. Yn Nhachwedd 1887 edliwiodd *Y Drych* i'r Cymry eu dibristod o'u harwyr gan bwysleisio gwerth cofgolofnau fel pileri gwladgarwch. Carai weld TALIESIN ar Boston Common; DEWI SANT yn Central Park, Efrog Newydd; DAFYDD AP GWILYM yn Baltimore; OWAIN GLYNDŴR yn Washington; DEWI WYN o EIFION yn Philadelphia; CARADOG ym Mharc Lincoln, Chicago; LLYWELYN Y LLYW OLAF ym Mharc Eden, Cincinnati a SYR HUGH OWEN yn San Francisco. Gellid comisiynu'r cerflunydd o Gymro yn Efrog Newydd, David Richards, i gyflawni'r gwaith rhag i'r Cymry, unwaith eto, orfod cywilyddio o'u cymharu â'r Albanwyr a'r Gwyddyl. Ysywaeth, nid oedd ond un syniad gwladgarol arall a dynghedwyd i syrthio ar fin y ffordd. Yng Nghymru, nid oedd pethau ddim gwell fel y prawf ysgrif olygyddol ar 'Ein Gwroniaid Meirw' yn *Y Faner*, 30 Awst 1893: 'Nac anghofied Cymru ei gwroniaid! A bydded i'n meibion celfyddgar gyflwyno eu hathrylith i addurno eu beddau anghofiedig ... Y pryd hyny, gallwn wneyd heb dôn nawddogol y rhai sydd yn "ymostwng", megys, i gydnabod ein bodolaeth fel cenedl yn awr, a bydd ysbrydoliaeth y rhai "a ddaw" yn tarddu o feddau y rhai "a fu"; ac angel gwyn llwyddiant yn coroni ymdrech yr hen genedl i feddiannu ei safle briodol yn mysg cenedloedd y deyrnas a'r byd. Ar feddau gwroniaid meirw y megir gwladgarwch; ac o ddioddefaint y gorphenol y daw cryfder y dyfodol. Ein man gwanaf ni, fel Cymry, ydyw ein hwyrfrydigrwydd i addurno beddau ein gwroniaid meirw.'[28]

Ac eithrio cynnig 100 doler am libreto opera ar 'Owain Glyndŵr'; 100 doler am baentiad olew yn dangos 'Caradog gerbron Ymerawdwr Rhufain' a 75 doler am fodel plaster o 'Gelert, helgi enwog y Tywysog Llywelyn *ar ôl ei glwyfo*', ni chafodd hen arwriaeth y Cymry wneud fawr mwy yn Chicago, chwaith, na thaenu gwawr denau rhamant y gorffennol dros y digwyddiadau. 'Roedd y wawr denau honno'n ofynnol, wrth gwrs, ond go brin fod gwladgarwch rhy blaen ei dafod, megis a gafwyd yn ysgrifau chwyrn Eidiol ar 'Dichell a Brad y Saeson' yn 1877 ac yn un o lithiau golygyddol *Y Drych* ar 'Y Saeson ac America' yn Awst 1888, i'w arddel. Gorau po felysaf oedd gwladgarwch yr alltud fel y darganfu Mynyddog yn Washington, yn 1876, pan wahoddwyd ef a'i wraig i ginio gyda phrif Gymry'r ddinas yng nghartref y patriarch, Mr. David Jones:

> On each corner of the table stood a castle of ice cream; on the corner next to Mynyddog the Castle of Carnarvon was represented; next to the excellent Mr. Wilkins the Castle of Harlech; next to Mr. John Jones, Aberystwyth Castle; and on the corner next to Mr. Edwards, of the British Centennial Legation, the Castle of Beaumaris. In the centre

of the table were two cakes; one representing the pancakes of Anglesey, and the other the plum-puddings of Glamorganshire. Near them was a tower of cakes and grapes representing the Muse of Wales.

Peth felly yw pob gwladgarwch, gartref ac oddi cartref, pan yw heb wir gynnwys diwylliannol. Y mae'n hawdd iawn ei lyncu, nid oes gwaith treulio arno, ac nid yw'n digoni.[29]

Ni ddylid, yn y cyfwng hwn, anwybyddu'r ffaith nad oedd lle i MADOG yn Eisteddfod Ffair y Byd. Diau fod rhai o'r Cymrodorion yn cofio'r helynt a gododd yn Eisteddfod Fawr Llangollen, 1858, pan ddioddefodd Thomas Stephens y fath sarhad. Erbyn Medi 1893 fe fyddent i gyd yn gyfarwydd â'r stori gan i Llywarch Reynolds gyhoeddi traethawd hanesyddol Stephens ac ysgrifennu rhagymadrodd ergydiol iddo. Cododd sawl hen grachen. Mae'n siŵr fod y Cymrodorion yn falch o'r ddoethineb a gadwodd MADOG dan yr hatsus. Ni fyddai Syr George Baden-Powell, A.S., wedi cytuno â hwy. Pan fu'n traethu ar 'Welshmen and the British Empire' gerbron Cymdeithas Genedlaethol Gymreig Lerpwl yn Ionawr 1893 dywedodd wrth ei gynulleidfa fod rhywun wedi dweud wrtho ei fod ef yn un o ddisgynyddion MADOG 'and I firmly believe that happy legend'. Aeth yn ei flaen i roi prawf personol o'i nerth a'i dylanwad:

This time last year when I was in Washington, the relation of that legend obtained for me the personal friendship of my chief antagonist. You will know I was engaged in the Behring Sea controversy at a time when the relations were so strained between the mother country and the United States, and I shall be divulging no secret if I say that in the opinion of those best able to judge there was imminent risk of very ugly relations between the countries. I was one of those entrusted with the task of conducting the negotiations on behalf of this country, and the United States had placed their case in the hands of an exceptionally able American, the well-known Mr. Blaine. Mr. Blaine had the reputation of being a bitter hater of England. I will not attribute what subsequently followed to the statement I made about my Welsh ancestor, but on one occasion when he had been particularly strong in standing up for America's rights, I had told him that as an American citizen he was only doing his duty. I admired him for it, but I added, 'And I ought to be a much better American than you, seeing that it was my ancestor who discovered America.' He said:— 'Now, surely, you are not a Spaniard — and you don't believe in the tales about the Norsemen.' 'No,' said I, 'but there is not the slightest doubt that Madoc, the Welshman, did cross the Atlantic, spend some time in America, and return, although after setting sail on his return to America he was never heard of.' From that day to this Welshmen have been great navigators as they have been great sailors and soldiers, and it has been a pride to me to tell everyone that North America belongs to our civilisation, owing to the discoveries of a Welshman, just as now we have Central Africa coming within our reach, thanks to the indomitable energies of another Welshman, the great explorer Stanley.

Y mae'n anodd peidio â chredu na fyddai Syr George Baden-Powell wedi gwneud i'r Cymrodorion feddwl ddwywaith am gelu MADOG petai wedi cael cyfle i'w hannerch.[30]

Waeth beth am swmp tystiolaeth Baden-Powell, dan holl rwysg gorseddol y cadeirio a'r coroni nid oedd fawr o sylwedd. 'Roedd llai fyth yn rhai o'r cystadlaethau eraill. Ataliwyd y gwobrau am hir a thoddaid i 'Ffair y Byd', er bod chwech wedi cystadlu ac am gywydd i 'Ardderchog Lu y Merthyri', er bod pump wedi cystadlu. Cafwyd teilyngdod yng nghystadlaethau'r fyfyrdraeth, 'Y Bardd ar Farddoniaeth'; y gân, 'Celf', a'r libreto opera ar 'Owain Glyndwr' ('Index' oedd yr unig ymgeisydd), ond ni chafwyd dim a oroesodd. Ni chreodd cyfieithiad buddugol Hugh Edwards (Huwco Penmaen) o 'Locksley Hall' Tennyson fawr o argraff, dim mwy nag y gwnaeth cyfieithiad y Parch. Erasmus W. Jones o 'Gwenhwyfar' Llew Llwyfo, ac nid oedd enillydd i'r wobr am gyfieithu'r rhieingerdd, 'Evangeline', i'r Gymraeg. Tra byrlymai'r heip, prin yn wir oedd awen Eisteddfod Ffair y Byd.[31]

O'r tair prif wobr yn yr adran rhyddiaith dim ond un a ddygodd ffrwyth. Ni chafwyd traethodau arobryn ar 'Celtic contributions to England's Fame and Power' (un ymgeisydd) na 'The Extraction and Career of Welshmen who have distinguished themselves in various fields of Learning' (un ymgeisydd). Ni luniwyd yr un 'Llawlyfr Hanesyddol o'r prif Eisteddfodau' (tri ymgeisydd) gwerth ei wobrwyo, ac onibai am Charles Ashton byddai'r wobr am 'Llawlyfr Byr-Fywgraffol a Byr-Feirniadol o'r Beirdd Cymreig a'u Barddoniaeth, o William Lleyn (1560 O.C.) hyd at Gwilym Hiraethog . . . hefyd heb ei hennill. Haeddai ef ei 100 doler yn llawn a chafodd, yn ogystal, trwy haelioni Mr. Henry Parry, cefnder H.M. Stanley, a'r barnwr G.W. Roberts, y naill o Mitchell a'r llall o Yankton, De Dakota, 'one lot in University Square, Mitchell, valued at 200 dollars . . .' Beth bynnag a ddaeth o dir Charles Ashton, ni wnaeth ddyn cyfoethog ohono.[32]

Er mai dim ond dau a gystadlodd am y 300 doler a'r 'buggy' a gynigiwyd am draethawd Saesneg ar 'Welshmen as Civil, Political

Beirniaid Llên o Brydain

Dafydd Morganwg		Dyfed
Dewi Môn	Yr Athro John Rhŷs	Elfed
Lleurwg	Yr Athro O.M. Edwards	Tudno

Rhaglen Swfenîr

Beirniaid Llên o America

Yr Anrh. Ellis H. Roberts Yr Anrh. H.M. Edwards Y Parch. D. Parker Morgan
Yr Anrh. Thomas L. James Yr Athro G.F. Wright
Y Parch. E.C. Evans, M.A. Y Parch W.C. Roberts, D.D.
Y Parch. Jenkin Lloyd Jones Mr. G.H. Humphrey, M.A.

Rhaglen Swfenîr

and Moral factors in the formation and development of the United States Republic' (dychmyger yr ymateb pe cynigid Volvo yn rhan o Wobr Llandybïe heddiw), yr oeddent yn ddau deilwng ym marn y Parchedig Ddr. W.C. Roberts a'r Anrhydeddus Thomas L. James. Y Parch. W.R. Evans, Gallia Furnace, Ohio oedd 'Cambro-American' a'r Parch. Eben Edwards, Minersville, Pennsylvania oedd 'William Penn', yr enillydd. Cyhoeddodd W.R. Evans ei draethawd, 'a very creditable piece of composition. . .', yn 1894. Cyhoeddwyd traethawd Eben Edwards yn 1899. 'Roedd yr oedi ar ei ran i'w briodoli i brinder hamdden a chyfnod o ddirwasgiad yn yr Unol Daleithiau. Cawsai feirniadaeth ffafriol iawn gan y ddau feirniad: 'The essay by "William Penn" is a masterly piece of composition, a treasure of valuable information, regarding Cambro-Americans, and a real biographical encyclopedia of Welshmen, who have been factors in the formation and development of this country. The analysis is excellent.' Yn ystod y pum mlynedd tra bu'n disgwyl gweld cyhoeddi ei waith, bu'r awdur wrthi'n ymchwilio ymhellach gan elwa ar sylwadau'r beirniaid. Yr oedd eisoes wedi'i sicrhau ganddynt hwy a Samuel Job y dylai fod i'w gyfrol gyhoedd parod.[33]

Rhaid pwysleisio nad oedd dim yn newydd yn nhraethawd y Parch. Eben Edwards. Gan gymryd y flwyddyn 1789 yn bont hwylus, aeth ati i ddangos maint cyfraniad y Cymry i fywyd yr Unol Daleithiau yn y cyfnodau cyn ac ar ôl y flwyddyn honno. Fel y dywedwyd, 'roedd traethodau a honnai ddangos maint dyled Prydain i'r Cymry yn gynnyrch eisteddfodol digon cyfarwydd yn yr Hen Wlad. Ymfudodd y ffasiwn i America a'r cyfan a wnaeth Eben Edwards oedd ei dilyn. 'Roedd lle i bob Cymro, pa mor denau bynnag ei waed, rhwng cloriau brut Eben Edwards os oedd modd ei ddefnyddio'n brawf o werthfawredd y Cymry. I'r Dr. Bil Jones, traethawd Edwards oedd 'Beibl'

D.R. Williams (Index)

'William Penn'
(Y Parch. Ebenezer Edwards)

Rhaglen Swfenîr

Eisteddfod Ffair y Byd: 'In one volume, the Minersville minister provided his countrymen with the apparent proof that the Welsh had been, were, and would continue to be of inestimable value to their adopted country.' 'Roeddent yn etholedigion daear. I ddyfynnu o ragymadrodd Edwards: 'More than "three nations" did God sift to get "the finest of the wheat", for this, Western, New World's planting; and little Wales stands conspicuous among the "sifted" nations.' Gallai ddyfynnu geiriau'r enwog Dr. Talmage i brofi'r pwynt: 'In all departments of American life, we feel more and more the influence of Welsh immigration; it is good blood, and is corrective of many kinds of blood not so good.' Yng ngeiriau Edwards: 'The "honest Welshman" is appreciated in these days of shameless trickery.' Ac onid oedd yr Arlywydd Harrison ei hun wedi tystio i'w rhagoriaeth: 'No one can say ought but good of the Welsh nation, they are among our best citizens.' Iawn oedd ymorchestu.[34]

Ond fel y sylwodd y Dr. Bil Jones, ym marn Eben Edwards 'roedd hawl y Cymry i edmygedd eu cyd-Americaniaid wedi'i seilio ar rywbeth mwy solet hyd yn oed nag ansawdd eu moesoldeb. Safent ar graig eu hen hanes, hanes cenedl a frwydrodd am ganrifoedd dros ryddid ac annibyniaeth yn wyneb gelyn gormesol. Daethent â'u cariad at ryddid gyda hwy i'r Unol Daleithiau ac o ganlyniad '...the United States Government enjoys the heritage of the ancient Kymry ... The laws of ancient Britons ... guaranteed the equality of civil and religious rights and served the pursuit of life, liberty and happiness. The "free" principles — civil, political and moral — which distinguished those colonies did but reflect what had for ages existed and flourished among the Cymry.' Chwedl y Dr. Bil Jones: 'Not only had the Welsh bred individuals who had aided the growth of the United States, their traditions were at the core of its existence, and, as such, their prominent part in its future was also secure.'[35]

Fel y Saeson hynny a fynnai fod gorchest ymerodrol Lloegr i'w phriodoli i'w hetifeddiaeth Diwtonig yn anad dim, 'roedd y Parch. Eben Edwards am i'r Americaniaid ddeall fod eu gogoniant hwy fel dinasyddion gwlad rydd i'w briodoli i'w hetifeddiaeth Gymreig. Nid oes prawf i'w draethawd greu cynnwrf o'r herwydd wedi'i gyhoeddi, ond mae'n ddiau iddo blesio'r Cymry o gyffelyb fryd i'r awdur. Wedi'r cyfan, nid oedd namyn distylliad o'u meddylfryd hwy, cydnabyddiaeth o'u hanghenion seicolegol arbennig hwy — yr union anghenion y ceisiodd y Parchedig Ddr. W.C. Roberts eu bodloni pan ddarllenodd ei bapur cysurlon ar

'The Origin, Customs and Characteristics of the Welsh' gerbron y Cymrodorion am 10.30 a.m., bore Gwener, 8 Medi. Byddai'n dda gallu dweud fod Edwards wedi'u bodloni'n derfynol, ond dal i filidowcian am ragorolion i'w chwydu gerbron byd edmygus a wnaeth y Cymry. Yn Eisteddfod Gydwladol Pittsburgh, 1913, gwobrwyodd Cynonfardd draethawd Thomas L. James o Sharon, Pennsylvania ar 'The Welshman's Contribution to the Development of America', ac yn y Golden Gate International Exposition Eisteddfod yn 1939 enillodd V.E. Lewis, Edwardsville, Pennsylvania wobr am draethawd, eto fyth, ar 'Contribution of the Welsh People to American Democracy'. Ceir ynddynt yr un olwg ar seicoleg y Cymry ymwybodol hynny a oedd am i'r genedl gael ei gweld 'ar ei gorau' ynghanol cenhedloedd brith yr Unol Daleithiau.[36]

Dyna'r unig olwg ar y Cymry a gâi groeso mewn eisteddfod yn y ganrif ddiwethaf, gwaetha'r modd. Yn oes aur y nofel realistaidd llwyddodd yr eisteddfod i ddiniweitio ffuglen, a hyd yn oed yn Chicago, lle'r oedd y nofel Americanaidd i gael daear fras i'w thwf rhwng y 90au a'r Rhyfel Byd Cyntaf, nid oedd yr hinsawdd yn mynd i feithrin nofelydd Cymraeg o bwys. Mynnodd nofelwyr Chicago ysgrifennu am y ddinas o'r 'tu mewn', gan ymwrthod â chollfarn ystrydebol 'pobol y wlad'. Gwnaethant arwr o'r dyn busnes. Yn 1894 cyhoeddodd Hamlin Garland *Crumbling Idols*, casgliad o ysgrifau a ragwelai awduron Chicago yn cael eu hysbrydoli gan 'original contact with men and with nature'. Ceid gweld geni llenyddiaeth 'not out of books, but of life . . . It will have at first the rough-hewn quality of the first hard work.' Gwireddwyd ei eiriau: 'With its curious mixture of crudeness and culture, provincialism and cosmopolitanism, vulgarity and aggressiveness, Chicago consequently became, if but for a few decades, not only the hub of the country's rail system, but also of its literary creativity.'[37]

Glynodd y Cymry wrth y rhamant, y cyfrwng ar gyfer sentimenta a delfrydu'r gorffennol. Am 'Wales, the Native Land of Fancy' y siaradodd William Dean Howells, 'The Great American Novelist', mewn cinio Gŵyl Ddewi yn Efrog Newydd, 1895. 'I like to think myself,' meddai, 'the son of a people whose courage is as questionless as their history is blameless; of a race wedded from the first to the love of letters, whose saints were scholars, and whose princes were poets — whose peaceful rivalries in love and music at the Eisteddfods are immortal memorials of a golden age, in our iron times; and whose national name is a synonym for honesty, industry, sobriety, piety and all the other virtues, and, so far as I know, none of the vices. What indeed is a vice that can be held peculiarly Welsh?' Os oedd un i'w gael, rhyw rinwedd 'in vicious excess' ydoedd, megis gormod o wyleidd-dra cenedlaethol: 'I can never allow that we have too much fancy. Our fancy has kept us first pure and then peaceable in all high ideals. . .' Dyna'r ffansi a alluogodd Roger Williams, un o arch-gymwynaswyr y Wladwriaeth, 'to imagine that principle of perfect spiritual charity, which none aforetime, holiest saint or wisest sage, had conceived of.'[38]

Yng Nghymru, yr oedd Daniel Owen wrthi eisoes, heb yn wybod i'w edmygwyr, yn dadlennu'r realiti y tu ôl i'r 'appearance'. Ni chafwyd mo'i debyg yn America. Yn Eisteddfod Ffair y Byd cynigiwyd 300 doler am nofel Saesneg, rhwng 65-75,000 o eiriau, 'Representing Welsh mode of thought and feeling as reflected in the customs and manners of their country'. Bu'n rhaid i'r beirniaid, Beriah Gwynfe Evans a'r Parch. Jenkin Lloyd Jones rannu 200 doler rhwng dau gystadleuydd cyffredin o Gymru, sef y Parch. T. Griffiths, Ystalyfera a Mr. John Rowlands, athro yn Ysgol Waunarlwydd, Abertawe. Nid ymddengys fod y nofelau na'r feirniadaeth arnynt wedi goroesi. Nid oes sôn, chwaith, fod yr un Cymro wedi traethu ar ffuglen Gymraeg-Gymreig yn ystod y Gyngres Lenyddiaeth a gynhaliwyd ym mis Gorffennaf. Bryd hynny, fe fu Charles Dudley Warner yn darlithio ar 'The Function of Literary Criticism in the United States', gan ladd ar 'Barnumism' fel ysictod cymdeithasol a beryglai, ymhlith pethau eraill, ddilysrwydd llên: 'There is in it a disregard of moral as well as of artistic values and standards.' Dylai fod yno Gymry eisteddfodol i'w glywed yn galw am feirniadaeth oleuedig. Ac yn sicr, dylai fod yno Gymry i glywed George Washington Cable yn darlithio ar 'The Uses and Methods of Fiction' pan ddadleuodd yn rymus dros gydnabod gwirionedd yr artist creadigol. Nid 'ffeithiau' oedd diwedd stori dyn. Pe medrai'r Gymraeg gallasai alw ar Daniel Owen yn dyst croyw o'i blaid.[39]

Yn eisteddfodau'r Unol Daleithiau, fel yng Nghymru, ni ddaethai awr y nofel. 'Roedd y traethawd yn gyfrwng mwy solet-ddefnyddiol ar gyfer delweddu teilyngdod, 'roedd ei genadwri'n fwy uniongyrchol ac yn anos i'w chamddehongli. Onid oedd ffeithiau yn bethau stwbwrn? O'u dewis yn ofalus gallent fod megis caer ddisyfl. Ni chanfu Cymry'r Unol Daleithiau bŵer y nofel. I ddyfynnu geiriau Jay Monaghan:

Unlike choral singing, creative literature has not been a field where Welsh-born Chicagoans may display their flair for organization. Builders and executives of the greatest industrialized civilization on the face of the globe, they have not emotionalized the scaffolds and the muck, and have stood apart from the rough individualistic school of young Chicago literati. The mighty marvels of industrialism which awed the agricultural minds of literary Americans, were a century old to Welsh immigrants. They achieved success easily in the smoke of a familiar environment, but to them literature was not an exposition of life as they saw it, but an escape — a liberation from the mine.'

Mor wir, mor drist o wir. Dyna sut y bu yng Nghymru, hefyd.[40]

Mater arall, wrth gwrs, oedd y canu. Canu'r Cymry fyddai gogoniant Eisteddfod Ffair y Byd, canu'r Cymry fyddai rhyfeddod y Ffair. Yr oedd cyngherddau ysblennydd yr enwog Theodore Thomas, arweinydd cyntaf Cerddorfa Simffoni Chicago a Chyfarwyddwr Cerdd yr 'Exposition' wedi methu erbyn dechrau Awst er gwaethaf presenoldeb cewri fel Verdi, Gounod a Dvorák. 'Roedd y tâl mynediad yn ormod i'r 'werin' Americanaidd. Gwelai Apmadoc gyfle, o'r herwydd, i osod 'bri oesol ar enw cenedl y Cymry yn Ffair y Byd . . . Er yr holl ryfeddodau sydd i'w gweled yn yr Arddangosfa, ni bydd yno ddim mwy deniadol, sicrach o gael sylw, ac o greu syndod na phresenoldeb corau o filoedd o filldiroedd o bellder — o Gymru — wedi dod yno o bwrpas i gydgadw gwyl â'u cenedl ar yr ochr hòno i'r Werydd.' Pan ddaeth yr Eisteddfod i ben barnai nad oedd y cyfle wedi'i golli: 'Teimlwn ein bod wedi gosod urddas bythol ar enw ein pobl. Ni fu yn Ffair y byd y fath olygfa, na'r fath ganu na'r fath dyrfaoedd yn un o gangenau Art Congresses yr Arddangosfa.'[41]

Daeth 'artistes' o ansawdd y telynor, Pencerdd Gwalia, Ben Davies y tenor a Mary Davies y soprano i Chicago a phlesio'u cynulleidfaoedd yn ddirfawr. Talwyd yn hael iddynt am arddangos athrylith gerddorol y Cymry ar ei gorau yn y Ffair. Fel *protégé* Eos Morlais 'roedd i Ben Davies le cynnes iawn yng nghalonnau'r Cymry a phan ganodd 'O! na byddai'n haf o hyd' nid oedd tewi ar eu cymeradwyo. Gwledd arbennig iddynt, hefyd, oedd y perfformiad o gantata Pencerdd Gwalia, *Llewelyn*, pan ganodd Côr yr Eisteddfod, 500 o leisiau, ynghyd â Mary Davies, Ben Davies, Gordon Thomas, y baswr Americanaidd o fri a Jennie Alltwen Bell, y contralto, i gyfeiliant Cerddorfa'r Ffair a Band Telynau Madame Chatterton. Ond trech na gafael yr un 'artiste', na'r un côr, oedd carisma'r gwron a gerddodd i mewn i'r Festival Hall ar brynhawn ail ddiwrnod yr Eisteddfod pan oedd y

Parch. Jenkin Lloyd Jones wrthi'n traddodi'r feirniadaeth ar gystadleuaeth y nofel. Y foment yr adnabu'r gynulleidfa Caradog fe'i meddiannwyd fel petai'n dorf cyngerdd roc. Ugain mlynedd ar ôl y fuddugoliaeth waredigol yn y Palas Grisial yr oedd gweld Caradog yn ddigon i wallgofi miloedd o'i gyd-Gymry a ddaethai i Eisteddfod Ffair y Byd i lawenhau yn eu hetifeddiaeth.[42]

Synnwyd gwŷr y Wasg! Yn ofer, meddai'r *Chicago Herald*, y ceisiai'r parchusion dawelu'r dorf: 'It was like checking the tide. Every second added to the wildness of the applause. When the furore was partly lulled a young man who had come across from

Caradog (Griffith Rhys Jones)

Llyfrgell Bwrdeistref Dyffryn Cynon

Wales to sing with a male choir shouted "Dacw Caradog". Then what before was merely applause grew into deafening disorder.' 'Such a reception,' meddai'r *Chicago Record*, 'had been given to no other man on the World's Fair grounds. It was a spontaneous tribute by Welshmen to a Welshman who achieved a great victory for Welsh voices.' Ac meddai gohebydd syndodus *Inter Ocean*:

There have been a President, an ex-President, a princess, and a 'king of kings' who have visited the Fair. Each in his or her turn has been surged around by dense crowds, imbued by anxiety to see or incited by generous desire to do honour and bestow a cordial American welcome. But none of these dignitaries, though welcomed and cheered, was given such an ovation, cordial, hearty, and enthusiastic, as was extended to a Welshman at the Eisteddfod yesterday afternoon. Applause, cheers, and music made up the greeting. To be sure, there were only 2,500 people who bestowed it, while tens of thousands have cheered the others, but the long-continued applause, followed with cheers and a grand outburst of music from a thousand throats, presented a scene the like of which has never been witnessed before at the Fair, and seldom elsewhere. And reluctantly led from the rear of the hall to the platform, 'Caradoc' as he faced the audience, was again cheered and cheered again. Then the choirs, male and female, from Wales, England, Canada, the American States and Territories, 1,000 strong, with voices vibrating with excitement burst forth with a grand Welsh anthem, 'Land of My Fathers'.[43]

Â'i awen wedi'i chynhyrfu fe aeth y gohebydd ati i ddweud mwy am wrthrych y mawl, mwy nag oedd yn wir ond dim gair yn fwy nag oedd yn dderbyniol yn ninas 'boosterism': 'Who is "Caradoc"? The great bard of Cambria who has led the choirs of Wales to repeated victories in the greatest musical contests of Europe in modern times, just as the bards of old led the armed yeomen of Wales to warlike achievements under Llewellyn, the last Prince of Wales. Griffith R. Jones, a strong, burly man, the typical Welshman, is famed in Wales, in England, in all Europe; and his most memorable triumph was achieved a few years ago in London with 500 Welsh voices over choirs from every part of Great Britain.' Sôn am ryddid y Wasg! Ar y llwyfan rhoes Caradog ddiolch bloesg am ei groeso cyn ildio i'w deimladau, ond yr oedd i sefyll arno'r eilwaith, 'the very embodiment of podgy joy,' cyn diwedd y cyngerdd olaf pan ganodd Corau'r Eisteddfod yr 'Hallelujah Chorus' dan ei arweiniad ef a Bertha Palmer, brenhines 'socialites' Chicago, yno'n gwrando. Cludwyd Cynonfardd a'i debyg i'r seithfed nef: 'Dyma olygfa brydferth!

dros fil o leisiau diwylliedig — yr organ fawr — dros chwe mil o
gynulleidfa ar eu traed — canoedd o honynt yn uno yn y corawd
— pawb mewn hwyl — a'r enwog Caradog o Gymru yn arwain
— cydgan o foliant — môr o gerddoriaeth — canu â'r deall ac â'r
ysbryd hefyd — "Aeth teyrnasoedd y byd yn eiddo ein
Harglwydd ni a'i Grist Ef. Aleluia, Amen." Ie, amen ac amen.'
Petai Eos Morlais ond wedi cael byw i sefyll wrth ochor Caradog!
Byddai'r olygfa wedi bod yn fwy na digon o her hyd yn oed i
wasg Chicago.[44]

Bertha Potter Palmer

Rhaglen Swfenîr

Cartref y Palmeriaid

Yn y brif gystadleuaeth gorawl cynigiwyd 5,000 doler i'r Côr Cymysg buddugol (200-250 o leisiau) a 1,000 doler i'r ail. Ni chystadlodd yr un côr o Gymru a barnai Caradog ar ôl gwrando ar y pedwar côr a ganodd fod eu gwell yn sicr i'w cael gartref. Gwaetha'r modd, ni fedrent fforddio'r daith. Nid na phlesiwyd mo'r dorf o ddeng mil a lanwodd y Festival Hall, 'pawb yn teimlo fod awr gogoneddiad cerddorol y genedl wedi dyfod', chwedl Apmadoc, i glywed Côr Cymrodorion Scranton, dan arweiniad Daniel Protheroe; Côr y Tabernacl, Salt Lake City, dan arweiniad y Cymro, Evan Stephens; Côr Undebol Scranton, dan arweiniad Haydn Evans a Chôr y Western Reserve, Ohio, dan arweiniad J. Powell Jones yn canu 'Worthy is the Lamb' (Handel), 'Blessed are the men that fear Him' (Mendelssohn) a 'Now the impetuous torrents rise' (David Jenkins) — corawdau oratorio bob un. Ym marn W.D. Davies: 'Ni bu y fath olygfa o fewn y Festival Hall o'r blaen — y gynulleidfa enfawr wedi ei gorchfygu gan frwdfrydedd fel y canai y naill gor ar ol y llall, a'u cymeradwyaeth yn siglo y lle . . . Canodd yr holl gorau yn odidog, a chafwyd gwledd o'r fath fwyaf enaid-gynhyrfiol, y gyfryw na cheir ei chyffelyb yn fuan yn y wlad hon.' Dyfarnwyd Côr Undebol Scranton yn orau a Chôr Salt Lake City yn ail, er mawr ddigofaint Daniel Protheroe a brotestiodd yn swyddogol, ond adref yr aeth Haydn Evans a'i gantorion i dderbyn croeso concwerwyr ac ambell denor a bas i lyncu peint neu ddau o'r 'Choral Union Beer' a oedd ar werth gan un tafarnwr llygadog. Clywsai Cynonfardd fod deng mil o bobol wrth orsaf Scranton yn disgwyl y buddugwyr 'a'r dref wedi ei goleuo, a'r seindyrf yn canu, a'r peirianau yn chwibanu, a cherbyd hardd a phedwar march gwyn wrth yr orsaf yn disgwyl am yr arweinydd. Rhoddwyd gwledd rad i'r holl gantorion yn y Music Hall, a chydlawenhâi amrywiol genhedloedd.' Dych-welasai'r Côr Undebol i ganol ffair arall.[45]

Denodd y wobr gyntaf o 1,000 doler a'r ail o 500 doler saith o gorau meibion (50-60 o leisiau) i ganu 'Cambria's Song of Freedom' (T.J. Davies) a 'Cytgan y Pererinion' (Joseph Parry). O Gymru daeth Côr Meibion y Penrhyn, dan arweiniad Edward Broome a Chôr Meibion y Rhondda (y 'Rhondda Glee Society'), dan arweiniad Tom Stephens, glöwr a symudasai'n faban o Frynaman i Aberdâr lle daethai dan ddylanwad Caradog. Yn 16 oed ef oedd y 'principal boy alto' yn y Côr Mawr, 1872-3. Daethai'r Cymry i gystadlu yn erbyn Côr y Cambriaid, Pittsburgh, dan arweiniad D.E. Davies; Côr Meibion Wilkes-Barre, dan arweiniad John Lloyd Evans; Côr Meibion y Tabernacl, Salt

Côr Meibion y Penrhyn yn Eisteddfod Genedlaethol Caernarfon, 1894

Lake City, dan arweiniad Evan Stephens; Côr Meibion Iowa, dan arweiniad W.B. Powell a Chymdeithas Ganigol Gwent, Edwardsdale, dan arweiniad Tom Griffiths. Yr oedd Côr Meibion Pontycymer, dan Thomas Glyndwr Richards, enillwyr clodwiw'r 'Genedlaethol' yn Abertawe yn 1891, wedi bwriadu cystadlu ond bu'r gost yn ormod iddynt.[46]

Bu Côr y Penrhyn wrthi'n cyngherdda yn 1892 er mwyn codi arian i gwrdd â chostau'r daith, a dywedir fod Arglwydd Penrhyn wedi cyfrannu £300 at y gronfa. Yn ôl y *Western Mail*, 28 Gorffennaf 1893, cyfrannodd £200 a chafwyd £25 gan Mr. George William Duff Assheton Smith, Y Faenol. Cyfrannodd aelodau'r Côr £90 a rhoddwyd £190 gan ffrindiau. Nododd *Y Faner*, 13 Medi 1893, fod Arglwydd Penrhyn yn sicr wedi cyfrannu £300 a bod y bariton hyglod, Ffrangcon Davies, wedi rhoi 20 gini yn ogystal â chanu gyda Maggie Davies yng nghyngherddau'r Côr. Fodd bynnag, yr oedd gofyn codi £1,000 cyn mentro i'r Ffair ac mae'n rhaid eu bod wedi llwyddo i gyrraedd swm o'r fath — swm nad oedd yn ddigon i brynu cysur iddynt yn ôl stori 'Walas' yn *Y Cymro*. Clywsai ef fod y Côr 'wedi eu pacio fel penwaig mewn baril yn y "Steerage"', tra bod yr arweinydd a'i gyfaill yn y salŵn. Yn Chicago aeth yr arweinydd a'r cyfaill i aros yng Ngwesty'r North Western a'r Côr i lety ymfudwyr, a chawsant ddychwelyd mewn bad gwartheg. Gwadodd cwmni'r 'Oregon' ycyhuddiadau. Sut oedd disgwyl cael cysur salŵn am bris tocyn 'steerage'? 'Roedd y ddau gôr meibion wedi croesi gyda'i gilydd o Lerpwl ar y *Vancouver* ac wedi diolch i griw'r *Oregon* ar y ffordd adref am eu gofal ohonynt. Nid yn ofer y canodd Côr y Penrhyn 'O Fryniau Caersalem' cyn yn byrddio'r *Vancouver*.[47]

Yn Chicago, yr oedd y ddau gôr o Gymru i gael y gorau'n rhwydd ar gorau'r America. Dyfarnwyd Côr Meibion y Rhondda yn gyntaf a Chôr Meibion y Penrhyn yn ail wedi gornest a gadwodd y dorf yn ferw frwd am rai oriau: 'Ni welwyd erioed hyd yn oed yn Nghymru ei hunan y fath frwdfrydedd ar ddyfodiad côr i'r llwyfan ag a welwyd yma pan ddaeth corau Cymru i'r golwg. Yr oeddynt wedi teithio dros bedair mil o filldiroedd i'r Eisteddfod, a'u henw da ac anrhydeddus wedi cyrraedd yma o'u blaen hwy. Yr oedd y brwdfrydedd yn tynu dagrau i lygaid canoedd o'r gynulleidfa.' Anwybyddwyd y ffaith fod canu godidog Côr Tom Stephens wedi'i berffeithio yn ystod streic ffyrnig yr haliers a barlysodd y maes glo yn ystod mis Awst. Anfonwyd mil o filwyr i'r Rhondda i ddofi'r glowyr a chafodd Gwalia y math o sylw na fynnai mohono. Manteisiodd

Côr Meibion y Rhondda adeg yr ymweliad â Chastell Windsor, Chwefror 1898

Stephens ar y cyfle i rihyrsio'r Côr ddwywaith y dydd am 2.30 p.m. a 7.30 p.m., ond nid Chicago oedd y lle i ddathlu bendithion cerddorol unrhyw streic. Yn 1877 ac 1886 arswydwyd y ddinas gan gynddaredd streicwyr. Collwyd bywydau a charcharwyd anarchiaid a'u dienyddio. Yn haf 1894 byddai'r ddinas eto'n ganolbwynt i streic waedlyd Undeb Rheilffyrdd America yn erbyn Cwmni Pullman. Gwell oedd peidio cysylltu Côr Meibion y Rhondda â streicio. Eu dyletswydd hwy oedd dileu delweddau'r *Illustrated London News* o'r cof.[48]

Dywedir mai'r 'Windy City' a drechodd Gôr y Penrhyn. Pan oeddent ar ganol canu un o'r darnau prawf agorwyd un o ddrysau'r neuadd a daeth chwthwm o wynt i chwarae triciau â chopi'r cyfeilydd. Trawodd gwpwl o nodau cyfeiliorn ac am ysbaid fer aeth y Côr ar chwâl. Dyna'r 'rheswm' poblogaidd am aflwyddiant y Gogleddwyr er fod Harri Roberts, Llywydd Côr y Penrhyn yn 1983, yn tystio iddo glywed gan ei dad a oedd yn aelod o Gôr 1893 'mai'r unawdydd oedd wedi fflatio mewn un llecyn yn y "Pilgrims". . .' Dyna'r rheswm sy'n dderbyniol yn y De, wrth gwrs. Ta waeth, Côr y Rhondda a enillodd er mawr siom i Edward Broome a ddaeth draw yn un swydd o Canada yn 1894 i wynebu'r buddugwyr, fel y gobeithiai, ar lwyfan Eisteddfod

Genedlaethol Caernarfon. Ond nid ymddangosodd Côr y Rhondda a bu'n rhaid i Broome fodloni ar drechu Côr Meibion Pontycymer. Dychwelodd i Canada ac aros yno. Dychwelasai Côr Meibion y Rhondda i Gymru ar 24 Tachwedd 1893 ar ôl cynnal cyfres o gyngherddau yn yr Unol Daleithiau a Canada, a chawsant groeso byddin goncweriol bob cam o Gaerdydd i'r Rhondda. Yn stesion Pontypridd 'roedd Caradog ymhlith y miloedd gorfoleddus. Yr oedd ei fantell, meddai, wedi disgyn ar ysgwyddau teilwng Tom Stephens. 'Roedd fel petai un o donnau gorfoledd 1873 wedi llifo'r eilwaith drwy'r cymoedd.[49]

Ond rhyfeddach fyth oedd y croeso a gafodd Côr Merched Clara Novello Davies pan ddychwelasant i Gaerdydd ym mis Tachwedd â'r wobr gyntaf o 300 doler am ganu 'Yr Arglwydd yw

Streic Glowyr De Cymru, 1893

Illustrated London News, 9 September 1893

Helynt ar bont Pont-y-gwaith

Illustrated London News, 9 September 1893

fy Mugail' (Schubert) a 'The Spanish Gypsy Girl' (Lassen. Trfn. W. Damrosch) yn ddiogel yn eu meddiant. Mewn cystadleuaeth i Gorau Merched (40-50 o leisiau), 'roeddent wedi curo Côr y Ceciliaid o Wilkes-Barre, côr ym marn y beirniaid y bu'n rhaid cael perfformiad 'perffaith' i'w rhwystro rhag ennill. 'Roedd deng mil (eto!) yn disgwyl Clara Novello Davies a'i merched y tu allan i stesion Caerdydd. Rhoddwyd iddi 'a great Welsh harp of flowers, with satin bows, and a beautiful yellow satin high Welsh hat'. Rhyddhawyd y ceffylau a thynnu'r goets trwy'r 'decorated streets, in a torchlight procession, while bands played and flags fluttered'.

Clara Novello Davies

Adeilad y Ferch

Cymdeithas Hanes Chicago

Yr oedd yn rhaid rhoi croeso dinesig iddynt yn ddi-oed er cymaint oedd awydd yr arweinydd i frysio i 'Lys yr Eos' i weld ei baban — yr Ivor bach a oedd i gael ei siâr o enwogrwydd ymhen blynyddoedd. Rhaid oedd gorfoleddu gan fod y Côr Merched yn ymgorfforiad o degwch dawn a moes y Gymraes. Ar lwyfan Eisteddfod Ffair y Byd 'roeddent wedi arddangos y ferch ar ei gorau yn ymwneud â'r pethau a berthynai i'w stad, yn swyno'r glust, yn llonni'r llygad ac yn rhoi boddhad.[50]

I bob golwg, gan fod 'Board of Lady Managers' dan lywyddiaeth Bertha Palmer wedi'i sefydlu o'r cychwyn i weithio wrth ochor y Comisiwn, 'roedd i'r merched le pwysig yn Ffair y Byd a rhan mwy radical nag a fu iddynt yn 1876 yn Philadelphia. 'Roedd ganddynt eu hadeilad eu hunain, wedi'i gynllunio gan Sophia Hayden, myfyrwraig 21 oed a oedd newydd raddio yn y Massachusetts Institute of Technology. Cawsai'r comisiwn a gwobr o 1,000 doler drwy ennill cystadleuaeth a gyfyngwyd i ferched. Yn ei hadeilad trefnwyd arddangosfa gydwladol ei chynnwys gan osod yn ei chanol lyfrgell ac ynddi 7,000 o gyfrolau, cynnyrch 25 cenedl a ffrwyth 20 iaith — heb y Gymraeg yn eu plith — a oleuai hanes a diwylliant y ferch ledled daear. Yn bennaf ymhlith y trigain cymdeithas dan ei do 'roedd Cyngor Cenedlaethol y Merched a gynullodd y 'World's Congress of Representative Women', cynhadledd a ddenodd 200,000 o ferched i glywed darllen papurau gan 350 o siaradwyr ar faterion mor llosg â'u hawl i'r bleidlais a gwell amodau gwaith, ac addasrwydd eu gwisgoedd o safbwynt iechyd. Aed i hwyl wrth ladd ar atalfeydd llethol y wasg a'r blwmers bras a phondro priodol uchder ac isder hem. 'Roedd y merched ar drywydd rhyddhad, waeth beth am ryddid: 'Those involved in the Women's Building,' medd Paul Greenhalgh, 'wanted to prove their equality beyond any doubt to detractors still insisting upon the genetic and spiritual inferiority of women.'[51]

Nid ar chwarae bach, fodd bynnag, y gwneid hynny. Er fod Adeilad y Ferch ar un olwg yn propagandeiddio'n rymus dros ei hawliau a gwerth ei llafur, yr oedd llawer o'r hyn a arddangoswyd ynddo yn ei chlymu o hyd wrth yr aelwyd a'r teulu gan bwysleisio'n adweithiol gyfyngiadau ffisiolegol a seicolegol ei rhyw. Torrodd iechyd Sophia Hayden dan straen collfarn penseiri siofinistaidd a gafodd yr *American Architect and Building News* o'u plaid: 'It seems a question not yet answered how successfully a woman with her physical limitations can enter and engage in . . . a profession which is a very wearing one. If the building of which the women seem so proud is to mark the physical ruin of the architect, it will be a much more telling argument against the wisdom of women entering this special profession than anything else could be.' Ni welodd Sophia Hayden agor yr adeilad a gynlluniodd a thra byddai nid oedd i weld gorffen yr un adeilad arall o waith ei llaw.[52]

Sylwodd Alan Trachtenberg, hefyd, ar anallu'r ferch i ddianc o garchar ei swyddogaeth ordeiniedig. Nid oedd yr un radical, megis Jane Adams, ymhlith y 'Lady Managers' a sicrhaodd na byddai gwedd ymosodol i'w harddangosfa: 'Instead, the prevailing note was domesticity, the unique, and uniquely virtuous, powers of women as mothers, home-makers, teachers, and cooks.' Barnai'r artist, Candace Wheeler, mai Adeilad y Ferch oedd 'the most peacefully human of all the buildings . . . like a man's ideal of woman — delicate, dignified, pure, and fair to look upon.' Ynddo, 'roedd murluniau'n cyferbynnu 'Y Ferch Gyntefig' a'r 'Ferch Fodern', y naill yn croesawu ei chymar adref o'r helfa a'r llall yn mwynhau pleserau'r celfyddydau cain a'r ddawns. Ac i Trachtenberg 'roedd lleoliad yr Adeilad yn dra dadlennol: 'the building occupied the significant site of the exact junction between the Court of Honor and the Midway Plaisance, just at the point of transition from the official view of reality to the world of exotic amusement, of pleasure. Housing exhibits of domestic labor, virtue, and order — exhibits of the ordering hand of women — the building represented the conceptual opposite, the most pointed moral contrast, to the excitements of the Midway'. Mewn gair, er amlyced y lle a oedd i'r ferch yn y Ffair, yr oedd yn lle diogel. Ni ddaethai i Chicago i arswydo dynion.[53]

Yn sicr nid aeth Côr Merched Clara Novello Davies yno ond i geisio anrhydeddu Cymru ar gais swyddogol Apmadoc. Byddai'r 'Cymrodorion Ladies', heb sôn am y patriarchiaid, wedi dangos eu dannedd petai'r un Gymraes radical wedi dod i'w plith. Pan fentrodd Mrs. Margaret E. Roberts o Hyde Park, Scranton feirniadu cyflwr moesol a chrefyddol Cymru ar ôl ymweld â'r wlad bu'n rhaid iddi amddiffyn ei hun yn *Y Drych* rhag ambell Gymro digofus. Rhoes y gorau i'r dasg gan anobeithio am barodrwydd y Cymry i gydnabod diffygion, chwaethach eu diwygio. Ond pan gondemniodd 'Bismark' Gymanfa'r Merched ym mis Mai, 1893, gan ddal na fwriadwyd mo'r ferch i flaenori, rhoes iddo ateb plaen er nad oedd yn debygol o wneud dim lles i'r adweithiwr anaele hwnnw. Mae'n siŵr mai cysur i 'Bismark' oedd cwyn *Y Drych* nad oedd y Gymraeg i'w chlywed yn Adeilad y Ferch ac mai rhyw Saesnes, Miss Marsh, mewn gwisg Gymreig, oedd cynrychiolydd Cymru mewn adeilad ar y Midway lle arddangosai nifer o ferched wisgoedd a ffasiynau'r gwahanol wledydd. Cymraes deilwng yng ngolwg 'Bismark' oedd Mrs. Mary Williams, brodor o sir Fôn a fu farw, Chwefror 1891, yn 79 oed. Yn wraig fusnes lwyddiannus iawn yn Chicago ac yn grefyddreg hael dros ben, rhoesai filoedd o ddoleri i wahanol gapeli ac achosion da yn y ddinas. Merch a wisgodd agwedd dyn busnes daionus a chapelgar oedd Mary Williams. Gellid ei harddel yn ddiolchgar.[54]

Da y gwyddai Clara Novello a'i merched beth a ddisgwylid ganddynt. 'Roedd sawl 'Bismark' yng Nghymru hefyd. Prin wythnos ar ôl iddynt ddychwelyd o Chicago 'roedd *Y Darian* yn traethu mewn llith olygyddol ar 'Amddiffyniad y Rhyw Fenywaidd'. Fe'i cynddeiriogwyd gan y troseddau rhywiol yn erbyn merched a gwragedd: 'Darllenwn am achosion o'r fath bob wythnos yng Nghymru, a diau fod llawer yn cael eu 'hushio" i fyny, am nad yw yr hon a dderbyniodd gam yn hoffi gwneud ei henw yn gerdd gwlad.' Dylid adfer y 'cat' ar gyfer anifeiliaid o'r fath a'u hesgymuno: 'O bob trosedd dyma y gwaethaf a'r duaf. Nid yw llofruddiaeth fymryn gwaeth.' Ond nid oedd amddiffyn y ferch rhag trais yn gyfystyr â chydnabod ei hawliau: 'Waeth i ni addef nad oes ynom fawr cydymdeimlad a'r helynt a wneir yng nghylch "woman's rights"; a'r cri am osod y fenyw ar yr un tir

THE WELSH LADIES' CHOIR.

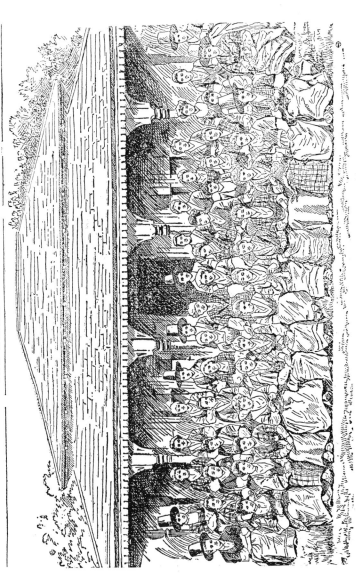

Upper Row: 1, Beatrice Edwards; 2, Emily Francis; 3, Annie Jenkins; 4, A. M. Evans; 5, Mabel Symons; 6, M. J. Williams; 7, Mrs. Phelps; 8, Hilda Evans; 9, M. Fowler; 10, M. J. Phillips; 11, Cassie Lougher; 12, A. M. Williams; 13, Edith Davies; 14, Ida Josly.

Centre Row: 15, . M. John; 16, May John; 17, Dot Prosser; 18, Nellie Green; 19, M. Driscoll; 20, Gertie Drinkwater; 21, Annie Pearce; 22, Madame Clara, Novello Davies; 23, Winifred Evans; 24, W. J. Williams; 25, Annie Bowen; 26, Winifred Spier; 27, M. Williams; 28, Mattie Davies; 29, Kathleen Evans; 30, Annie Williams.

Lower Row: 31, Lizzie Rees; 32, Lizzie Davies; 33, Edith Edwards; 34, Nellie Griffiths; 35, Beatrice Johnstone; 36, Gwen Davies; 37, Teresa Rees; 38, Lizzie Davies; 39, Maggie Walters; 40, Annie Brind; 41, Lila Evans; 42, Leila Lewis; 43, Helen Pritchard.

a'r gwryw yn mhob ystyr; ni fwriadwyd hyn gan natur; ac y mae y rhai a geisiant y cyfryw beth yn myned yn nanedd deddf naturiaeth. "Rights" gwraig yw bod yn ei thy, i ofalu am gysur ei phriod, i fod yn gydymaith deallus iddo ym mhob amgylchiad, ac i fod yn ddibynol arno.' Yr oedd braidd yn rhy gynnar i'r *Darian* weld y trais yn ei golofnau'i hun.[55]

Aeth y Côr Merched i Chicago i ganu a bod yn bert dros Gymru. Dewisodd Emlyn Evans 53 o gantoresau ifanc rhagorol o bob rhan o'r De ac aeth y goreuon i'r Ffair gyda Clara Novello. Er iddynt gynnal cyngherddau mewn ymgais i godi arian i dalu am y bererindod a gostiai ryw £3,000 iddynt hwy, 'roeddent yn brin o £400 pythefnos cyn iddynt hwylio o Southampton ar 24 Awst. Apeliodd Idriswyn drostynt rhag i'r Cymry golli cyfle 'i ddangos gallu cerddorol y genedl, i brofi mor uchel y saif y rhyw fenywaidd yn ein mysg — y prawf goreu o wareiddiad a moesoldeb cenedl. . .' 'Nis gallaf yn fy myw gredu,' meddai, 'y gwna y wlad siomi y merched hyn ar ôl iddynt ddangos eu gwroldeb i ymuno â'r côr ac i roddi eu hunain at wasanaeth eu cenedl i ddal i fyny anrhydedd yr "Hen Wlad" yn ngwydd holl genedloedd y byd.' Onibai am haelioni Mr. Lascelles Carr, golygydd y *Western Mail*, buasai'r apêl yn ofer. Aeth Clara Novello i'w weld ar bnawn Sul yn ei gartref, Cwrt-y-vil, ym Mhenarth. Addawodd £500 pe rhôi golygydd 'the only other important newspaper in South Wales' gyffelyb swm. Rhaid mai golygydd y *South Wales Daily News* oedd hwnnw. Ni chredai ef fod modd i'r Côr lwyddo a gwrthododd gyfrannu. Addawodd Carr ddyblu ei gyfraniad a chododd William Davies, ei ddarpar olynydd, £700 ar ei ran mewn deuddydd. Carr a sicrhaodd ymddangosiad y Côr yn Chicago. Aeth draw o'u blaen, gyda Syr Morgan Morgan a'r Cyrnol John Morgan, Maer Aberhonddu, i gynrychioli'r Wasg Gymreig yn Agoriad Swyddogol y Ffair, a gyrrodd nifer o lythyrau o'r Taleithiau i'w cyhoeddi yn eu bapurau yng Nghaerdydd. Fe'i pensyfrdanwyd gan yr hyn a welodd yn Ffair y Byd: 'That any nation should be able to conjure up such a living, standing, substantial evidence of its wealth and enterprise bespeaks a greatness of spirit and resource which envy may strive to disparage, but which the world cannot help but admire.' Ategwyd ei farn gan y Cyrnol Morgan: 'To my poor thinking, the welfare of humanity lies in the direction of American development, combined with a closer bond of union amongst all the English-speaking people of the world.'[56]

Ar eu ffordd i Southampton ynghwmni gohebyddes a oedd i

ddweud wrth ei darllenwyr am 'Welsh Ladies. Off to Chicago and the World's Fair. For Dear Old Wales', lluniwyd llythyr o ddiolch i Lascelles Carr a'i arwyddo gan bob un o'r 'dear girls'. Byrddiwyd y 'Paris' am Efrog Newydd dan ofal y Dr. John Williams o Ddowlais a oedd yn mynd i gynhadledd feddygol yn Washington, a glaniwyd yn ddiogel. Ni chafodd y merched a lethwyd gan salwch y môr ddim tosturi gan yr arweinydd a oedd am iddynt feistroli 'Spanish Gypsy' (Lassen). Yn ofer yr ymbilient am lonydd. Fe'u gorfodwyd i rihyrsio, 'and to each of them I would sing their difficult parts, so that they might learn from me, and at times I would be rewarded with a feeble bleat before approaching my next victim.' Ar ôl taith trên deuddydd i Chicago cyrhaeddwyd yn hwyr y nos a chael fod pob gwesty'n llawn. Bu'n rhaid teithio ychydig filltiroedd ymhellach cyn cyrraedd Hotel Endeavour, eiddo cymdeithas 'The Christian Endeavour', yn oriau mân y bore a chodi'r staff i baratoi tamaid o fwyd iddynt. Am naw o'r gloch y bore 'roedd Bessie Evans ac Annie Bowen i gystadlu ar yr unawd contralto, 'Che Faro', a'r peth cyntaf a glywodd Clara Novello yn y gwesty oedd bod gofyn iddynt ganu'r adroddgan yn ogystal. Nid oedd wedi eu paratoi.[57]

Codwyd y ddwy o'u gwelyau a chan nad oedd piano yn eu gwesty dyma fynd i'r parc cyhoeddus gerllaw lle'r oedd un i'w gael yn y 'bandstand'. 'Roedd yn dri o'r gloch y bore. Yng ngolau cannwyll buwyd wrthi am rai oriau tan i'r wawr dorri yn dysgu'r adroddgan yn drylwyr. Heb amser i newid nac ymolch rhuthrwyd i'r Festival Hall. Yno, a hithau am guddio'i gwedd, bu'n rhaid i Clara Novello gyfeilio i'r tenor, Dyfed Lewis, a oedd am ganu 'My Mother is in Heaven'. Gan fod ei mam ei hun newydd fynd yno dechreuodd wylo wrth gyfeilio ac wrth geisio atal ei dagrau â'i bysedd llwyddodd i orchuddio'i bochau a nodau'r piano 'with a mixture of grime and brine'. Cafodd fenthyg macyn poced gan wraig y tenor, Ben Davies, ond yn rhy hwyr. I wneud pethau'n waeth, rhoes y dorf gymeradwyaeth fawr i Dyfed Lewis a thynnodd yntau'r cyfeilydd ymlaen i rannu'r clod, 'and a travel-stained little woman in a soiled navy suit and equally dismal white sailor hat bowed in humble acknowledgement. . .' 'Roedd y dorf wedi dwlu arni. Gorlifodd ei llawenydd pan enillodd Bessie Evans y wobr gyntaf ac Annie Bowen yr ail.[58]

Aed yn ôl i'r gwesty i baratoi ar gyfer cystadleuaeth y Côr yn y cyngerdd hwyrol. 'Roedd eu gwisgoedd wedi cyrraedd, 'and white frocks, being the supreme effort of town and village dressmakers in our beloved Wales, were donned. My girls looked

Côr Merched Cymru cyn hwylio am Ffair y Byd

Rhan o Gôr Brenhinol Merched Cymru ar ymweliad ag America, 1898

Amgueddfa Werin Cymru

like a collection of pretty angels, their snowy garb bringing into greater prominence the natural loveliness of rosy cheeks, cherry lips, and sparkling eyes.' Ymddangosent i Clara Novello fel tusw mawr o flodau gwlithog: 'My own dress also afforded me the greatest encouragement to go on and conquer! It was of gold Liberty satin with a long train flowing out in a perfect oval that I felt sure looked most dignified, and had tiny frills edged with white lace around the bottom.'[59]

Pan glywodd Gôr y Ceciliaid yn canu, 'all dressed beautifully in Parisian-looking gowns', bu bron iddi dorcalonni. 'Roeddent mor dda. Ond pan aeth hi â'i Chôr i'r llwyfan cawsant dderbyniad a'u gwefreiddiodd. Cyn iddynt ddechrau canu daeth gŵr i fyny ati a rhoi iddi dusw mawr o rosys cochion, 'American Beauties', gan ddymuno'n dda iddi a dweud wrthi iddo ei magu pan oedd yn dair wythnos oed! Pan droes at eu merched 'roedd golwg ofidus ar bob wyneb: 'Knowing the deep streak of religious faith that runs in our Welsh blood, and feeling the need of a greater power than our own, I whispered to them: "Just say a little silent prayer before we begin."' Mae'n rhaid eu bod wedi gweddïo'n daer gan mor odidog oedd eu perfformiad. Cawsant y wobr, wrth gwrs.[60]

Wrth ddarllen geiriau Clara Novello daw'r olygfa gyffrous honno yn y Palas Grisial yn 1873, pan drechodd Côr Caradog Gôr Joseph Proudman, yn fyw iawn drachefn: 'The scene following that verdict was indescribable. The audience went crazy! My girls went crazy! I was already crazy! Hats and handkerchiefs were

Y Festival Hall

Constable

Cyngerdd yn y Festival Hall

Constable

thrown in the air, and at the sound of ceaseless clapping and friendly voices calling out to me, complete realisation of what it meant to us all slowly dawned. I felt too weak to move from the spot, but my girls solved the difficulty by picking me up bodily and carrying me off, all laughing and crying and hardly knowing what they were doing.'[61] Ni fyddai bywyd fyth yr un fath i Clara Novello ar ôl y foment honno yn y Festival Hall. Dyna ddechrau'r 'Rapturous Years' yn ei hanes hi pan fyddai'n eilun ei phobol.

Nid oedd yr Americaniaid am eu gollwng ar ôl y fuddugoliaeth hanesyddol. Yn Gôr ac unawdwyr, 'roeddent wedi ennill pob gwobr y daethent i Chicago i gystadlu amdanynt. 'Roedd ganddynt lu o edmygwyr. Chwedl Miss May John o'r Ystrad: 'Nearly every man we meet invites us to a theatre or a concert, or sends us candy and flowers. I could just live here for ever.' Ar y trên o Chicago i Columbus cymerodd un gŵr ffansi at un o'r merched a'i gwahodd hi a ffrind iddi i'r 'parlour-car'. Bu'n rhaid iddo groesawu deuddeg ohonynt, talu am eu tocynnau a rhoi bobo focs candi iddynt — a'r cyfan yn ofer. 'It was such fun,' meddai May John. 'We were a lot of girls and didn't care a rap.' Mae'n amheus a fyddai agwedd Miss May John wrth fodd calon Cranogwen. 'Roedd Clara Novello, fodd bynnag, yn ddigon cymeradwy i'w chlodfori yn *Y Gymraes* yn 1898 fel 'Un o foneddigesau mwyaf talentog Cymru. . .' Wedi'r cyfan, yr oedd 'ei thaid o ochr ei thad yn dduwinydd o gryn fri ymhlith y Methodistiaid Calfinaidd.'[62]

Cynhaliwyd nifer o gyngherddau ar ôl yr Eisteddfod. Bu'n rhaid cynnal mwy na'r bwriad gan fod un o'r merched, Lila Evans, wedi'i tharo'n ddifrifol wael gan y 'typhoid' ac onibai am ofal y Dr. John Williams, nad aeth i Washington er mwyn ei hymgeleddu, go brin y byddai wedi gwella. 'Roedd cost ei chadw mewn cwarantin yn y gwesty yn enbyd o uchel ac yn llythrennol bu'n rhaid canu er mwyn sicrhau ei gofal. Aeth eu cyngherdda â hwy i Buffalo ac aed i weld y Niagra Falls. Yno, ailgyfarfu Clara Novello â Thomas Edison — 'roedd eisoes wedi cyfarfod ag ef yn y Ffair — a threfnwyd cyfarfod mawr i'w hanrhydeddu ill dau. Difyrrwyd y merched, hefyd: 'The pretty girls found charmers many, and one will probably be sought to adorn the home of one of the leading lawyers of the city.'[63]

Cyn hwylio o Efrog Newydd ar y 'Berlin' cawsant gwrdd â Harriet Beecher Stowe a mynd i'r capel yn Brooklyn lle'r arferai ei brawd bregethu a chanu nifer o 'spirituals' ar ôl gosod torch o flodau i gofio amdano. Gadawsant yr Unol Daleithiau yn fawr eu clod a dychwelasant yn dda iawn eu pryd a'u gwedd: 'We had all put on weight, then something not to be despised; and the girls were in the best of health and spirits, even the least attractive ones gaining in looks from their recent concert experience.' 'Roedd nifer ohonynt wedi manteisio ar ddeintyddion Chicago ar ôl deall na byddai rhaid iddynt dalu am y driniaeth orau! Wedi'r cyfan, cawsent achos i wenu'n llydan iawn yn Ffair y Byd. Yn Southampton, byddai gofyn i'r wên fod yr un mor llydan wrth i'r Maer mewn cyngerdd croeso anrhegu Clara Novello â tharian heraldig ac wedi dod nôl i Gymru byddai'n rhaid gwenu ar hyd y dydd am hydoedd. Dychwelodd y Côr Merched o Chicago yn sefydliad cenedlaethol, yn un o brif asedau'r Cymry.[64] Yr unig gŵyn a ddygwyd yn eu herbyn oedd iddynt fod yn ddibris o'r Gymraeg. Derbyniodd Idriswyn lythyr o Pittsburgh yn eu cyhuddo o ymffrostio yn eu hanallu i siarad Cymraeg. Yn ôl Miss May John, cawsai nifer o aelodau'r Côr (yn eu gwisg Gymreig) gryn hwyl ar strydoedd Chicago trwy gymryd arnynt na fedrent siarad Saesneg! Pan gwynodd Morien am eu Seisnigrwydd fe'i hatebwyd gan Idrisfab o Efrog Newydd. Rhoesai'r Côr Merched daw ar y *Sun* a'r *Herald*, dau bapur a arferai wawdio'r Cymry: 'Gwnaeth y Côr hwn fwy mewn wythnos dros genedl y Cymry yn y dinasoedd hyn nag a wnaeth y Cymry sydd yn byw yma yn eu hoes; a dylai pob Cymro a Chymraes yn yr holl fyd deimlo yn ddiolchgar iddynt am hyny.' Bu'n rhaid i'r *Herald* ganmol: 'They sang charmingly, and what is scarcely less to the point, they presented a picture of Welsh dress and manners that was most attractive.' 'A thra dyddorol ydoedd eu gweld mor ostyngedig ar ol cymeradwyaethau byddarol y tyrfaoedd, pan eisteddent i lawr ar ol canu gan gydio yn eu gweill a'u hosanau i weu a'u holl egni.' Nid oedd y 'dear girls' yn brin o amddiffynwyr.[65]

Ymhen ychydig fisoedd yr oeddent yn ddiogel o gyrraedd pob collfarnwr. Fe'u gwysiwyd i ymddangos gerbron y Frenhines Victoria ar 8 Chwefror 1894 — diolch i Bencerdd Gwalia. Yr oeddent i ymddangos droeon wedyn gerbron y Teulu Brenhinol. Bu'n rhaid i Gôr Meibion y Rhondda aros tan 1898 am eu 'Royal Command' hwy, ond mae'n amlwg fod y 'dear girls' wedi taro tant yng nghalon Victoria ar unwaith. Yn Osborne House ar Ynys Wyth rhoesant o'u gorau yn y wisg genedlaethol, eto fyth: 'They looked a pretty picture of Celtic enthusiasm and veneration when the great moment arrived and a voice was heard to announce "Her Majesty the Queen".' Canodd Miss Dot Prosser 'Darby and Joan' mor deimladwy nes peri i'r weddw o'r gweddwon wylo wrth feddwl am Albert. Ar derfyn y cyngerdd llongyfarchodd Clara Novello yn gynnes: 'Taking my hand between both of hers she said: "You brave little woman to have taken those young ladies to Chicago and accomplished so much." Then she asked: "Do they all come from Cardiff?" "No, Your Majesty," I replied, "they are representative of all Wales, and several come from Pembrokeshire." At this the Queen seemed greatly pleased. . .' Trannoeth, daeth llythyr oddi wrth Syr Fleetwood Edwards ar ran y Frenhines yn rhoi hawl i'r Côr mwyach arddel ei nawdd brenhinol. Aethai'r Côr Merched Cymreig yn 'Royal Welsh Ladies' Choir'. Diolch i Eisteddfod Ffair y Byd 'roedd seren loyw newydd yn ffurfafen 'Gwlad y Gân'. O'i llwyfan hi y saethodd i'r amlwg a'r seren honno a lonnodd galonnau'r Cymry ledled daear am flynyddoedd oedd rhodd arbenicaf Chicago i fywyd y genedl.[66]

Os oedd ymddangosiad Côr Merched Clara Novello yn fwy na digon o dâl i'r Cymrodorion am eu llafur, yr oedd ymweliad W. Cadwaladr Davies â'r Eisteddfod yn fonws sylweddol. Ni ddaeth yn unig fel gŵr y soprano, Mary Davies; daeth fel un o brif hyrwyddwyr Prifysgol Cymru, y Brifysgol genedlaethol a oedd newydd dderbyn ei Siarter. Ar fore Mercher, 6 Medi, traethodd ar y Siarter hwnnw gerbron y Cymrodorion eiddgar gan nodi mor gymwys ydoedd ei fod yn gwneud hynny mewn Cyngres a oedd yn brotest yn erbyn materoliaeth yr oes ac mewn Eisteddfod a brofai fod y Celt am fynnu ei le yn y Byd Newydd fel yn yr Hen. 'Roedd adfywiad addysgol Cymru yn ffrwyth y briodas rhwng angerdd crefyddol y bobol a'u cariad at lenyddiaeth. Tarddodd o'r Ysgol Sul a'r Eisteddfod. Yr oedd mor briodol, felly, fod penderfyniad y Llywodraeth i gydnabod hawl y Cymry i'w Prifysgol Genedlaethol yn cael ei gyhoeddi yn Eisteddfod Ffair y Byd. Heb oedi, penderfynwyd fod llythyr i'w anfon at Gladstone yn diolch iddo ef a'i Lywodraeth am basio'r mesur a roes fod i Brifysgol Cymru a'i longyfarch 'ar lwyddiant y weinyddiaeth gyda mesurau o gyfiawnder i drigolion y Deyrnas Gyfunol a'r Iwerddon'.[67]

Trannoeth, cyn i seremoni'r cadeirio ddod i ben, rhoddwyd penderfyniad y Cymrodorion gerbron y dorf a galwyd ar Cadwaladr Davies i egluro'r cefndir. Cododd y dorf ar ei thraed i gymeradwyo a darllenodd Cynonfardd deligram a oedd i'w anfon yn ddioed at Gladstone.

'Y GWIR YN ERBYN Y BYD.' 'GORAU ARF, ARF DYSG.'
At the International Eisteddfod, held at the World's Fair, on the 5th, 6th, 7th, and 8th days of September, in the year of Christ 1893, the Presiding Bard of Gorsedd, the Rev. Rowland Williams (Hwfa Mon), of Llangollen, Wales, having sheathed the sword, and the assembled multitude having thrice declared peace, as requested by usage and rites, it was resolved by acclamation, proclaimed with sound of trumpet, on the motion of Dr. T.C. Edwards, Kingston, Pa., seconded by Daniel V. Samuels, Chicago, and supported by W. Cadwaladr Davies:

1. That the Welsh people of America, assembled at the International Eisteddfod of Chicago, desire to express their gratitude to the Prime

Minister and Government of Great Britain for conceding to the demand of the Welsh people for a National University; and they, also, congratulate the people of the Fatherland on the promised fulfilment of their aspirations in connection with education.

2. That copies of this resolution be forwarded by the Executive Committee to the Right Hon. W.E. Gladstone, M.P., First Lord of the Treasury; the Right Hon. Lord Aberdare, Chairman of the Welsh University Conference; the Right Hon. Arthur H.D. Acland, M.P., Minister of Education; and Thomas Edward Ellis, M.P., Junior Lord of Treasury.

Pan ddychwelodd Côr Meibion y Rhondda, 'roedd gan yr arweinydd, Tom Stephens, gopîau o'r penderfyniad hwn i'w hanfon at y gwŷr mawr a enwyd ynddo. Byddai'n dda gwybod ai trwy ddamwain, ai o fwriad yr ymddiriedwyd 'Memorial' o'r fath i ofal arweinydd côr o lowyr, gan mwyaf, a'r rheini'n llafurio mewn cwm a oedd i yrru cannoedd lawer o'i blant dros y blynyddoedd i nerthu'r Brifysgol newydd-anedig. O gofio'r glo a gynrychiolai gyfoeth daear Cymru yn Ffair y Byd a'r Côr Meibion a leisiai angerdd ei chân, yr oedd Tom Stephens yn gennad cymwys iawn dros Gymrodorion Chicago.[68]

Wedi'r Eisteddfod gyrrodd un o'i chefnogwyr pybyraf ei adroddiad i'r *Geninen.* Ni allai Cynonfardd ffrwyno'i orfoledd. 'Roedd y Ffair ynddi'i hun tu hwnt i ddychymyg meidrolyn. Eto i gyd, er yr holl ogoniannau o'i hamgylch, ni phylwyd disgleirdeb Eisteddfod y Cymry:

Bydd y dyddiau, Medi 5ed, 6ed, 7fed, ac 8fed, 1893, yn rhai amlwg ac enwog yn mhlith dyddiau nodedig chwe mis Ffair y Byd yn Ninas Chicago. Sicrhawyd ni gan ohebwyr swyddogol na welwyd tyrfaoedd mor lluosog ar unrhyw adeg yn y Festival Hall, ac na chynaliwyd tu fewn i byrth y Ddinas Wen gyfarfodydd o duedd mor ddyrchafol, ac na wnaeth unrhyw genedl, yn ei harddangosiadau cenedlaethol, argraff mor ddwfn o fesur pur a diwylliant mawr, ag a wnaeth y Cymry yng ngwyl ardderchog yr Eisteddfod Gydgenedlaethol.

Ond nid oedd Cynonfardd yn sylwebydd di-duedd. Yn *Y Diwygiwr* cafwyd adolygiad di-enw llai brwysg a mwy meddylgar: 'Y mae yna lawer o wersi i ni fel enwadau ac fel cenedl i'w dysgu oddiwrth yr Eisteddfod hon; er ei bod wedi ei chynal yn mhell o'n gwlad, eto i gyd, yr oedd hi yn nes atom nag y meddyliai llawer o honom.' Yn 1893 nid ysgrifennwyd brawddeg gallach am fenter fawr Cymrodorion Chicago.[69]

NODIADAU

[1] *Y Tyst,* 17 Mawrth 1893, 1; *Y Faner,* 30 Awst 1893, 2.

[2] *Testynau, gwobrau ac amodau Eisteddfod Gyd-Genedlaethol Ffair y Byd, Chicago . . . 1893* (Chicago, 1892).

[3] *Y Drych,* 18 Mai 1893, 1. Gw. 'Ymweliad y Parch. R. Williams (Hwfa Môn) a'r America' yn W. J. Parry (gol.), *Cofiant Hwfa Môn* (Manchester, 1907), 268-76.

[4] *Y Drych,* 25 Mai 1893, 2.

[5] ibid., 10 Awst 1893, 5.

[6] *News of the Week,* 16 Sept. 1893.

[7] *The Chicago Record,* 4 Sept. 1893, 3; *Chicago Evening Post,* 5 Sept. 1893, 3; *The Chicago Tribune,* 6 Sept. 1893.

[8] ibid.; *Chicago Evening Journal,* 5 Sept. 1893.

[9] *Chicago Evening Post,* 5 Sept. 1893, 3; ibid., 7 Sept. 1893, 5.

[10] *The Chicago Mail,* 5 Sept. 1893; *The Chicago Herald,* 6 Sept. 1893; *News of the Week,* 5 August 1893.

[11] *Chicago Evening Post,* 5 Sept. 1893, 3; *The Chicago Herald,* 6 Sept. 1893; *The Chicago Tribune,* 6 Sept. 1893; *The Chicago Evening Journal,* 5 Sept. 1893.

[12] *Y Drych,* 2 Tach. 1893, 3; ibid., 21 Rhag. 1893, 7.

[13] ibid.; *Y Faner,* 9 Rhag. 1893, 4; Y Parch. T. Morgan, Sgiwen, *Dr. Gomer Lewis, Darlithiwr Enwocaf Cymru* (Caerfyrddin, 1911), 72-8.

[14] William D. Davies, 375-8; *News of the Week,* 9 Sept. 1893.

[15] ibid.; *Y Drysorfa,* 1850, 199-207; Beti Rhys, *Dyfed. Bywyd a Gwaith Evan Rees 1850-1923* (Dinbych, 1984).

[16] ibid., 104-5; William D. Davies, 380-3.

[17] *Y Faner,* 28 Tach. 1986, 10.

[18] *News of the Week,* 25 Nov. 1893.

[19] ibid., 30 Sept. 1893, 7 Oct., 14 Oct., 21 Oct., 4 Nov., 25 Nov.

[20] *Y Diwygiwr,* 1893, 345.

[21] *News of the Week,* 21 Oct. 1893, 6; *Cwrs y Byd,* 1894, 39; *News of the Week,* 25 Nov. 1893.

[22] ibid., 14 Oct. 1893, 2; *Cwrs y Byd,* 1894, 39; *Dyfed, Gwlad yr Addewid a Iesu o Nazareth* (Caernarfon, 1894), 153-4.

[23] *Y Diwygiwr,* 1893, 345; Y Parch. Penar Griffiths, *Cofiant Watcyn Wyn* (Caerdydd, 1915), 39-41; *News of the Week,* 18 Nov. 1893; ibid., 23 Dec. 1893, 2.

[24] *Cofiant Watcyn Wyn,* 175-9.

[25] *Y Drych,* 1851, 35, 74, 140, 258. Gw. Peter Karsten, Chpt. 5, 'America's Own Patriot-Heroes and What They Represented in the Nineteenth and Twentieth Centuries', *Patriot-Heroes in England and America* (The University of Wisconsin Press, 1978), 79-109.

[26] *Y Drych,* 1851, 74, 258; ibid., 29 Ion. 1885, 4.

[27] ibid., 28 Chwef. 1884, 5; ibid., 28 Hyd. 1886, 3. Yn Eisteddfod Utica, Calan 1890, cynigiwyd 20 gini a Thlws Aur am lunio pryddest i Washington (*Y Drych,* 12 Medi 1889, 7). Mae'n wir na chawsai'i gydnabod gan yr Eisteddfod Genedlaethol yng Nghymru ond nid oedd amau parch y Cymry at yr Arlywyddiaeth. Pan saethwyd

yr Arlywydd Garfield yn 1881 (honnid ei fod o dras Cymreig) anfonwyd teligram o gydymdeimlad o Eisteddfod Genedlaethol Merthyr Tudful, 1881, ac yn Eisteddfod Genedlaethol Dinbych, 1882, gwobrwywyd D. R. Williams (Index) am gyfansoddi pryddest goffa iddo. Yn ôl y beirniaid, Dewi Wyn o Essyllt, Pedr Mostyn a Glanffrwd cafwyd cystadleuaeth ragorol (*Y Faner*, 7 Medi 1881, 30 Awst 1882, 7).

[28] *Y Drych*, 24 Tach. 1887, 4; *Y Faner*, 30 Awst 1893, 8-9.

[29] *Y Drych*, 19 Gorff.-30 Awst 1877; ibid., 30 Awst 1888, 4; *Bye-Gones*, 1876-7.

[30] *Y Cymro*, 21 Medi 1893, 7; *Liverpool Welsh National Society Transactions*, 1892-5, 106. Dadleuodd Thomas L. James, hefyd, o blaid Madog yn 'America Discovered by the Welsh', *The Cambrian*, 1892, 323-6, 355-9.

[31] William D. Davies, 360-92. Cydnabu D. R. Lewis (Ffrwdwyllt), Pittsburgh, yr ymdrech a wnaethai Cymrodorion Chicago ar ran eu cyd-Gymry trwy gyhoeddi 'Oriel y Beirdd'—'Oriel Fawr o Araul Feirdd'—sef portread o feirdd Cymru ac America, 129 ohonynt i gyd gan gynnwys wyth o ferched, i goffáu Eisteddfod Ffair y Byd. Gellid prynu copi o'r 'Oriel' am 1.75 doler, ac y mae mamau a thadau barddas 1893 yn hongian o hyd ar ambell fur yng Nghymru i'n hatgoffa o heip Chicago. Diolch am hynny.

[32] ibid.; *Bye-Gones*, 1893-4, 187.

[33] 'William Penn' (Ebenezer Edwards), *Facts About Welsh Factors, Welshmen as Factors in the Foundation and Development of the U.S. Republic* (Utica, New York, 1899), 3-4.

[34] ibid., 333, 355, 364; Dr. Bil Jones, 204; yn *Y Drych*, 12 Mai 1892, 2, rhoddwyd sylw i farn y Dr. T. De Witt Talmage ar y Cymry: 'A chymeryd y cyfan i ystyriaeth nid oes pobl yn holl Ewrop a ddylanwadodd yn fwy ffafriol arnaf na'r Cymry.'

[35] 'William Penn', 206.

[36] *The Royal Blue Book Prize Productions of the Pittsburgh International Eisteddfod, July 2-5, 1913.* (Pittsburgh, 1916), 125-211; *Souvenir Golden Gate International Exposition Eisteddfod* (San Francisco, 1944), 30-34. Yr oedd Cynonfardd am gyhoeddi papur W. C. Roberts: 'Gwell oedd iddo fod yn Saesneg, er mwyn goleuo deall y Saeson, a chenedloedd eraill, ar arbenigion y Cymry. Ni chafwyd erioed well portread o deithi ein cenedl—yn yr ochr ffafriol iddi—nag a roddodd Dr. Roberts yn ei bapur. Credwyf y byddai yn dda i'n Cymrodoriaeth gael ei gyhoeddi, fel y goleuer estroniaid ar y pwnc. Pa reswm yw cadw y cwbl tufewn i'n cylch bychan terfynol ein hunain. Pan ddaw cenedloedd eraill i wybod amdanom cawn eu hedmygedd a'u cefnogaeth.' (*Y Geninen*, 1893, 286).

[37] Burg, 62-4; Thomas J. Schlereth, 91-2.

[38] *The Cambrian*, 1895, 106-8.

[39] Burg, 251-5.

[40] Jay Monaghan, 515-6.

[41] Burg, 59-62, 168-72; *News of the Week*, 26 August 1893; ibid., 23 Sept. 1893. Yr oedd Apmadoc yn ysu am goncwest gerddorol ddwy flynedd ymlaen llaw: 'Gorau Cymru, syfrdanwch yr Americaniaid caredig a brwdfrydig hyn, fel na ddychwelant i'w synwyrau llawn tan ar ol Ffair y Byd . . . Brwydr am lawryf gerddorol y byd fydd hon, ac y mae y genedl Gymreig yn dysgwyl i'w meibion a'i merched ennill a chadw yr urddas a'r goron yng ngwyneb goreuwaith pob cenedl arall.' (gw. *Y Drych*, 30 Gorff. 1891, 2). Trannoeth yr Eisteddfod barnai fod y goncwest wedi'i sicrhau: 'The musical features of the Eisteddfod elevated its tone and made it superior in its character, worthy of its place among the many and varied attractions of the World's

Fair, and tended to reflect credit and honor on Welsh nationality in this country.'
(gw. *The Cambrian,* 1893, 312-6).
[42] Gw. Hywel Teifi Edwards, *Gŵyl Gwalia.* *Yr Eisteddfod Genedlaethol yn Oes Aur Victoria 1858-68* (Llandysul, 1980), 285-8.
[43] *The Chicago Herald,* 7 Sept. 1893, 16; *The Chicago Record,* 7 Sept. 1893, 2; *Inter Ocean,* 7 Sept. 1893.
[44] ibid.; *News of the Week,* 23 Sept. 1893; *Y Geninen,* 1893, 286.
[45] William D. Davies, 388; *Y Geninen,* 1893, 285; *Y Drych,* 21 Medi 1893, 5-6; *Y Tyst,* 29 Medi 1893, 10-11. Yn ôl Apmadoc, *News of the Week,* 23 Sept. 1893, teimlai'r gynulleidfa enfawr adeg cystadleuaeth y corau cymysg 'fod awr gogoneddiad cerddorol y genedl wedi dyfod'.
[46] William D. Davies, 363-4; *News of the Week,* 4 Nov. 1893.
[47] Elfed Jones, *Côr Meibion y Penrhyn Ddoe a Heddiw* (Dinbych, 1984), 11-13; *Western Mail,* 28 July 1893, 6; *Y Faner,* 13 Medi 1893, 4; *Y Cymro,* 31 Awst 1893, 8; ibid., 21 Medi 1893, 7.
[48] *Y Geninen,* 1893, 5; K. S. Hopkins (Ed.), *Rhondda Past and Future* (Rhondda Borough Council, 1975), 138-9; R. Reid Badger, 37; *Illustrated London News,* 9 Sept. 1893. Yn ôl y *Western Mail,* 3 August 1893, 5, pwysleisiodd Morien yn Eisteddfod Genedlaethol Pontypridd nad oedd 'Shoni Hoys!' ymhlith y dyrfa fawr a ddaeth i wrando'r corau: 'The fact is, the mighty throngs which came from the valleys to-day were lovers of high-class music, who abhor ribaldry of every sort. They, by their voluntary contributions, maintain the elevating institutions of the upper valleys.'
[49] Evan Jones, 12; *News of the Week,* 2 Dec. 1893, 6.
[50] *News of the Week,* 11 Nov. 1893, 2; Clara Novello Davies, *The Life I Have Loved* (London, 1940), Chpt. VI. 'Come to the Fair', 78-98. Gw. 97-8.
[51] Paul Greenhalgh, 178-83; Justus D. Doenecke, 542.
[52] ibid., 181.
[53] Trachtenberg, 221-2.
[54] *Y Drych,* 7 Chwef.-28 Awst 1894; ibid., 1 Meh. 1893, 1; 15 Meh. 1893, 1; ibid., 19 Chwef. 1891, 5.
[55] *Y Darian,* 16 Tach. 1893, 5. Yr union un wythnos 'roedd *Y Faner,* 15 Tach. 1893, 7, yn rhoi lle i sylwadau Miss Eliza Orme mewn adroddiad Dirprwyaeth Llafur dan y pennawd 'Merched Cymru—Eu Gorchwylion, a'u Cyflogau. Dadleniadau Difrifol'. Er tloted oeddent pwysleisiai'r adroddiad eu bod at ei gilydd yn rhyfeddol o fucheddol.
[56] *News of the Week,* 1 July 1893, 4; ibid., 26 August 1893; ibid., 12/19 August 1893; *The Life I Have Loved,* 81-3; *News of the Week,* 29 April, 6/13/20/27 May, 3 June 1893.
[57] *The Life I Have Loved,* 84-5, 87; *News of the Week,* 2 Sept. 1893, 3; ibid., 30 Sept. 1893.
[58] *The Life I Have Loved,* 87-9.
[59] ibid., 89.
[60] ibid., 89-91.
[61] ibid., 92. Gw. *Gŵyl Gwalia,* 287-8.
[62] *News of the Week,* 30 Sept. 1893. *Y Gymraes,* 1898, 161-4.
[63] *The Life I Have Loved,* 95-6; *News of the Week,* 21 Oct. 1893, 7.
[64] *The Life I Have Loved,* 97; *News of the Week,* 11 Nov. 1893, 2.
[65] ibid., 9 Dec. 1893; ibid., 30 Sept. 1893; *Y Drych,* 12 Hyd. 1893, 1.

[66] *The Life I Have Loved*, Chpt. 7, 'My First Royal Command', 99-108.
[67] William D. Davies, 365-8; *News of the Week*, 30 Sept. 1893.
[68] William D. Davies, 377-9; *News of the Week*, 2 Dec. 1893.
[69] *Y Geninen*, 1893, 284; *Y Diwygiwr*, 1893, 346.

WEDI'R FFAIR

Yn Eisteddfod Genedlaethol Llanelli, 1895, enillodd Gurnos £4 am gyfansoddi 'Darn Difyrus, priodol i'w adrodd'. Un o'r beirniaid oedd Watcyn Wyn ac y mae'n ddiamau mai sgit ar Eisteddfod Ffair y Byd a luniodd Gurnos ar ei gyfer — 'Cyhoeddiad Eisteddfod Benaf y Byd: A Gynhelir yn y Flwyddyn 2000'. 'Roedd honno i'w chynnal 'Ar ben yr Alegani' ac y mae cân Gurnos yn gymar i 'Pastai Fawr Llangollen' Ceiriog:

Y mae Eisteddfod fawr i fod yn mlwyddyn bell 2000,
Er rhoddi anniflanol glod i Hotentaidd hil,
O Eden lawen hyd i lawr i'r olaf foreu llon,
Fe ddaw yr oesau'n dyrfa fawr i'r wyl anferthol hon.

...Daw Adda i'r Eisteddfod hon o'r ardd sy'n mhen draw'r byd,
Bydd Efa'n canu gyda'r côr - os gallant dd'od mewn pryd;
Dechreuodd Solomon y bardd wneyd awdl, ond drachefn
Cofiodd nad oedd ei benglog llwm yn drwm yn ol y drefn.

Y canu yno sigla'r llawr - aiff Handel yn ysgorn:
Can' mil o udgyrn fydd ar waith - daiargryn fydd pob corn;
A deugain mil o'r tambwrîn, a dengmil o'r trambŵn;
A dyn y lleuad rëd i lawr i wrando ar y sŵn.

Yr Andes doddir nes bo'n bant gael sebon meddal iach -
O'i rwbio'n dda gwneir elephant o dwrch neu'r bathor bach:
Yn lle'r Mynyddau Creigiog mwy, gwyleidd-dra fydd yn fro;
Hunanganmoliaeth ladda'i hun - rhy galed gweithia fo.

Dim ond un bardd fydd mwy i fod - dychymyg sycha'i chwys;
Gwreiddiolder syrth ar ben ei rawd heb symud bawd na bys;
A gwerthir offer Barddas hen, a'r Awen gyda hwy -
Ni fydd Eisteddfod, llais, na llên am oes y ddaiar mwy.[1]

A hwythau'n hen ffrindiau fe wyddai Gurnos sut i blesio Watcyn Wyn ar ôl helynt Coron Chicago.

Nid yw'n ddim syndod, o gofio'r derbyniad a gawsent, fod Hwfa Môn, Caradog, Pencerdd Gwalia a Dyfed yn barod eu clod i'r Cymrodorion. Barnai Dyfed i'r Eisteddfod fod yn llwyddiant diamheuol. Ynddi hi, yn ôl Pencerdd Gwalia, y cyrhaeddwyd uchafbwynt cerddorol y Ffair. Daethai'r Cymry o Chicago yn fawr ar eu hennill, fel y tystiodd W.D. Davies, hefyd, oherwydd i'r 'Eisteddfod fwyaf mawreddog ag y gŵyr hanesyddiaeth am dani...' ddod i ben 'yn llwyddiant perffaith yn mhob ystyr.' I'r rhai 'heb wydrau rhafgarn ar y llygaid' yr oedd pum ffaith anwadadwy i'w cydnabod: '1. Mai hon oedd yr Eisteddfod fwyaf mawreddog ag y gŵyr y byd am dani. 2. Fod yr Eisteddfod hon wedi codi y genedl Gymreig yn ngolwg y byd fel cenedl henafol, llenyddol, a cherddorol. 3. Fod yn rhaid i'r Cymry gael rhyw bedwar diwrnod o leiaf i ddangos eu neillduolion cenedlaethol, tra yr oedd un dydd, fel rheol, yn ddigon i genedloedd ereill. 4. Fod yr Eisteddfod hon wedi talu, yn ol mantol gyffredin pobl o farnu. 5. Fod ymgeiswyr o Gymru wedi curo ymgeiswyr Cymreig y Talaethau Unedig, yr hyn oedd yn rhesymol dysgwyl, yng ngwyneb y ffeithiau fod mwy o lenorion, beirdd, a cherddorion yn Nghymru, a gwell ac amlach manteision i ymddadblygu etc.'[2]

Os oedd ymffrost W.D. Davies braidd yn anghynnil, yr oedd gorfoledd Idriswyn yn enghraifft nodedig o'r 'overblown grandiloquence' a gynhyrchid ar gyfer Ffeiriau'r Byd mewn mwy nag un wlad. Cawsai'r cenhedloedd weld campau'r Cymry - a synnu atynt. Ymlawenhaodd megis pererin a fuasai'n brefu'n hir am olwg ar y ddedwydd wlad. Cafodd sicrwydd fod Dinas Wen yn bod i'r Cymry haeddiannol yn y byd hwn. Fe'i meddiannwyd ganddynt yn anialwch Chicago o bob man. Dangosasant fod ganddynt hawl ddigamsyniol i'w lle ynddi:

Profodd y genedl Gymreig, nid yn unig ei bodolaeth, ond ei bod yn byw y bywyd uchaf sy'n bosibl; mai pethau byd y meddwl yw ei bwyd a'i diod... Bydd cynrychiolwyr cenedloedd o bedwar ban y byd yn mynd adref i ddweyd am danom ac i chwilio i'n hanes. O hyn allan, bydd yn anhawdd cael hyd i neb heb fod yn gwybod am ein nodweddion cenedlaethol, a'n bod yn ddisgynyddion hen genedl anrhydeddus, ddysgedig, a chrefyddol, ac un sydd wedi bod er mabandod y ddynoliaeth, yn moreu llwydwyn y byd, yn ei chyfarwyddo at y da mewn buchedd, y prydferth a'r mawreddog mewn natur, a'i dysgu i dynu rhywbeth allan o fyd y meddwl, ac i roddi ei theimladau allan mewn cân a moliant i Greawdydd y bydoedd... A bydd yr arddangosiad cenedlaethol a wnaed yn Chicago ... yn ddechreuad cyfnod newydd yn ein hanes; cenedloedd y byd yn edrych i fyny atom ac yn ein cydnabod fel eu huwchradd, a diflana ar unwaith ac am byth y dybiaeth ein bod yn ddiffygiol mewn gallu meddyliol, yni, medrusrwydd i gario allan gynlluniau, ac ysbryd anturiaethus ... yr ydym wedi sicrhau yr argraff — stamp — o genedlaetholdeb na ddileir mo hono holl ddyddiau y ddaear. Onid oes ôl llaw Rhagluniaeth ar hyn — codi a llwyddo ein brodyr yn yr America; cadw y teimlad cenedlaethol yn fyw ynddynt; hwnw yn cael ei chwythu yn fflam fawr yn y ddinas oedd yn llawn o ddyeithriaid o bob gwlad ac ar adeg yr oedd yr holl fyd â'i lygaid arni!

Troes Idriswyn Eisteddfod Ffair y Byd yn Bentecost yn Chicago. Waeth beth am eraill, fe gredodd ef i'r 'Ysbryd Cymreig' chwythu ar y torfeydd yno. Fe gredodd, am fod yn rhaid iddo, i un o obeithion mawr ei Gymru ef gael ei sylweddoli ar lan Llyn Michigan. Iddo ef yr oedd y Cymry wedi codi uwchlaw materoliaeth. Codasent eu llygaid at bethau uwch: 'Yr oedd yr Eisteddfod yn wrthdystiad i'r byd yn erbyn daearoldeb ei amcanion a'i ddyheadau, ac yn profi mai nid ar fara yn unig y bydd byw dyn, y gall cenedl ymddifyru a gwrteithio ei hunan ar yr un pryd, ac mai nid cyfoeth a gallu yw'r unig ddylanwadau y mae'n werth gwneud ymdrech i'w meddiannu." Ni allasai Matthew Arnold ddweud yn well.[3]

Fel utgorn mewn côr telynau y mae'n rhaid cydnabod eithafiaith gorfoledd Idriswyn. Fe'i bwriadwyd ar gyfer ei glust ei hun. 'Doedd neb yn daerach nag ef am ei chredu. Ond yr oedd sylwebyddion eraill i'w cael a lwyddodd i ystyried Eisteddfod Ffair y Byd mewn oerach gwaed a datgan yn blaen nad oedd fawr gwell na chyffredin wedi'r cwbwl. Sylwodd *Y Diwygiwr* — cylchgrawn yr oedd Watcyn Wyn yn un o'i gyd-olygyddion — mai digon syml oedd yr ochor lenyddol o ran nifer y cystadleuwyr ac ansawdd y cyfansoddiadau arobryn. I beth y cynigid gwobrau tywysogaidd i gystadleuwyr di-fraint? 'Gweithwyr ein gwlad fel rheol sydd yn canu..., a phregethwyr ein gwlad fel rheol sydd yn barddoni, a gwyr pawb mai ail beth yw canu a barddoni gan y naill a'r llall o'r rhai hyn — pethau a wneir yn eu horiau hamddenol, ac ychydig yw oriau hamddenol gweithiwr a phregethwr.' Tenau oedd y cynulleidfaoedd gan mwyaf ac onibai am gorau ac 'artistes' Cymru digon dilewyrch fuasai'r ochor gerddorol hefyd. Waeth pa mor uchel y sôn am 'lwyddiant perffaith', nid oedd gwadu'r ffaith nad oedd yr Eisteddfod wedi talu'r ffordd. Gwnaeth golled.[4]

Er bod 'R.O.' yn *Y Drych* am ganmol y Cymrodorion am ddyrchafu 'y genedl Gymreig i binacl uchaf canu corawl holl Eisteddfodau y byd, a thu hwnt i ddim a all unrhyw genedl arall ei wneyd', eto i gyd '...prin y gellir dweyd ei bod yn llwyddiant *mawr*'. Torrodd y rhan fwyaf o'r 'Llywyddion Anrhydeddus' eu cyhoeddiad; 'roedd y prisiau mynediad yn rhy uchel i'r Cymry cyffredin eu fforddio, ac o ganlyniad 'Cafodd Buffalo Bill lawer o arian y Cymry yr wythnos hono, a ddylasent fod yn fantais arianol i'r Eisteddfod'; ac yr oedd llawer gormod o'r Saesneg i'w chlywed yn y cyfarfodydd, yn enwedig cyfarfodydd y Cymrodorion. I'r Parch. D.P. Jones, Scranton 'roedd y Ffair yn bregeth a chymanfa a dystiai i oludoedd dihysbydd Duw, ond camgymeriad oedd impio'r Eisteddfod wrthi: 'Ar y cyfan, Eisteddfod gyffredin ydoedd — llawer llai ei gwerth na'r pris am fyned i mewn. Yr oedd y cyngerddau mewn rhai pethau yn dda.' Gwelodd y Parch. R.E. Williams, Plymouth, Pennsylvania dri gallu ar waith yn y Ffair — Gallu Diafol, Gallu Dyn a Gallu Duw — a'i obaith oedd y gellid troi Chicago o fod yn Fabilon Fodern i fod yn Gaersalem Fodern. Gweddïai am ddiwygiad i godi ohoni a sgubo dros y wlad, ond ni phriodolodd swyddogaeth ddiwygiadol i'r eisteddfod. Os oedd iddi hi le yn y Gaersalem Fodern ni phwysleisiodd y Parch. R.E. Williams mo hynny.[5]

Mae'n wir na thalodd Eisteddfod Ffair y Byd mo'i ffordd. Pan ddychwelodd Dyfed i Gymru dywedodd fod y Cymrodorion yn wynebu colled o £400 a'u bod yn berffaith hapus gan iddynt ofni gwaeth. Mewn llythyr o Chicago i'r *Carnarvon and Denbigh Herald* rhoes J. Arthur Evans, o'r Rhyl deyrnged i Thomas E. Lewis, Glan Alun, Wheaton a dalodd £5,000 i Fanc Cyfarwyddwyr y Ffair yn warant dros yr Eisteddfod, 'a sum which not every millionaire Welshman, even in the City of Chicago, was disposed to entertain'. Yr oedd y Cyfarwyddwyr wedi deddfu na châi'r un cyfarfod ei gynnal heb warant cyfreithiol fod arian ar gael i dalu pob bil: 'The International Eisteddfod not having corporate and legal existence, the directors of the World's Fair required the usual guarantee that the advertized prizes should be met, that the musical artistes, the choirs, the bands, etc., should be paid, and that the directors of the World's Fair should receive one-tenth of the receipts as admission to the Festival Hall.' Yn Thomas E. Lewis, 'the gallant and noble Cymro', cafodd y Cymrodorion gymwynaswr anghyffredin.[6]

Teyrngedodd J. Arthur Evans yn ogystal i'r cannoedd o Gymry a deithiodd i'r Eisteddfod o Pennsylvania, Indiana, Wisconsin, Iowa, Ohio, Dakota, Michigan, Kansas, Utah, California, Colorado, Maine ac Efrog Newydd gan dalu ar gyfartaledd £5 y pen i gwmnïau'r rheilffyrdd, heb sôn am gostau llety yn Chicago a phris mynediad i'r Eisteddfod. Yn Gôr a ffrindiau daeth tua 600 o Salt Lake City a thalu £12 y pen am docyn trên yn unig. Nid gwladgarwch crintach oedd gwladgarwch Cymry America: 'In witnessing the crowded gatherings at the World's Fair Eisteddfod, the noble open countenances of the American Cymry, the fraternity exhibited, the deep interest and the enthusiasm displayed in everything pertaining to "Cymru, Cymry a Chymraeg", my Welsh heart was quickened more than ever towards my fellow Cymry on this side of the Atlantic.'[7] Pan gyhoeddwyd y fantolen swyddogol cafwyd mai 2,303.26 doler oedd y golled — ychydig dros £200. Nid oedd yn ddigon i drwblu gwŷr Chicago.

FINANCIAL STATEMENT OF THE INTERNATIONAL EISTEDDFOD ASSOCIATION, HELD AT CHICAGO, SEPT. 5, 6, 7, 8, 1893.[8]

EVAN LLOYD .... Treasurer
R.W. OWEN .... Ch'n Financial Committee
D.C. HARRIES .... Financial Sec'y

RECEIPTS

Stock	$6,790 00
Donations	4,804 33
Gate Receipts, "Gross"	13,288 75
Programs, Ads. and Sales	1,732 34
Balance 1890 Eisteddfod	218 00
Part-paid Stock Forfeited	160 00
Interest	77 63
Refunded Freight	12 00
	$27,083 05

DISBURSEMENTS

Attorneys' Service, Incorporating, etc.	$55 25
Lewis Meredith, Adjudicating Eisteddfod 1890	10 00
Service and Commission for Sale of Stock	73 60
Desk and Chair	36 00
Programs	1,237 14
Books and Postals (Choir Service)	14 00
Commission, Advertising Agent	423 48
Official Badges	136 50
Tickets Unaccounted	22 00
Door Attendance	7 00
Stationery	104 75
Printing and Lithographing	454 44
Postage Stamps, Envelopes and Cards	275 82
Post Office Box Rent	51 00
Hall Rent (Committees)	143 00
Transportations, traveling in interest of Eisteddfod	593 30
Advertising, (Chicago Dailies)	337 90

Expressage	71 75
Music Copies, (Choir)	39 89
Telegrams, Cables, etc.	90 46
Salary Secretary, Sept. 1, '91, to Sept. 30, '93	1,500 00
Salary Stenographer	210 36
Salary Foreign Secretary	100 00
Artist, Mary Davies	1,000 00
Artist, Ben Davies	1,461 00
Artist, John Thomas	975 00
Hwfa Mon's Expenses	324 25
Artists' Expenses	353 75
Music Adjudicators' Expenses	259 30
Literary Adjudications, (Mailing and Expressage Expenses)	15 00
Conductors' Expenses	125 00
Band of Harps	500 00
Prizes	10,190 00
Bardic Chair	125 00
Program Contra Account	50 00
Gold Medal	23 00
Unhonored Check	5 00
World's Fair Concession 10 per ct	1,328 87
50 per cent. Refunded on Paid-up Stock	3,350 00
	$35,975 91
Balance on hand	1,107 14
	$27,083 05

LIABILITIES

Paid-up Stock	3,395 00
Unpaid Dividend	45 00
Gold Medals	150 00
	$3,590 00

ASSETS

Souvenir World's Fair Half Dollars (18)	9 00
Accounts Collectable	70 60
Furniture, One Desk and Chair	25 00
Additional Donation for Gold Medals	75 00
Balance on hand	1,107 14
LOSS	2,303 26
	3,590 00

D.E. HUMPHREY,
Assistant Financial Secretary

The Books and Vouchers of the International Eisteddfod have been examined and found correct. The above statement is a true analysis of same.

HUGH R. HUGHES, with Chas. A. Stevens & Bro.,
C.W. ALT, with Marshall Field & Co.,
Auditors.

The Committee of the Eisteddfod have lately paid another instalment of 15 per cent to the shareholders from the balance on hand, thus refunding 65 per cent of the total amount of each share.

O gofio'r panig ariannol a fygythiodd holl fenter y Ffair yn haf 1893 — gofynnodd Pwyllgor yr Eisteddfod i ddarllenwyr *Y Drych* gyfrannu doler yr un i'w cronfa rhag iddynt gael eu llethu — o gofio'r panig hwnnw a chwalodd yn y diwedd ar greigiau miliwnyddion Chicago ac o gofio fod y tân gwaethaf er 1871 wedi llosgi hanner milltir sgwâr o'r ddinas ar ddiwedd Awst, 1893, gan beryglu safle'r Ffair ei hun, hawdd y gallai trefnwyr yr Eisteddfod ddygymod â cholled o ryw £200. Mae'n debyg fod y ddyled, ar ôl cymaint ymffrost, yn ergyd i'w balchder ond nid oedd yn ergyd loriol. Gallent gyfeirio at Eisteddfodau Cenedlaethol a wnaethai dipyn mwy o golled yn yr Hen Wlad ers y 60au.[9]

Yr hyn a ddylai fod wedi peri gofid i'r Cymrodorion oedd y modd y dangosodd eu Heisteddfod fod banc y Gymraeg ar dorri yn yr Unol Daleithiau. Nid oedd yno'r adnoddau, bellach, i gynnal eisteddfod draddodiadol ar raddfa fawr. Oni bai am gystadleuwyr o Gymru buasai stondin y cynnyrch llenyddol Cymraeg yn waeth na thila. Nid oedd yr Unol Daleithiau yn codi awduron a allai ddefnyddio'r famiaith yn rymus-greadigol. Ym marchnadoedd y meddwl a'r dychymyg 'roedd y Gymraeg yn colli ei gwerth. Ar ôl ymweld â'r wlad yn 1887 proffwydodd Dyfed: 'Ymhen amser, daw y cymysgedd ymfudol hwn yn un corff, ac fe rêd llinellau gwahaniaethol pob cenedl i'w gilydd, yn un llinell fawr, a bydd y genedl ryfeddaf, bwysicaf, a galluocaf, yn ddiau, dan haul.' Byddai'r Cymry, hwythau, yn rhan anrhydeddus ohoni ac yn arfer ei phriod iaith — y Saesneg. Yn y dinasoedd a'r trefi 'roedd yr ifanc eisoes yn mynd gyda'r llif: 'Y mae y llifeiriant Seisnig yn gryf iawn i'w wrthsefyll, ac yn cario ymaith y dosbarth ieuengaf yn ddiamddiffyn. Nid oes dim ond yr aelwyd a'r gwasanaeth crefyddol yn dal y Gymraeg yn eu clyw, ac yn eu cadw rhag ymgolli yn hollol yn "iaith y byd". Y tuallan i'r ddau gylch a nodwyd, nid yw yr hen iaith i'w chlywed yn y dinasoedd ond yn anfynych, ac y mae hyny yn gwanhau pob dylanwad arall sydd yn ceisio ei chadw yn fyw yn ysbryd y plant.' Ni siaradai Cymraeg yr eisteddfod am bethau'r ifanc. Ei busnes hi oedd cynnal y 'nodweddion cenedlaethol' a wnaed yn sail gan y Cymry da i'w hawl i gydnabyddiaeth deg yn yr Unol Daleithiau fel ym Mhrydain.[10]

Yn Awst, 1893, canodd J.R. Williams, Chicago yn hwyliog am 'Dyddiau Cymreig Ffair y Byd':

> ...Ein hen iaith fydd fel brenines,
> Llywodraetha yr holl Ffair;
> Ni siaredir yn ein dinas
> Ond Cymraeg — Cymraeg bob gair;
> Gwelir hi yn ei gogoniant
> Ar ei gwyneb ni bydd llen;
> Trwy y gwledydd pawb a soniant
> Am dlos iaith hen Walia Wen.

Siawns y disgwyliai'r bardd i neb ei gredu, ond gallai obeithio am werthfawrogiad cyffelyb freuddwydwyr. Ni fyddai 'R.O.' yn un ohonynt. Fe wyddai ef sut y byddai ar yr heniaith yn y Ffair: 'Cofied pob Cymro a Chymraes yn ystod yr wyl siarad Cymraeg yn y Ddinas Wen, fel y gallom ddod i gyffyrddiad â ac o wasanaeth i'n gilydd. Dyna ein bai mawr. Mae mor anhawdd cael hyd i Gymro trwy ei iaith a chael hyd i nodwydd ddur mewn tas o wair. Mae Gwilym Eryri yn y Ffair agos bob dydd, ac yn siarad Cymraeg bob gair; Ednyfed a Dafydd Rhisiart yr un modd; a byddwn ninau yn aml yn myned ag un o'r plant gyda ni o bwrpas i siarad Cymraeg, er ceisio dod o hyd i Gymry yno.' Fel 'evacuees' â'u bathodynnau ar eu cotiau yn dynodi eu hansadrwydd y dôi'r Cymry Cymraeg i Eisteddfod Ffair y Byd. Cafwyd y gwir am eu sefyllfa gan 'R.O.'. Yng ngorymdaith fawr y Midway Plaisance ar 17 Mehefin nid oedd sôn amdanynt. Pan ddarllenwyd Datganiad Annibyniaeth America ar 4 Gorffennaf mewn ugain iaith, nid oedd y Gymraeg yn un ohonynt er gwaetha'r holl fost am y ddau Gymro ar bymtheg a'i harwyddodd. 'Roedd y Cymry yn picnica'r diwrnod hwnnw yn Racine.[11]

Y mae'n amlwg mai am ryw fath o iaith picnica y syniai rhai o ohebyddion gwasg Chicago wrth gyfeirio at ran y Gymraeg yn yr Eisteddfod. 'The Eisteddfod,' meddai'r *Chicago Times*, 'will be conducted in the English language though the conductors and poets will shoot off epigrammatic impromptus in beautiful and

musical Welsh'. Ac meddai'r *Chicago Record* wrth sôn am waith un
o'r tri arweinydd swyddogol, y Parch. Fred Evans (Ednyfed):
'He spoke seriously in English and joked in Welsh, so that it
required but a glance to pick out his countrymen in the audience.'
Go brin fod y sawl a ysgrifennodd y frawddeg yna wedi
sylweddoli ei bod yn dweud cymaint. Y mae'n dweud mwy
wrthym ni heddiw o'i chyfosod â bost Hwfa Môn: 'Some people
tell us that the Welsh language is dying. I say that the hangman
of the Welsh language is not yet born. Its enemies shall be hung
before the language itself shall be wiped out of existence.'[12]

Yn ei ôl-nodyn i'w gyfrol *Ephemeral Vistas*, gresynu a wna Paul
Greenhalgh fod yr Arddangosfeydd Cydwladol a'r Ffeiriau Byd, er
gwaethaf eu hysblanderau, yn gynnyrch ideolegau ac amcanion a
oedd yn eu hanfod yn negyddol. Ni fwriadwyd mohonynt i greu
cytgord rhwng y gwahanol hilion a'r gwahanol ddosbarthiadau
mewn cymdeithas. I'r gwrthwyneb, gan eu bod wedi'u bwriadu i
borthi'r meddylfryd masnachol, ymerodrol 'roeddent yn rhwym o
ledu'r bylchau rhwng y cenhedloedd a'r dosbarthiadau a gystadlai
yn erbyn ei gilydd. Darfu am harddwch ffasâds y 'dinasoedd gwyn',
ond goroesodd y negyddiaeth y tu ôl iddynt. Tra'n cydnabod
fod gobeithion dwysaf y sylwebyddion a welai yfory llachar i'r
ddynoliaeth yn gwawrio yn Ffair y Byd heb eu sylweddoli, nid
yw David F. Burg yn barod i ymwrthod â'r Ddinas Wen fel
paradwys ffŵl, gloddest awr o wag ymhonni yn nannedd realiti a
brofai'n drech na phob delfrydiaeth. Yr oedd i adael ei hôl yn rhy
drwm ar gynlluniau datblygwyr Chicago i neb allu ymagweddu
mor ddibris tuag ati. Nid yw'r ffaith fod ei gwersi heb eu dysgu
yn rheswm dros amau eu dilysrwydd parhaol. Daliodd y Ddinas
Wen ei gafael ar ddychymyg y miliynau a'i gwelodd: 'It was a
consummation, a commingling of the contradictory forces and
values of American life. And it was a wistful, langorous pause, a
ritual celebration and consecration, before the onrush of time and
events thrust American civilization irrevocably across the
threshold of history into the cataclysmic twentieth century, with
its mindless nationalisms, global wars, genocide, and fatalism.
The White City embodied a moment of rapture, inspiration, and
hope.'[13]

I D.H. Crook ac Alan Trachtenberg, creadigaeth gwŷr busnes
oedd y Ddinas Wen. Ni allasai fod heb eu rhodres hwy.
Pwysleisia Crook mai Ffair i barchusion ydoedd yn ei hanfod,
sioe i geffylau blaen y dosbarth canol llewyrchus: 'The immigrant,
migrant, Negro, and a large portion of the laboring classes, no

matter what their geographical proximity, were economically excluded. The fifty-cent admission fee was restrictive.' A thrachefn: 'The Exposition was not a workingman's holiday, neither was it the exclusive playground of the leisure classes, rather it was the celebrated "object lesson" to which the middle classes came in great numbers — to relax, to be awed, and perhaps to learn.' Sylwodd Trachtenberg fod y Ddinas Wen, i bob golwg, wedi setlo problem gwir ystyr America: 'It seemed the victory of elites in business, politics, and culture over dissident but divided voices of labor, farmers, immigrants, blacks and women. Elite culture installed itself as official doctrine of the Court, claiming domination over the "low" confined to the outskirts of the Midway... The power to say what was real, what was America, seemed now safely in the hands of property, wealth, and "the word culture".' Dyna sut yr ymddangosai pethau ar yr wyneb, ond i Trachtenberg y 'conflict of perspectives' a ddadlennwyd yn Chicago rhwng 1893-4 a oedd o wir bwys. Iddo ef, yn y bwlch rhwng rhithiau'r Ddinas Wen a realiti'r Ddinas Ddu a'i cartrefodd am chwe mis y mae gweld y gwrthdaro hwnnw gliriaf.[14]

Fe ddâl i ninnau gydnabod mai ffasâd, waeth pa mor arwyddocaol, oedd Eisteddfod Ffair y Byd, hefyd. Er mor ymddangosiadol lawen ei chwedl, ni wnaeth ddim i Gymreigio Cymreictod eisteddfodol cymwysedig yr Unol Daleithiau. Yr oedd hwnnw eisoes yng ngafael 'y Cymry da' a oedd am sicrhau mai eu fersiwn hwy o'r hyn ydoedd DIWYLLIANT CYMRU a gâi ei lwyfanu. Fel y dangosodd Cymrodorion Chicago 'roedd rhaid torri'r fersiwn hwnnw i ffitio canfyddiad 'y Cymry da' o'r lle a haeddent ym mywyd yr Unol Daleithiau. O ran eu cymhellion nid oedd dim gwahaniaeth rhyngddynt hwy a'u cymrodyr yng Nghymru a ddefnyddiai'r Eisteddfod Genedlaethol i hwyluso prosesau ymbrydeinio. Dibynnent ar yr iaith Saesneg yn eu brwydr dros gydnabyddiaeth a phan ddefnyddient y Gymraeg gofalent am ei chyfyngu i gylch cyfyng o brofiadau diogel. Y mae'n anodd credu y byddai'r Cymry a dalod i weld Evan Lewis yn gwasgu'r Almaenwr, Sebastian Miller, yn stecs yn barod i dalu deuswllt — pris y tocyn rhataf — am fynediad i'r Festival Hall. Byddai'n bris rhy uchel i'w dalu am ddiwylliant yr oeddent wedi ymbellhau i gymaint graddau oddi wrtho. Defnydd crai'r nofel realistaidd nad oedd iddi le yn y byd eisteddfodol oeddent hwy.[15]

O 1893 i lawr hyd at yr Ail Ryfel Byd swyddogaeth yr eisteddfod yn yr Unol Daleithiau fyddai darparu cyfle i frolio

Yr Archdderwydd Cynonfardd

rhagoriaethau Cymry America yn Saesneg a sentimenta am yr Hen Wlad mewn cymysgiaith. Bellach, y mae'r Gymanfa Ganu Flynyddol a sefydlwyd yn 1929 dan nawdd Cymdeithas Genedlaethol Cymanfa Ganu yr Unol Daleithiau a Canada wedi etifeddu'r swyddogaeth honno. Llusgo byw o 1913 tan 1941 a wnaeth Gorsedd America dan arweiniad tri Archdderwydd — Cynonfardd (1913-18), Dr. William Surdival (1918-40) a'r Seneddwr James J. Davis (1940-1) — a daeth cyfres fylchog yr Eisteddfodau Cenedlaethol a lansiwyd gan Gymdeithas Eisteddfod Genedlaethol America yn Utica yn 1923 i ben yn 1940. Nid oedd dim arall i'w ddisgwyl. Dangosodd y Dr. Bil Jones na fu gan Orsedd America erioed fwy na 300 o aelodau ac i bob pwrpas nid oedd namyn Cymdeithas Gymraeg ar gyfer selogion Pittsburgh. Yr oedd yn rhy esoterig i ennill cefnogaeth ehangach. Ac am yr Eisteddfodau Cenedlaethol, er iddynt fabwysiadu'r Saesneg o'r cychwyn ni fedrent estyn apêl y diwylliant y mynnent ei ddathlu tu hwnt i ffiniau rhagdybiau y Cymry Americanaidd ymwybodol.[16]

Gellid dyfynnu o raglenni sawl eisteddfod ar ôl 1893 pe mynnid enghreifftio parhad yr awydd i orddyrchafu clodydd y Cymry. Ni ellid nodi gwell enghraifft na molawd Dr. William Surdival i'w prifwyl yn rhaglen Eisteddfod Gydwladol Pittsburgh, 1913, eisteddfod a gynhaliwyd er chwyddo cronfa 'the Capten William R. Jones Memorial Hall for Aged and Infirm Welshmen':

> Many of her sons today may be counted among the world's foremost statesmen, preachers, poets, musicians, historians and artists... Today, the civilized world pays its respects to this ancient and noble institution. Its place in the life of the nation is established. It has helped to dispel ignorance and superstition, to crush enmity and wrong, and to usher in a new reign of light, faith, peace, justice and love. Its spirit is contagious. In every part of the world where Welshmen are to be found the Eisteddfod has followed. Other nations join with us heartily and share its blessings.

Erbyn 1913 yr oedd Lloyd George, wrth gwrs, wedi dod i roi bywyd newydd i'r traddodiad mawl ac yr oedd i'w weld yn ei gyflawn ogoniant wrth ochor Theodore Roosevelt yn rhaglen Eisteddfod Utica, 1919-20, — rhaglen sy'n dangos pa mor barod y gallai trefnwyr ambell eisteddfod fod i arddangos callineb gwleidyddol y Cymry trwy ganiatáu i wleidyddion 'derbyniol' ganfasio'n agored ar eu llwyfan.[17]

Yn yr Eisteddfod Genedlaethol gyntaf a gynhaliwyd yn Utica, 31 Rhagfyr 1923 a Dydd Calan, 1924, yr oedd anerchiad ar 'The

Welsh in America' gan yr Ysgrifennydd Llafur, yr Anrhydeddus James J. Davis, Washington i'w adrodd gan feibion dros 18 oed am wobr o ddeg doler. Yr oedd yn ddewis trawiadol. Pwysleisiai'r Anrhydeddus Davis y rhan iachusol a oedd gan y Cymry daionus, sadiol i'w chwarae mewn cyfnod adfydus yn hanes yr Unol Daleithiau pan oedd y gwerthoedd cymdeithasol, 'traddodiadol' dan gabl gan gynifer o elynion. Yr oedd y Cymry wedi'u donio ar gyfer gwared a chadarnhau:

> No nation on earth has contributed more to the development of the spirit, the soul of America... They more than any other group have caught the spirit of American institutions, the ideals of political, social, and economic liberty for which the forefathers of this country fought and died. The Welsh come to America to become true Americans... Never was America more in need of the sturdy, homely Welsh virtues than it is today. Evils arise around us and about us which will overwhelm and destroy us unless they are met by the stalwart heart of America in the spirit of honesty and honor.

'Roedd gwir angen y parch Cymreig at gysegredigrwydd priodas a theulu i wrthsefyll y 'blatant and cynical immorality' a oedd yn bygwth bywyd moesol y Wladwriaeth: 'From all the world there arises a miasma of foul political, economic, and social doctrine which breeds a fever of revolt against all law and order, a plague of hate and destruction... We live in a world of strife, and strange forces are moving toward chaos.'[18]

Anfadrwydd Sosialaeth a Chomiwnyddiaeth, wrth gwrs, a oedd dan ordd yr Anrhydeddus Davis. Dyletswydd America, dyletswydd ddwyfol i bob golwg, oedd difa'r 'anifail bras' cyn iddo faeddu glendid ei threfn gyfiawn: 'In this new conflict America must hold fast to those eternal principles of right and justice laid down in our fundamental laws.' Pwy'n well na'r Cymry i ddal wrthynt? Pwy a brisiai fraint dinasyddiaeth Americanaidd yn uwch na hwy ac a'i ceisiai'n daerach? Yn awr profi ac amddiffyn egwyddorion sylfaenol y Wladwriaeth rhaid oedd sicrhau parhad llywodraeth ddemocrataidd a ddiogelai fywyd ac eiddo a rhyddid y farchnad lafur. Dyna waith i ddinasyddion a wyddai werth gwladgarwch onest, annibyniaeth a pharch at y gyfraith. Dyna waith i'r Cymry: 'We must summon to our aid those homely virtues that were summed up by the ancient Druids and by St. David in the motto of the Gorsedd: "Y Gwir yn erbyn y byd...".'[19]

Yr oedd yn gwbwl briodol fod anerchiad yr Anrhydeddus James J. Davis wedi'i adrodd gan feibion dros 18 oed yn

Eisteddfod Genedlaethol gyntaf Utica yn 1923-4. Crisialai'r ymgais i hysbysebu defnyddioldeb Cymreictod fel un o byst cynnal yr Unol Daleithiau, yr hir ymgais honno y gellir gweld ei hôl yn glir ar weithgareddau eisteddfodol tri chwarter canrif. Perthynai i'r Cymry ragoriaethau moesol hen ffordd o fyw a'u galluogai i ddal gafael yn 'y doniau da' waeth pa le bynnag yr ymsefydlent. Bron na ellid dweud ar ôl gwrando ar yr Anrhydeddus Davis a'i debyg eu bod wedi'u geni ar gyfer ymfudo i'r Taleithiau i lefeinio bywyd y Wladwriaeth a oedd i dra-arglwyddiaethu ar y ddaear yn yr ugeinfed ganrif.

Pa ryfedd, felly, fod y naill eisteddfod ar ôl y llall yn gwneud môr a mynydd o'r rhagoriaethau Cymreig iachusol, a bod apologwyr llawn-amser megis Cynonfardd yn dal ar bob cyfle i gydnabod y sawl a'u dathlai. Yn Eisteddfod Genedlaethol Aberpennar, 1905, gwobrwyodd yr unig gystadleuydd a luniodd draethawd ar 'I ba raddau y mae y Cymry oddi cartref yn cadw eu nodweddion gwahaniaethol yn ngwahanol wledydd eu hymfudiaeth?', gan i hwnnw ddweud yn dda, yn ôl yr arfer, am y nodweddion hynny. Fel eraill o'i flaen wfftiodd 'Tramorwr', sef David Jones, Scranton at ddiffyg menter masnachol ei gydwladwyr: 'Gwylaidd, ie gwasaidd a llwfr yn rhy aml y mae meibion Cymru; y maent yn ymfodloni i fod yn weision i'w brodyr ar hyd eu hoes.' Ond yr oedd ganddo lawer mwy i'w ddweud o'u plaid. Pobol y mynyddoedd oeddent, gan mwyaf, a'u cymeriadau'n lân o bob anfoes, diolch i chwaon yr uchelderau. Yn lletygar a rhyddfrydig, yn deyrngarol ac ufudd, yn wladgarol a diwylliedig — yr oedd i'r Cymry enw i'w drysori. Nid cynhyrfwyr mohonynt. Beirdd a chantorion a phregethwyr oeddent: 'Ychydig o "socialists" ac "anarchists" sydd wedi eu magu yn Nghymru. Nid yw cyfansoddiad y Cymro yn fanteisiol i hadau Sosialaeth gymerid daear.' (Yn Aberpennar, cofier, y cynhaliwyd Eisteddfod Genedlaethol 1905!) Nid oedd ei iaith yn iaith i drwblu'r ddaear: 'Iaith wedi ei dyweddïo i lenyddiaeth, barddoniaeth, duwinyddiaeth a chrefydd: nid iaith masnach, celfau a gwyddorau, nid oes llawer o gyttundebau cyfreithiol rhwng dyn a dyn wedi eu hysgrifenu yn yr Omeraeg, ond y mae llawer o gyttundebau wedi eu gwneuthur rhwng Duw a'r genedl yn y Gymraeg.' Ei grefyddgarwch oedd coron y Cymro: 'Mae ei nodweddion yng nglyn a phobpeth yn diflannu o flaen ei nodweddion crefyddol... Mae ymlyniad y Cymry wrth y nodweddion crefyddol hyn yn glod i'r genedl, ac yn gysur ac yn fwynhad y nifer hyny sydd yn teimlo dros anrhydedd y genedl

mewn gwledydd estronol.' Ni ellid gwadu, wrth gwrs, nad oedd
ambell Gymro annheilwng ar wyneb daear, 'ond "freaks" ydynt
yn fwy nag esiampl o'r genedl'. Hawdd iawn y gallai Cynonfardd
wobrwyo David Jones, Scranton.[20]
    Gwnaeth Cymry America eu gorau yn eu heisteddfodau i
fytholi nodweddion eu rhagoriaeth fel pobol ac wrth iddynt golli
gafael ar y Gymraeg bu'n rhaid gwisgo amdanynt drwch o
sentiment a'u hadfer i'w priod gynefin mewn delweddau'n diferu
o hiraeth pêr. Ym mis Mai, 1891, 'roedd Apmadoc wedi cynnal
'Greate Nyghte of Musicke of Ye Olden Tyme' yn Chicago pan
ymddangosodd y côr a'r unawdwyr, er mawr lawenydd i'r
gynulleidfa, yn nillad eu cyndeidiau 'gant a dau o flynyddoedd
yn ol', ac yn Eisteddfod Ffair y Byd aeth y merched a gystadlodd
ar ganu cân werin mewn gwisg Gymreig yn syth at galon y dorf.
'A half dozen pretty Welsh lasses, garbed in the quaint costume
of their land took part in a singing contest, a common
countryside custom in Wales,' meddai'r *Inter Ocean.* 'As each lass
appeared dressed as the girls in Wales are accustomed to, the
once familiar sight was greeted and wildly applauded by the
Welsh Americans in the audience.' Pan aethant ar eu taith
gyngherdda wedi'r fuddugoliaeth gofalodd Côr Merched Clara
Novello Davies berfformio'n Llanoferaidd mewn gwisgoedd
'traddodiadol' gan wau hosan bob yn ail â chanu. Fel y dadleuai
clawr rhaglen Eisteddfod Gydwladol Pittsburgh, 1913, mor enillgar
yr oedd angen tiriondeb glwys diwylliant y Cymry i lareiddio'r
gymdeithas ddiwydiannol, fydolgras. Pwy nad ymhoffai yn y
Gymraes uwchlaw'r mwg.[21]
    Ffordd o bellhau'r presennol anghydryw oedd yr ymwisgo
henaidd, ffordd o ymgolli. Dyma'r math o redeg rhag ffeithiau yr
oedd y ddoethineb Eingl-Sacsonaidd i'w edliw i'r Celtiaid trwy
gydol Oes Victoria ac ymlaen i'r ganrif hon. Nododd Paul
Greenhalgh ymddangosiad nifer o 'bentrefi gwyn' yn
Arddangosfeydd a Ffeiriau'r blynyddoedd wedi 1900, pentrefi a
luniwyd yn fwriadol i greu delwedd apelgar o'r gwledydd a
gynrychiolent: 'The image the English invariably went for was
one of Tudor bliss, complete with May-pole and village green, in
direct contradiction of the reality of English life as lived by the
majority. Similarly, realism was a low priority across the range of
white villages, the normal format being one of an exaggerated
vernacular, emphasising rural values rooted in tradition, language
and local custom. Most nations showed themselves as residing in
pleasant holiday-camps, where everybody had plenty, everyone

Rhaglen Chweched Eisteddfod Flynyddol Cymdeithas Eisteddfodol De Ohio, Jackson, 1927

Llyfrgell Genedlaethol Cymru

'The Old Songs are the Best.'
Rhaglen Seithfed Eisteddfod Flynyddol Cymdeithas Eisteddfodol De Ohio,
Jackson, 1928.

Llyfrgell Genedlaethol Cymru

Rhaglen Eisteddfod Genedlaethol America a Nawfed Eisteddfod Flynyddol
Cymdeithas Eisteddfodol De Ohio, Jackson, 1930

Llyfrgell Genedlaethol Cymru

Swfenîr Eisteddfod Ffair Gydwladol Porth Aur, San Francisco, 1939

(Pittsburgh, 1913) *Llyfrgell Genedlaethol Cymru*

Côr Brenhinol Merched Cymru dan arweiniad Clara Novello Davies. Tynnwyd y llun cyn iddynt ymadael â Chymru a theithio i Chicago, 1897

Amgueddfa Werin Cymru

was content, and everyone knew his or her folk-tunes by heart.' Yr oedd enciliad gwledydd etholedig oddi wrth realiti, wrth gwrs, yn gwneud mwy o synnwyr nag enciliad rhai llai breiniol.[22]

Ni fu gan Gymru erioed yr un 'pentref gwyn' arddangosfäol i'w chynrychioli er fod ei chylchgronau erbyn troad y ganrif, heb sôn am ei heisteddfodau, yn pyngad o werineiddiwch delfrydus. Petai O.M. Edwards, neu hyd yn oed Anthropos, ond wedi cael cyfle i ddylunio pentref o'r fath! Fe fu gan yr Alban ac Iwerddon, fodd bynnag, eu pentrefi hwy rhwng 1908 ac 1938 ond fel y dengys Greenhalgh, yr oedd rhagor rhwng 'pentref gwyn' a 'phentref gwyn'. Er mwyn arddangos dibyniaeth y cyrion ar y craidd y codwyd pentrefi'r Alban ac Iwerddon, er mwyn dangos lle y safai'r cenhedloedd Celtaidd ar raddfa gwareiddiad o'u cyferbynnu â'r Saeson: 'By showing Ireland and Scotland as nations of hand-loom weavers and Gaelic singers, organizers at the exhibitions were relating to them as periphery nations, as part of the empire. A time-worn attitude toward the Celtic races facilitated this, an attitude which has had its derogatory nature obscured by a quasi-romanticism.' Ni châi'r Aeleg a'r Wyddeleg eu gweld a'u clywed ond i'r graddau y byddent yn foddion i danlinellu odrwydd estronol pentrefi'r Celtiaid a phellter eu trigolion o gyrraedd breintiau'r craidd ymerodrol. 'Roedd eu gwerineiddiwch i'w gyfrif yn eu herbyn. Ar y llaw arall, ased genedlaethol oedd gwerineiddiwch 'pentref gwyn' Lloegr: 'When the English presented their own Tudor village, as they often did in America, an entirely different set of values were brought to bear; their rurality was not to do with backwardness or indolence, but with tradition and stability in the face of industrial change. The English village was an historical suburbia, where humility and respect for aristocratic privilege was a part of the daily lives of the synthetic inhabitants.' Fel y sylwa Greenhalgh yn eironig, erbyn cynnal Ffair Byd Efrog Newydd yn 1939, America oedd y craidd a Lloegr oedd y cyrion. Y mae felly o hyd.[23]

Gan mai'r eisteddfod oedd 'pentref gwyn' y Cymry nid yw'n syn iddynt ganu ei chlodydd mor ddiflino ac ymroi i amddiffyn ei 'phentrefwyr' pan gaent gam. Ymlidiodd Cymry America yn erbyn *My People* Caradoc Evans lawn cymaint â'u cyd-Gymry yn yr Hen Wlad. 'Roedd wedi sathru ar y delweddau a fuasai'n darian ac astalch iddynt am hir amser. Wrth eu darostwng i'r baw 'roedd wedi dwyn oddi arnynt eu dillad parch a'u gadael yn eu carpiau gerbron byd gwawdus. I bobol nad oedd wedi arfer â hunanholi caled ers blynyddoedd eirias Methodistiaeth, i bobol a

Aelodau Cymdeithas Eisteddfod Columbus, Ohio, 1913

William J. Bebb David C. Evans John H. Edwards Daniel W. Evans Richard R. Reynolds
Llewelyn Williams Thomas E. Humphreys Bertram G. Jones David R. Bebb Thomas C. Roberts

Llyfrgell Genedlaethol Cymru

oedd wedi arfer yr unig sefydliad diwylliannol poblogaidd a feddent i'w cymhwyso eu hunain ar gyfer ymddangos yn gymen gerbron y byd, yr oedd 'brad' Caradoc Evans yn annioddefol. Hwynt-hwy, wrth gwrs, a'i creodd ef, oni nid oedd disgwyl iddynt ei arddel. Byddai'i arddel yn golygu cyfaddef fod y ddelwedd buredig y bu'n rhaid ei chreu wedi ymosodiad Llyfrau Gleision 1847 yn bwdwr drwyddi. Y mae ymateb Cymry America i *My People* yn dangos cyn lleied o obaith a fyddai i awdur o anian Caradoc Evans godi ei ben hyd yn oed yn Chicago yn 1893.[24]

Mewn un frawddeg lwythog crynhodd Henry Adams ei fyfyrdod ar Ffair y Byd: 'Chicago asked in 1893 for the first time the question whether the American people knew where they were driving.' Cawsent glywed gan yr hanesydd Frederick Jackson Turner yng Nghyngres yr Haneswyr fod dyddiau'r 'frontier' drosodd. Yr oedd gwylltiroedd 'y Freuddwyd Americanaidd' wedi'u meddiannu. 'The Land we live in — Uncle Sam is rich enough to give us all a farm' — dyna'r llwnc destun y cododd Chauncey M. Depew, yn arch-areithydd, i'w ateb yng Nghinio Gŵyl Ddewi Cymry Efrog Newydd yn 1891. Bellach, ym marn Turner, 'roedd y Gorllewin wedi'i drigiannu.' Doedd dim ar ôl i'w hawlio. Aethai'r 'frontier' a fuasai'n fagwrfa nodweddion mwyaf nobl yr Americanwr yn ddim ac felly, dadleuai Turner, 'roedd gofyn gosod un arall yn ei le. Fe ddylai'r Americanwyr roi eu bryd ar ennill marchnad fyd-eang. Yng ngrym y dechnoleg wyrthiol a roes fod i'r Ddinas Wen dylid ymestyn yn ymerodrol er lles pawb: 'The United States would enrich the world while renewing a "natural" simplicity.

Nid esgorodd Eisteddfod Ffair y Byd ar Henry Adams o Gymro. Digon i'w hyrwyddwyr oedd iddynt gael bod mewn cwmni da, iddynt fod yn ddigon teilwng i haeddu cefnogaeth Potter a Bertha Palmer, Marshall Field a Carter B. Harrison. Teimlent eu bod hwythau wedi meddiannu 'frontier' eu parchusrwydd yn yr Unol Daleithiau. Petai Iorthryn Gwynedd yn ail-ysgrifennu Hanes Cymru America ar ôl 1893 ni fyddai gofyn iddo bwysleisio mor daer ag y gwnaethai yn 1872 ei fod am achub cam pobol a fuasai am amser maith mewn dinodedd, ac heb fawr gyfoeth, na manteision, na dylanwad...? I'r gwrthwyneb, mae'n siŵr y câi gryn hwyl ar ailfrodio'r haeriad fod "Cymry America", fel cenedl, yn bobl weithgar, gonest, a pharchus; y mae llawer ohonynt yn bobl gyfoethog ac anrhydeddus.' Fel y dywedodd un 'Cambro-American' roedd Eisteddfod Ffair y Byd

wedi tynhau'r clymau rhwng Cymru a'r Unol Daleithiau ac roedd
cantorion yr Hen Wlad, yn anad neb, wedi tynnu sylw ffafriol
iawn at y genedl yn y wasg Americanaidd.

Ond wrth ddileu, fel y tybient, 'frontier' eu parchusrwydd hwy
nid oedd i Gymry America un amgenach i'w hawlio ar ôl 1893. Ni
chaent weld eu heisteddfodau seisnigedig yn amlhau a chryfhau
i'r fath raddau fel y gellid eu hystyried yn elfen unigryw ym
mhatrwm amryliw diwylliant yr Unol Daleithiau. Byddai 'frontier'
newydd Turner, yn ôl ei ddadl, yn foddion i adnewyddu'r
Americanwr, gorff ac enaid. Câi freuddwyd newydd i'w ysgogi.
Heb y Gymraeg, peidiai'r breuddwydion a roesai ystyr i'r
eisteddfod ar hyd y canrifoedd. Yr oedd hi'n bod yn un swydd i
sicrhau adnewyddiad y diwylliant a ffynhonnau o'r Gymraeg. Pan
beidiai ag ateb ei phriod bwrpas, buan y collai'r rhin a'i gwnâi'n
werth ei chynnal a'i chefnogi. Nid oedd angen eisteddfod i hybu'r
foeseg fasnachol, 'roedd llawer gwell cyfryngau'n bod at y gwaith.

Yn Eisteddfod Ffair y Byd ceisiwyd dangos 'pentref gwyn' y
Cymry yn yr Unol Daleithiau ar ei orau. Trwy rym rhethreg
ceisiwyd creu'r argraff fod cenhedloedd daear wedi sylwi arno,
wedi rhyfeddu ato ac wedi credu ynddo. Nid oeddent, mewn
gwirionedd, wedi gwneud fawr mwy na sylwi arno wrth fynd
heibio. Wrth fwynhau argyhoeddi eu hunain o werthfawredd eu
cyfraniad gallai'r Cymry osgoi gofyn cwestiynau annifyr am
gyfeiriad eu diwylliant a rhagolygon ei ddyfodol. Ymwelodd
Apmadoc â Chymru yn haf, 1907, ac aeth i'r Eisteddfod
Genedlaethol yn Abertawe. Yng Nghaerdydd, trefnodd yr
Henadur Edward Thomas (Cochfarf) ginio i'w anrhydeddu yng
Ngwesty'r Parc dan lywyddiaeth yr Arglwydd Faer, Syr William
Crossman, a thraethodd Apmadoc yn nerthol am wladgarwch
Cymry America a gwychder y Wladwriaeth yr ymlynent wrthi. Yr
oedd wedi dod i Gymru i gasglu tanwydd ar gyfer y gwahanol
gymdeithasau a fynnai gadw fflamau eu Cymreictod ynghyn.
Waeth i ble yr âi yn y Taleithiau dôi ar draws Cymry a chwiliai'n
daer am ffordd i arddangos eu gwladgarwch: 'The way that "Hen
Wlad fy Nhadau" is sung in the remote districts is almost too
expressive to hear; it almost breaks one's heart.' Pa ryfedd fod eu
heisteddfodau mor bwysig iddynt. Fel un a oedd wedi arwain a
beirniadu ynddynt o leiaf 126 o weithiau gallai sicrhau ei
gynulleidfa fod pigion eisteddfodau America cystal â'r Eisteddfod
Genedlaethol — ac yn dangos llawer mwy o barch at lenyddiaeth!
Yr oedd safon y canu ynddynt, wrth gwrs, yn nodedig:
'Americans, Germans, Italians, and other nationalities attend the

Wedi'r Ffair

eisteddfodau religiously, as they provide the finest displays of choral talent in the whole country, and we have even had nigger societies competing in the musical sections.' Gallai eisteddfod Apmadoc, mae'n amlwg, 'gannu'r Ethiop du yn wyn'.[25]

Ond ni allai gadw'r Cymro a'r Gymraes alltud yn Gymry Cymraeg. Tystiodd Apmadoc yng Nghaerdydd fod America o blaid dwyieithrwydd. Disgwylid i bawb siarad Saesneg ond ni rwystrid neb rhag dal i siarad ei famiaith, 'and because of this blessed liberty and wisdom all become not only zealous Americans, but speakers of the English language.' Ymseisnigo ar garlam a wnaeth eisteddfodau America, 'blessed liberty' neu beidio, ac fe ddiflannodd breuddwydion Apmadoc , Cynonfardd, Idriswyn a'u tebyg, waeth beth am eu parodrwydd i gydnabod hynny, fel y diflannodd breuddwydion llawer llesolwr arall a ddaethai i Chicago yn 1893 i weld newid y byd er gwell. Troes y Ddinas Wen, yn ystod gaeaf gerwin 1893-4, yn gyniweirfa tramps a thlodion, yn ddinas cynni, yn atynfa i fandaliaid. Yn hwyr y dydd, 5 Gorffennaf 1894, yn ystod y sgarmes fawr gyntaf rhwng yr awdurdodau a streicwyr Pullman, taniwyd adeiladau'r Ffair: 'Thousands of soldiers, strikers, and frightened citizens stood watching the tremendous pillars of flame that lit the sky above Chicago's South Side. In two hours "the one splendid beautiful thing that Chicago had ever created was reduced to a wilderness of ashes and gaunt and twisted girders."' Gallai'r Cymry o leiaf ymffrostio iddynt gael bod yn rhan o'r harddwch hwnnw am bedwar diwrnod. Tra byddai byw Hwfa Môn, Dyfed, Watcyn Wyn, Clara Novello Davies, Tom Stephens, a'r Dr. Gomer Lewis byddai byw'r cof am y 'Cymry cu' a aeth i Ffair yn Chicago er mwyn dangos i'r byd fod arno angen rhiniau Cymreictod.[28]

NODIADAU

[1] *Cofnodion a Chyfansoddiadau Buddugol Eisteddfod Genedlaethol Llanelli, 1895* (Cymdeithas yr Eisteddfod Genedlaethol, 1898), 67-70.

[2] William D. Davies, 391.

[3] *News of the Week*, 16 Sept. 1893; ibid., 30 Sept. 1893.

[4] *Y Diwygiwr*, 1893, 344-6.

[5] *Y Drych*, 21 Medi 1893, 5; ibid., 5 Hyd. 1893, 1; ibid., 19 Hyd. 1893, 1.

[6] *News of the Week*, 18 Nov. 1893; *Carnarvon and Denbigh Herald*, 29 Sept. 1893, 6.

[7] ibid.

[8] *The Cambrian*, 1894, 118-9.

[9] *Y Drych*, 10 Awst 1893, 4; *News of the Week*, 2 Sept. 1893, 4.

[10] Y Parch. E. Rees (Dyfed), 'Agwedd Crefydd ymhlith y Cymry yn America', *Y Lladmerydd*, 1887, 103-6.

[11] *Y Drych*, 17 Awst 1893, 1; ibid., 7 Medi 1893, 2; ibid., 6 Gorff. 1893, 1.

[12] *The Chicago Times*, 4 Sept, 1893; *The Chicago Record*, 7 Sept. 1893, 2; *The Chicago Tribune*, 6 Sept. 1893.

[13] Paul Greenhalgh, 225-6; Burg, 347-8.

[14] D. H. Crook, 332, 334; Trachtenberg, 231-2, 234. Cymh. Ray Ginger, 8: 'The Exposition was a White City on the lake front; all around it were filth and squalor and the evidence of greed.'; R. Reid Badger, 126: 'There is little question, of course, that the vision was contrived or that its relationship to American social and material conditions was essentially dialectic. The great buildings were a facade, a magnificent stage prop, set in a landscape of fantasy in which the economic, political, racial, and sexual conflicts of the time had no place.' Doenecke, 542-6.

[15] R. Reid Badger, 99. Yn y 'Congress of Authors' bu Hamlin Garland yn traethu ar 'Local Color in Fiction' gan ymwrthod â llên ramantaidd Mary Hartwell Catherwood. Ysgrifennai ef storïau realistaidd am fywyd y wlad. Dadl Catherwood oedd ei fod yn gwadu gwerth traddodiad ac awdurdod y gorffennol. Chwiliai Garland am ystyr 'Americanism' ac ar ôl 1893 aeth ati i geisio ail-greu'r gorffennol 'pioneer' mewn termau rhamantaidd. Nid oes sôn i'r un Cymro leisio barn.

[16] Hartmann, Chpt. 7. 'The Eisteddfod, the Gorsedd, and the Gymanfa Ganu', 139-55.

[17] Dr. William Surdival, 'The Eisteddfod. Its Aim and Achievement', *Program of the Pittsburgh International Eisteddfod, July 2-5, 1913*, 7.

[18] *Program of the 1st National and 65th Annual Eisteddfod of the Cymreigyddion Society, Utica, New York, December 31st, 1923, January 1st, 1924*, 6.

[19] ibid.

[20] Llsgr. ynghadw yn Llyfrgell Genedlaethol Cymru.

[21] *Y Drych*, 28 Mai 1891, 5; *Inter Ocean*, 8 Sept. 1893; *Y Geninen*, 1893, 286. Nododd Cynonfardd fod chwech o ferched 'mewn gwisg Gymreig fel yn y dyddiau gynt,' wedi canu 'Y Gwenith Gwyn' a 'Clychau Aberdyfi': 'Yr oedd y wisg yn cael ei beirniadu ar yr un safon a'r canu; ac yr oedd Mrs. Mary Davies, Llundain, yno i feirniadu y wisg, a Dr. D. J. J. Mason i glorianu y datganiad.' Enillwyd y wobr gan Emily Frances, Penarth. Y mae'r delweddau pêr a geir mewn ambell raglen eisteddfod mewn cytgord â gwaith Americanes fel Jeannette Augustus Marks a gyhoeddodd *Through Welsh Doorways* (1910) a *Gallant Little Wales* (1912). Y mae hithau mewn cytgord ag awdur fel Marie Trevelyan yng Nghymru.

Yn ôl tystiolaeth 'R.O.', Chicago, 'roedd y delweddau pêr o Gymru i'w gweld yn adeilad y 'Liberal Arts' yn Ffair y Byd lle 'roedd paentiadau a fenthyciwyd gan C. W. Mansel Lewis, Stradey Castle, Llanelli wedi'u hongian. Yn eu plith 'roedd 'Counting the Flock', 'A Welsh Hat', 'A Vagrant', 'Cyffin Old Mill', 'Conway Bay', 'A Welsh Girl', 'Miss Clara Davies', 'Yr haul yn codi yng Nghapel Curig', 'Twixt Sea and Land' a 'Sunrise on the Welsh Coast'.

[22] Paul Greenhalgh, 106-9.

[23] ibid.

[24] Dr. Bil Jones, 276.

[25] *The Education of Henry Adams*, 343; Burg, 257-8; Justus D. Doenecke, 545; *The Cambrian*, 1891, 104-6.

[26] *Hanes Cymry America*, Dosran A, 13; *The Cambrian*, 1895, 103-4.

[27] *Western Mail*, 9 August 1907, 4.

[28] R. Reid Badger, 128-30.

ATODIAD:

'PETHAU O GYMRU YN FFAIR Y BYD'

MWNAU A METELOEDD—GWAITH CELFYDDYD—DARLUNIAU—CYWREINION.

[*Gan* R.O., *South Chicago*]

Y MAE Cymru yn cael ei chynrychioli yn y Ffair yn llawer gwell nag y tybia llawer, a da iawn genym allu cyflwyno i'n cenedl drwy gyfrwng y *Drych* restr gyflawn o'r arddangosiadau ; a chawsom gryn lafur i'w chael, am ein bod am iddi fod mor gywir a pherffaith ag a ellir. Cawsom bob help gan y trafnoddwr Prydeinig, a chyflwynodd i mi gyfrol fawr, sef rhaglen frenhinol Prydain Fawr yn Ffair y Byd. Rhag i ni dynu'r chwiorydd yn ein penau dechreuwn gyda'g adran y gwragedd.

ADEILAD Y GWRAGEDD. —Yma mae Mon, Mam Cymru, ar y blaen. Well done yr hen fam. Gofalir am yr adran hon gan Miss Adeane, Llanfawr, Caergybi : (1) Telynores Cybi mewn gwisg Gymreig Gogledd Cymru ; troell bach Sir Fon, a silk ac edafedd. (2) Hosanau wedi eu gwau â dwylaw mewn gwahanol batryman, gan ferched Mon. (3) Sampler of marking as done in a Welsh children school, Denbigh. (4) Bed coverlet, design worked in every colour on Venetian red. (5) Curtain, one of set reproduced from XVII. century four post bed, gan C. Lewis. (6) Sampler of stiches used in old embroidery ; sheet and pillow cases for child's cot. (7) Mirror from original, amser Harri VIII. (8) Silver backed brush. (9) Hand Glass gan A. M. Edwards. (10) Copper tray, E Edwards. (11) Gan Miss E. Owen, Fferam Fawr, Tŷ Croes, Mon, spinning wheel for wool and flax. (12) Gan Catherine Parry, Presaddfed, Mon, berwig Gymreig, fel a wisgid gan hen bobl Cymru. (13) Gan Jane Williams, Aberffraw, Mon, basged wedi ei gwneud o wellt wedi tyfu ar dywod Niwbwrch, Mon. (14) Hand-loom for flannel weaving as done by women in South Wales, gan Mri. Parry a Rocke, Abertawe, lle mae Miss Adams.. (15) Samples of Welsh flannels made by women with these looms in cottages. (16) Spinning wheel for wool, gan Lady Llywelyn. (17) Dressed figure in costume of Swansea cockle woman, gan yr un. (18) Welsh coverlids quilted by women in their own homes. (19) Hand-knitted stockings in different sample stitches. (20) Hosanau wedi eu gwneud gan eneth-od yn ffactri wlan Parry a Rocke, Abertawe. (21) Gwlanen Gymreig wedi ei gwau yn sefydliad Parry a Rocke. (22) Hygienic egg- boiler, patented invention, gan Mrs S. E. Jones, persondy Llanfair-isgaer, Felinheli, Bangor.

ADEILAD A MWNAU : (23) Big vein coal, containing carbon, 92·27 y cant, hydrogen, 3·58, oxygen a nitrogen 1·8, sulphur 0·68, ash 1·97, o weithfa Gwaun Cae Gurwen, Abertawe. (24) Glo Cannel o Fflint. (25) Glo o'r United National Collieries, Caerdydd. (26) Cobalt ore crude, o waith Moel Hiraddug, Gogledd Cymru. (27) As-bolane, o'r un lle. (28) Copp r ore, Mynydd Parys, Mon. (29) Copper Precipitate, Mynydd Parys, Mon. (30) Auriferous quartz, from the Morgan

Gold Mine, Gogledd Cymru ; a series of 24 speci-mens illustrative of the lodes and enclosing rocks of the auriferous district. (31) Iron pyrites, Cae Coch Mine. (32) Lead ore—Galena o fwnglawdd Milwr Oo , Treffynon. (33) Engreiphtiau o lead ore o waith Halkyn, Fflint. (34) Lead ore o'r North Wales Lead Works, Limited. (35) Galena o fwn-glawdd Minera, Wrexham. (36) Galena o fwn glawdd y Van, Llanidloes. (37) Manganese ore o weithfa John Roberts, Benallt Mine, Rhiw. (38) Eto, o fwnglawdd E. Pritchard, Llyndywarchen, Harlech. (39) Manganese ore, gyda 30 y cant o manganese o fwnglawdd Craig Uchaf, Llanbedr, Meirion. (40) Eto o fwnglawdd H. J. Wright, Dyffryn Mining Co., Meirionydd. (41) Eto, o fwn-glawdd Moelfra, Abermaw. (42) Ochre o fwnglodd-iau Mynydd Parys a Mona, Mon. (43) Llechi-block wedi ei hollti o chwarel Oakeley, Ffestiniog, un o'r rhai goreu a wnaed erioed. (44) Block mawr o'r fath ragoraf gan C. Warren Roberts, o chwarel lechi Llechwedd, Ffestiniog. (45) Zinc ore o fwn-glawdd Trecastell, Conwy. (46) Blende o fwn-glawdd y Milwr, ger Treffynon. (47-51) Eto o fwngloddiau Halkyn, Minera Newydd, Wrexham, Talacre, Treffynon, Minera, Y Fan, Llanidloes. (52) Calamine and fluor spar o fwnglawdd Halkyn. (53) Specimen o bucciated lode, zinc blende acting as cementing material, o fwnglawdd Talacre. (54) Blende, yn cynwys 52.8 y cant o zinc mixed with a little galena, o'r Moelwyn, Ffestiniog, gan E. Pritchard. (55) Blue Stone o fwngloddiau Parys a Mona, Mon. (56) Yn nghasgliad yr Economic Metallurgy, plwm o weithfeydd Bagil t a Thre-ffynon. (57) Tair engraipht o copper smelting gan gwmniau Red Tinto, Cape Copper, Britton Ferry, a Glandwr. (58) Gan gwmniau haiarn Darwen a Mostyn, arddangosiad o alloys of iron with metals and non-metallic elements. (59) Samplau yn cynwys manganese, silicon and chromium, gan weithfeydd Pyle, Blaena, a Blaenau Mynwy. (60) Glo a coke oddiwrth Cory a'i frodyr, Caerdydd. (61) Glo cwmni y Crown Preserved, Caerdydd. (62) Glo cwmni y North Navigation, Bute Docks, Caer-dydd. (63) Graphite and its products —granular and powdered earth, both blue and yellow. J. R. Lloyd-Price, Rhiwlas, Bala, yn y Liberal Arts, yn y Manufactures Building.

CELFAU CAIN.—(64) Yn nghasgliad y Liberal Arts yn y Manufactures Building ceir darlun yn myn-yddoedd Cymru. Mae gan W. Clement Williams, Halifax, chwech o ddarluniau yno. Yn yr Art Gallery ceir a ganlyn o waith C. W. Mansel Lewis, Stradey Castle, Llanelli ; "Counting the Flock," 802 ; "A Welsh Hat," 803 ; "A Vagrant," 804. Y darluniau a ganlyn o Gymru: "Gyffin Old Mill," 200 ; "Conway Bay," 270 ; "A Welsh Girl," 295 ; " Miss Clara Davies," 506 ; "Yr haul yn codi yn Nghapel Curig," 609 ; "Twixt Sea and Land ; yr " Empty Saddle" wedi ei benthycio gan O. Ll. J. Evans, Ysw. ; "Sunrise on the Welsh Coast."

Y mae nenfwd y Grand Hall yn adeilad Prydain Fawr wedi ei gopio oddiwrth un Plas Mawr, Conwy, yr hwn a adeiladwyd oddeutu 1550, ac a adnabyddir fel palasdy y Frenhines Elizabeth; arolygwyd a gwnaed y rhan fwyaf o'r *designs* hyn gan Mr Owen W. Davies. Os bydd rhai o'r darllenwyr yn dymuno cael eglurhad ar ranau ohonynt, bydd yn bleser genym ei roddi. Ni cheir mynediad i adeilad Prydain Fawr, sydd ar lan y llyn, heb docyn, oddigerth o 2 hyd 5 y prydnawn, pryd y bydd amryw bethau yno wedi eu gorchuddio. Yr ydym yn cael cyflenwad o docynau i'w rhoddi drwy drefniant i'r ymwelwyr ond anfon atom; mae ein dymuniad Cymreig mor agos i sicrhau hyn.

Y mae llechi o chwarel Glanrafon wedi eu gosod ar gynllun rhagorol, deniadol a gweledig iawn; a pha ryfedd, am mai y foneddiges ragorol, Mrs. K.

Griffith, **Wabash Ave.**, ydyw yr oruchwylwraig yn y wlad hon. Edrycha ei henw yn ardderchog yno, cystal ag unrhyw enw yn y Ffair.

Gan fod ein trwydded yn caniatau i ni ymweled a'r holl adeiladau yn y midway Plaisance, yr ydym wedi dechreu ymweled â hwy. Pan yn yr adeilad lle yr arddangosir boneddigesau o wahanol wledydd, mewn gwisgoedd a ffasiynau y gwledydd hyny, Miss Marsh o Gaerdydd sydd yno yn cynrychioli Cymru, ond heb allu siarad dim Cymraeg. Mae mewn gwisg wir Gymreig; ond tybiem y buasai un yn y dull yna yn ddigon, a chael un yn ol ffasiwn yr oes neu'r ganrif oleu hon.

————: o :————

MYNEGAI

MYNEGAI